MÉMOIRES
ET LETTRES
DU
MARÉCHAL DE TESSÉ.
TOME II.

MÉMOIRES

ET

LETTRES DU MARÉCHAL

DE TESSÉ,

CONTENANT DES ANECDOTES
ET DES FAITS HISTORIQUES INCONNUS,
SUR PARTIE DES RÈGNES DE LOUIS XIV ET DE LOUIS XV.

TOME SECOND.

A PARIS,

Chez Treuttel et Würtz, libraires, ancien hôtel
de Lauraguais, rue de Lille, n° 17, vis-à-vis les Théatins;
Et à Strasbourg, même maison de commerce.

1806.

MÉMOIRES
ET
LETTRES DU MARÉCHAL
DE TESSÉ.

CHAPITRE VII.

Les pronostics du maréchal de Tessé sur le duc de Savoie qui trahissoit la France et l'Espagne se vérifient tous. Le Roi fait arrêter et désarmer les troupes du Duc. Ce prince s'assure à son tour de la personne de M. de Phélippeaux, ambassadeur de France, et le traite avec une dureté barbare. Lettre ou relation curieuse que celui-ci adresse à Louis XIV au moment de sa délivrance.

Le maréchal de Tessé passa à la cour la plus grande partie de 1703, et ses pronostics sur le duc de Savoie ne tardèrent pas à se réaliser. Celui-ci étoit resté à Turin pendant la campagne de 1702, sous prétexte qu'il n'auroit que l'ombre du pouvoir à l'armée, où il envoya le moins de troupes et le plus tard qu'il put, et les en retira le plutôt possible. On a vu que, depuis 1701, il n'avoit cessé d'entretenir avec la cour de Vienne des intelligences nuisibles à la France et à l'Espagne. Ces intelligences devinrent bien plus sérieuses à la fin de 1702 et au commencement de 1703, par les soins du prince Eugène, qui représenta à l'Empereur, qu'il ne falloit pas se flatter de faire la guerre efficacement en Italie, tant que Victor-Amédée seroit, seulement pour la forme, dans les intérêts de la France. Qu'on ne devoit donc rien négliger pour lui faire embrasser ouvertement ceux de l'Autriche; que comme le desir de s'agrandir et d'amasser dominoit exclusivement le Duc, on pouvoit se flatter de l'entraîner, en lui garantissant la cession du Monferrat, et en déterminant les puissances maritimes à lui accorder un subside considérable. L'Empereur adopta les idées du prince Eugène, et on poussa la négociation avec tant d'activité, que, dès le 5 de janvier 1703, Victor-Amédée conclut secrètement un traité avec le Monarque autrichien. Démarche qui justifia l'opinion que le maréchal de Tessé avoit donnée au Roi sur Victor-Amédée, que c'étoit un Protée qui changeoit continuellement de forme, que ses caprices ne permettoient pas de compter sur lui, et que son cœur étoit couvert d'aspérités comme ses Etats.

Vers la fin de juillet, Louis XIV reçut sur

l'Italie des avis qui l'engagèrent à mander le 29 au duc de Vendôme, que les ennemis tramoient des projets dans lesquels on ne pouvoit douter que le duc de Savoie ne trempât, et qu'il falloit se précautionner contre ses entreprises. Le 13 août, Vendôme calculoit dans une de ses dépêches, l'époque où Victor-Amédée pourroit éclater contre le Roi. Le général français s'étoit porté, en juillet, dans le Trentin, pour joindre l'électeur de Bavière qui, dirigé par le maréchal de Villars, avoit pris Ulm, Memmingen, Neubourg, défait les Impériaux à la première bataille d'Hochstet, s'étoit rendu maître de Ratisbonne, et s'avançoit vers le Tirol, dans le dessein de subjuguer cette province. Le duc de Vendôme avoit partagé son armée en trois corps; les deux premiers, aux ordres du grand-prieur de France, son frère, et du prince de Vaudémont, devoient tenir en échec le comte de Staremberg qui commandoit, cette année, l'armée autrichienne en Italie, tandis qu'avec le troisième il marcha à Trente, qu'il bombarda. Pendant ce temps, l'Electeur pénétra dans le Tirol; mais ne pouvant surmonter les obstacles qui le séparoient encore du duc de Vendôme, il ne le joignit pas, et le Roi rappela celui-ci en Italie, où les choses alloient changer de face par la prochaine défection du duc de Savoie, dont le Roi voulut du moins diminuer les effets, en faisant désarmer trois mille hommes d'infanterie et quinze cents de cavalerie de ce Prince, commandés par le comte de Castellamont, et qui servoient dans l'armée française. Louis xiv, bien instruit des trames de Victor-Amédée, par M. de Phélippeaux, son ambassadeur à Turin, envoya, les 10, 12 et 20 septembre, ses ordres et des instructions au duc de Vendôme relativement au désarmement des troupes de Savoie. Il fut exécuté le 28; et au moment où il s'effectuoit à l'armée, on remit à Victor-Amédée la lettre suivante de la main du Roi :

« Monsieur, puisque la religion, l'honneur, l'intérêt, les alliances et votre propre signature ne sont rien entre nous, j'envoie mon cousin le duc de Vendôme à la tête de mes armées pour vous expliquer mes intentions. Il ne vous donnera que vingt-quatre heures pour vous déterminer ».

LOUIS.

On vouloit forcer le Duc à réduire ses troupes au nombre fixé par le traité de 1696, et à donner des places de sûreté ; mais il parut dédaigner la fierté du Monarque, ne jugea pas à propos de répondre par écrit; et dit seulement à l'officier qui lui avoit apporté la lettre : Que son parti étoit pris, que les menaces ne l'étonnoient pas, et qu'il n'avoit point d'autre réponse à faire, ni d'autres propositions à écouter. On assure qu'il essayâ d'engager les Suisses à prendre sa défense; mais que ce fut inutilement, quoiqu'il les flattât, sans doute dans l'intention de les tromper, d'unir la Savoie à leur république; car il n'est pas vraisemblable qu'il voulût réellement céder cette province, premier domaine de sa maison. Comme on retenoit ses troupes et ses généraux prisonniers de guerre, et qu'on avoit saisi les papiers des derniers, Victor-Amédée se crut autorisé à user de représailles envers M. de Phélippeaux (1) et le ministre d'Es-

---

(1) C'étoit un homme d'esprit et d'un caractère élevé, un négociateur sage, clairvoyant, éloquent et gracieux, (dit le duc de Saint-Simon, tome IV, page 43 de ses Mémoires,) enfin un militaire aussi brave que loyal, sur lequel les détails qui suivent ne paroîtront pas sans doute trop longs. Raimond-Balthazar de Phélippeaux commença à servir en 1672 en qualité de lieutenant dans le régiment d'infanterie de Turenne, passa en 1673 dans le régiment Dauphin, cavalerie, avec le même grade, fit en Flandre les campagnes de 1673 et 1674, obtint une compagnie de

pagne, malgré le caractère dont ils étoient
revêtus : ils furent donc arrêtés à Turin le
3 octobre 1703. On en fit de même à Paris
à l'égard du comte de Vernon, ambassadeur
de Savoie ; mais on le traita avec tous les
ménagemens que les circonstances compor-
toient, tandis que les procédés les plus durs
furent prodigués à M. de Phélippeaux, à qui

cavalerie en 1675, passa à l'armée d'Alsace, se distingua
au combat d'Altenheim, servit en Flandre en 1676, 1677
et 1678; obtint en 1684 un régiment de cavalerie; employé en Flandre l'année suivante, et en 1690 dans l'armée de la Moselle ; nommé inspecteur de cavalerie et de
dragons la même année; brigadier en 1691, il se signala
aux siéges de Namur et au combat de Steenkerke en 1692,
à la bataille de Neerwinden en 1693, fut encore employé
en Flandre en 1694 et à l'armée de la Meuse en 1695 et
1696. Au commencement de cette année, il obtint le grade
de maréchal-de-camp, et en 1697 le Roi l'envoya résider
près de l'électeur de Cologne. Nommé ambassadeur extraordinaire à Turin en 1701, on lui accorda en même
temps des lettres de service dans l'armée d'Italie, commandée par le maréchal de Catinat ; mais il eut ordre de
rester auprès du duc de Savoie, qui le fit arrêter, comme
on vient de le voir. Quand il l'eut relâché en 1704, le Roi
lui accorda une place de conseiller d'Etat d'épée. Nommé
lieu tenant-général dès le 23 décembre 1701, il fut vice-roi
du Canada en 1709, commanda ensuite aux îles du Vent,
obtint le 13 avril 1713 le cordon-rouge, et mourut à la
Martinique le 21 octobre suivant.

on refusa même les égards auxquels il auroit pu prétendre, en supposant qu'il eût été criminel. On le menaça du cachot, et même de perdre la tête (1). Cette inhumanité, ce raffinement étrange de barbarie ne purent l'ébranler. Il désola le duc de Savoie par sa fermeté, son égalité, ses mépris, ses railleries. Après sa délivrance, il adressa au Roi une relation des rigueurs qu'il avoit éprouvées pendant sa détention. Comme cette pièce est aussi rare qu'intéressante, nous la plaçons ici, quoiqu'elle soit étrangère au maréchal de Tessé. Elle contient une foule de détails qui confirment tout ce qu'on a vu précédemment, que M. de Tessé pensoit et écrivoit sur la politique et le caractère de Victor-Amédée. Cette relation s'étend jusqu'en mai 1704. Nous reviendrons ensuite à ce qui concerne M. de Tessé.

(1) *Voyez* les Mémoires du duc de Saint-Simon, tome IV, page 43.

Mémoire contenant les intrigues secrètes et malversations du duc de Savoie, avec les rigueurs qu'il a exercées envers M. de Phélippeaux, ambassadeur de France auprès de lui à Turin.

D'Antibes, du 15 au 21 mai 1704.

Sire, ce fut mardi 2 octobre 1703, que j'écrivis ma dernière lettre à V. M. Le lendemain matin, une heure avant que je fusse arrêté, je remis cette lettre au sieur Bichani, résidant du duc de Parme à Turin : j'ignore si Bichani a pu l'envoyer ; j'en joins ici le duplicata, afin que V. M. connoisse que je m'acquittai exactement des derniers ordres qu'elle m'avoit donnés, de parler à M. le duc de Savoie. Aussitôt que j'eus appris par M. de Vendôme, qu'il avoit arrêté ses troupes, je prévis tout ce qui est arrivé depuis de la part de ce Prince. J'envoyai chercher M. Pajeau, commissaire des guerres, employé pour le service de V. M. en Piémont ; je lui dis de se retirer promptement chez moi avec tous ses papiers et effets, et tout ce qu'il pourroit avoir concernant vos intérêts, puisqu'apparemment on respecteroit l'asile inviolable de ma maison. Pajeau obéit, vint se renfermer chez moi avec sa femme et quelques domestiques, et ce qu'il avoit de plus précieux. Mercredi matin, 3 octobre, le comte Tarigni, maître des cérémonies, vint me dire, que S. A. R. qui m'avoit prié d'aller lui parler ce jour-là, souhaitoit que je ne le fisse pas; que lui, Tarigni, me viendroit avertir le lendemain, ou un autre jour auquel S. A. R. pourroit me donner sa réponse. Tarigni demeura ensuite près d'une heure avec moi, à parler en conversation libre et aisée de choses indifférentes, puis il se retira. Peu de momens après environ les dix heures du matin, le comte d'Aversberg et l'autre ministre autrichien, cachés depuis si long-temps à Turin, passèrent devant ma porte en chaise à porteurs, avec une nombreuse suite, où étoient les gens du comte Tarigni : ces ministres alloient à l'audience. Peu de temps après, entre les dix et onze heures du matin, le comte Tarigni revint chez moi, et me parla aux termes suivans : « S. A. R. qui a, Monsieur, beaucoup d'estime et d'amitié pour votre personne, est fâchée d'être obligée de s'assurer de vous, à cause de l'injustice et de la violence inouie dont on vient d'user contre ses troupes, pendant qu'elles servent le Roi, et que S. A. R. est entièrement dans les intérêts de S. M. Le marquis d'Aix, capitaine dans le régiment de Savoie, est à votre porte avec cinquante hommes. S. A. R. vous prie que vous ne sortiez plus, ni vos domestiques. Je suis fâché, Monsieur, d'un pareil emploi auquel je ne m'attendois pas, lorsque j'ai eu l'honneur de vous voir il y a deux heures ». Je répondis à Tarigni : « Pour moi, Monsieur, je m'y attendois; je ne suis ni surpris ni effrayé, j'aurois même gardé le silence si vous ne m'aviez parlé que de m'arrêter; mais sur la prétendue violence que vous reprochez avoir été faite à vos troupes, je suis obligé de vous dire que le Roi a dû, non-seulement les traiter ainsi, mais arrêter s'il lui avoit été possible, les villes, Etats, et tout ce qui appartient à M. le duc de Savoie, lequel lié à S. M. par un traité sans terme final, et toujours religieusement observé de notre part, tient cachés ici depuis trois mois les ministres de l'Empereur, traite continuellement avec eux contre la foi qu'il nous a donnée, et étoit prêt à nous faire la guerre, quand le Roi l'a prévenu. S. M. n'ignore rien de toutes ces choses qu'elle a apprises de mille endroits; je l'ai informée de ce que chaque jour ont fait et ont dit ici les ministres de l'Empereur; j'ai envoyé nombre de papiers écrits et ramassés dans leur chambre, lesquels ont découvert les restes de tous ces manèges; je conserve le respect dû au

rang et à la personne de M. le duc de Savoie;
je garderai les arrêts que vous venez de m'imposer de sa part, malgré lesquels j'espère bientôt me voir en état et au nombre de ceux qui lui feront une dure guerre ». Tarigni répondit qu'il ne savoit rien de ce que je lui disois touchant les ministres de l'Empereur. Je répliquai: Vous le savez très-bien, Monsieur; je suis informé, et le Roi l'a été par moi, combien de fois M. le duc de Savoie, ses ministres et vous, avez vu les ministres de l'Empereur, cachés dans la maison du marquis de Prié, et ensuite ailleurs. Après quelques autres discours de cette espèce, je priai Tarigni de m'obtenir des chevaux de poste et un passe-port comme ennemi, afin que je pusse rendre compte à V. M, de ce qui se passoit actuellement à mon égard. Tarigni dit qu'il alloit en parler à S. A. R. Je demandai ensuite, si on ne permettoit pas à mes gens d'aller acheter des vivres, ou qu'il en fût apporté chez moi, puisqu'apparemment on ne vouloit pas me prendre par famine. Tarigni répondit qu'aucun de mes domestiques ne sortiroit, excepté ceux qui iroient acheter des vivres, ce qu'ils pourroient faire quand il leur plairoit, et seroient accompagnés par des soldats de ma garde. L'ambassadeur d'Espagne étoit alors chez moi, se tenant hors

de portée d'entendre ce que nous disions. Tarigni alla lui faire le même compliment, après
lequel l'ambassadeur sortit, et trouva une
garde à ma porte. Il n'est pas possible de marquer l'embarras, l'étonnement, la couleur
changée, qui possédèrent Tarigni pendant
toute notre conversation. Pajeau étoit présent
et peu éloigné, quand Tarigni se retirant,
l'appela et lui dit de le suivre. Je réclamai Pajeau; Tarigni forma quelques difficultés et
oppositions, mais il insista peu, et laissa Pajeau chez moi.

Il y avoit dans ma maison deux portes co-
chères, l'une pour l'entrée et l'autre pour la
basse-cour; on voulut que toujours elles res-
tassent ouvertes; un corps de garde de huit
hommes fut posé à celle de la basse-cour; douze
sentinelles entourèrent la maison, une autre
fut postée sur le toit, et y a toujours demeuré,
d'où elle découvroit tout mon jardin, et partie
de mon appartement, qui étoit de plain-pié.
J'ai honte d'écrire qu'une sentinelle fut mise
à la seule latrine qui étoit dans ma maison
pour soixante domestiques. Enfin, excepté
l'air et la lumière, rien n'est jamais entré chez
moi, que les officiers et soldats n'aient exactement visité avec dureté.

A peine Tarigni s'étoit retiré, que le marquis d'Aix fut avec des soldats faire ouvrir et visiter toutes les chambres; ce que je lui reprochai comme une infâme et manifeste violation du droit des gens. Demi-heure après la visite exactement faite, il vint me dire qu'il en étoit au désespoir, recevant actuellement ordre contraire; mais qu'à la cour on étoit si troublé, que le comte Tarigni et le major de Turin, fort ignorans de tout ce qu'ils devroient savoir, envoyoient sans cesse des ordres, puis les révoquoient. Je répondis que je sentois toute la force de cette mauvaise excuse, ce qui se passoit étant si capital, et devant avoir de si terribles suites, que ceux qui commettoient ces violences, ne les faisoient qu'après de sérieuses réflexions, et parce qu'ils les vouloient commettre.

Avant que Tarigni vînt m'annoncer ma prison, toutes les portes de Turin étoient fermées, et on arrêtoit par-tout les Français. Trois nouvelles compagnies de cavalerie marchant pour joindre l'armée, avoient couché à Pianezza, et alloient à Sere, deux lieues par-delà Turin; des dragons les arrêtèrent. Les capitaines de ces compagnies étoient chez moi, demi-heure avant mon arrêt. Je leur avois dit de se rendre promptement à leurs troupes, de les contenir en exacte discipline, et de ne point faire d'inutiles résistances contre ce que je prévoyois qui alloit leur arriver. Ces capitaines sortant de chez moi furent menés en prison. Des bateaux chargés de bombes à V. M. étoient prêts de descendre le Pô ; ils furent arrêtés, ainsi que quelques milliers de fusils qui étoient à Turin ou ailleurs dans les Etats de M. le duc de Savoie : ce prince les fit aussitôt distribuer à ses troupes. Si on m'avoit accordé l'ordre par moi demandé depuis long-temps, de commander les troupes qui passoient en Piémont, j'aurois facilement empêché les dommages et l'affront de tant de représailles ; j'aurois même prudemment rendu d'autres services à V. M. La veille de mon arrêt, j'eus copie d'une lettre que le jeune Friesen, qui étoit à l'académie de Turin, venoit de recevoir de son père, qui s'y expliquoit en ces termes : Le commerce va être libre entre nous, en faveur d'un traité que je crois présentement signé entre l'Empereur et S. A. R. Quelques heures après mon arrêt, l'abbé Sardini s'étant présenté à ma porte, elle lui fut durement refusée, le capitaine disant qu'il avoit ordre de ne laisser entrer qui que ce soit ; deux jours après, Sardini partit pour Rome, sans qu'il lui fût permis de me voir, ni de me faire dire aucune chose. Pourroit-on croire que le duc de Savoie ait commencé par violer le droit des gens, au point d'empêcher que le ministre du Pape vît l'ambassadeur de V. M. ?

Ceux de mes domestiques qui se trouvèrent par la ville lorsque la garde s'empara de mes portes, ne purent rentrer chez moi, qu'après avoir été par des soldats menés au major, qui les ayant examinés, me les renvoya sous la même escorte. Le capitaine de ma garde refusa durement qu'un serrurier de la ville vînt, éclairé par des soldats, attacher une tringle qui lui avoit été commandée la veille.

Le 4 octobre, le baron de Quidebonne, envoyé de Bavière, étant le soir au cercle, madame Royale lui en marqua de l'étonnement. L'Envoyé répondit dans toute la grossièreté germanique: Vraiment, Madame, l'Electeur mon maître, est si bon ami de S. A. R., qu'il fera bientôt comme lui, s'il ne l'a fait.

Je jouissois à Turin d'un droit sur les boucheries, valant par année 1100 liv. de Piémont : il étoit de 5000 liv. pour mes prédécesseurs. Dès le lendemain de mon arrêt, le boucher qui me servoit dit à mon maître-d'hôtel, qu'il venoit de recevoir ordre de ne me plus tenir compte de ce droit, tous les priviléges cessant pour moi qui n'étois plus ambassadeur. Mon maître-d'hôtel répondit, que déjà je lui avois commandé d'avertir que je ne voulois plus de ce droit. On voit par-là, que dans les plus grandes affaires, M. de Savoie n'a pas négligé les plus petits profits. Après vingt-quatre heures, les soldats et le lieutenant du régiment de Savoie qui me gardoient, furent relevés par nombre égal du régiment allemand de Schulembourg. Le marquis d'Aix rechargé du commandement de ma garde, et en faction auprès de moi, ce qu'il a continué jusques à mon départ de Turin, a toujours dîné et soupé avec moi. C'est un jeune homme très-riche de la maison de Fessol, et Savoyard de haute naissance; il a de l'esprit, de la politesse, du savoir-vivre, et m'en a donné toutes sortes de marques dans l'emploi dont il se trouvoit, disoit-il, aussi honoré qu'affligé. Le duc de Savoie le faisoit continuellement appeler, et avoit de longues conversations avec lui; ce Prince s'informoit apparemment de mes discours, de mes pensées, et de quelle manière je me réjouissois. Le lendemain de mon arrêt, je dis au marquis d'Aix, que dans deux ou trois mois je le chargerois de prier M. de Savoie, qu'il me permît d'agir avec la comtesse de Vernon (1), afin que je

---

(1) Le comte de Vernon étoit ambassadeur de Savoie en France.

ANNÉE 1703.

fisse remettre à son mari l'argent que je tirerois de Paris pour ma subsistance, et qu'ensuite elle me donneroit pareille somme sur ce qu'elle avoit coutume de lui envoyer. Je répétai au marquis, que je le priois de ne parler de cela que dans deux ou trois mois, ayant de quoi tenir jusques-là : il ne laissa pas d'en rendre compte le même jour à M. de Savoie, et me dit de la part de ce prince, que j'avois méchante opinion de lui, si je croyois qu'il me laissât manquer d'argent, qu'il m'en enverroit autant que je souhaiterois : même offre me fut répétée le lendemain par le marquis d'Aix. Ma réponse fut, que je mangerois plutôt la terre de mon jardin, que d'emprunter un sol de M. le duc de Savoie, ennemi de V. M.

Le 6 octobre, pendant mon dîné, il échappa à M. d'Aix de nommer le roi d'Espagne. Osez-vous, lui dis-je, le nommer ainsi? Le marquis répondit en rougissant : Je dois lui donner un autre nom, ainsi qu'à la Reine (1), puisque nous avons reconnu un autre roi d'Espagne (2); je ne sais encore comment il faudra les appeler.

(1) La reine d'Espagne étoit fille du duc de Savoie.
(2) L'archiduc Charles d'Autriche, ensuite empereur sous le nom de Charles VI.

Malgré les fâcheuses et importunes affaires dont le duc de Savoie étoit agité, il ne se reposoit sur qui que ce soit du moindre détail de me faire étroitement garder. En voici une preuve.

Le 6 octobre, un de mes domestiques eut permission d'aller par la ville, accompagné d'un soldat, ils y restèrent très-long-temps, et revinrent ivres. Le marquis d'Aix fit arrêter le domestique au corps-de-garde, et en envoya informer le major de Turin, qui a toute la confiance de son maître; après trois heures d'intervalle le major répondit, en demandant excuse d'un si long retardement, qu'il avoit été obligé de rendre compte à S. A. R. de cette affaire-là, qu'elle ordonnoit que le domestique restât chez moi, et me prioit que ceux qui iroient par la ville eussent plus de discrétion que celui-ci. Je pris là-dessus toutes les mesures qui pouvoient convenir.

Dimanche matin, 7 octobre, je fis prier le marquis d'Aix qu'un prêtre vînt me dire la messe; le marquis répondit, que je pouvois en envoyer chercher un en quelle église il me plairoit; celle de Saint-Charles étoit proche de mon palais, un de mes domestiques fut aussitôt demander cette grace au prieur, lequel dit qu'il falloit que je m'adressasse à l'archevêque de Turin, et que s'il ordonnoit qu'un religieux de Saint-Charles vînt chez moi dire la messe, le prieur visiteroit auparavant s'il y avoit quelque endroit convenable pour cela. Pendant tout mon séjour à Turin, je n'ai jamais vu l'archevêque, je ne crus pas en cette occasion devoir m'adresser à lui, puisqu'il suffisoit pour ma conscience et pour l'exemple, que j'eusse demandé un religieux au prieur de Saint-Charles, dans l'église duquel j'entendois tous les jours la messe, et que depuis mon séjour à Turin, j'avois fait particulièrement des charités à cette maison, ainsi qu'à d'autres couvens. La messe ce jour-là ne fut point entendue; je reprochai au marquis d'Aix qu'ils auroient ce péché sur leurs consciences, et plusieurs autres par rapport à moi. M. le duc de Savoie fit apparemment parler à l'archevêque de Turin, puisque les jours de fêtes et de dimanches suivans, un religieux de Saint-Charles vint régulièrement dire la messe chez moi : je payois sa peine comme il convenoit à un ambassadeur de V. M. Le religieux étoit reçu à l'entrée de ma maison par M. d'Aix et autres officiers des gardes, au milieu desquels il marchoit à l'autel, prenoit les ornemens, les quittoit la messe achevée, et étoit reconduit dans la rue avec la même escorte.

Un courrier, domestique de M. le marquis de Torci, alloit à Rome chargé de dépêches de V. M. pour M. le cardinal de Janson, pour moi et pour vos autres ministres dans les cours d'Italie. Le courrier et l'ordinaire de l'armée furent arrêtés à Suze, jeudi 4 octobre, et aussitôt conduits à Turin ; et gardés plusieurs mois avec dureté, ce dont je crois présentement V. M. instruite. Toutes lesdites dépêches et lettres furent prises et ouvertes ; aucune n'a été rendue. On prit au courrier de M. de Torci soixante-trois louis d'or, ne lui laissant que deux pièces de quarante sols. Je me plaignis de ce vol au marquis d'Aix, lui disant qu'il étoit fait sans doute à l'insu de M. le duc de Savoie. Je priai vivement plusieurs fois que le courrier de M. de Torci fût envoyé chez moi, où il seroit aussi étroitement gardé que mes domestiques : on ne répondit jamais à ce dernier article ; mais le marquis d'Aix m'assura, après plusieurs instances réitérées par moi et plusieurs reproches piquans, que S. A. avoit commandé que les soixante-trois louis d'or fussent rendus au courrier : j'ignore si cela a été fait.

Le 11 octobre, deux autres courriers, dont l'un étoit à M. de Vendôme, furent arrêtés et

ANNÉE 1703.

resserrés à Turin avec la dernière rigueur ;
enfin, en peu de jours, M. de Savoie eut dans
ses prisons onze courriers extraordinaires et
autres. Je sus que par toute cette ville et à la
Cour, on parloit avec mépris et railleries, que
le courrier de M. de Vendôme fût chargé des
lettres de M. le comte de Vernon au marquis
de Saint-Thomas ; qu'on insultoit à la sécurité, qu'ils appellent *imbécille*, avec laquelle
les Français venoient de toutes parts remplir
les prisons de M. de Savoie, qui comptoit par-
là avoir un assez bon nombre de prisonniers
pour échanger ; on me reprochoit même souvent sans cesse ceux qu'on avoit arrêtés en
Lombardie, au nombre desquels plusieurs
officiers, laissés sur leur parole, tiroient
vanité de s'en être servi pour échapper ; procédé auquel leur maître applaudissoit, parce
que par des manquemens de foi plus considérables, il donnoit exemple et autorité à
ceux-là.

Cependant le duc de Savoie, étonné de la
manière vive dont il croyoit qu'on l'alloit attaquer, employoit toutes les ressources qui
dépendoient de lui. En onze jours Turin fût
entièrement palissadé, les nouveaux ouvrages
achevés par le grand nombre d'ouvriers qu'on
y mit : ce Prince croyoit d'être bientôt assiégé,

M. de Vendôme paroissant de l'autre côté du Pô dès le 15 octobre, et que d'autres troupes ne tarderoient pas à descendre par le Dauphiné : il étoit au désespoir, ayant déjà ordonné le jour auquel toutes les portes de Turin seroient fermées, excepté celle qui conduit à Vercelli. La milice fut levée précipitamment par tout le plat pays et les villes de Piémont; on n'épargnoit personne à Turin, les plus vieux bourgeois et ouvriers, les laquais furent enrôlés, ainsi que les officiers de cuisine et d'office du duc de Savoie et de madame Royale; plusieurs de toutes ces espèces ont souvent été de garde à ma porte. Ce prince projetoit une nombreuse levée que je ne détaille point à V. M., qui en a été sans doute informée, outre que l'impossibilité de réussir entièrement, a souvent fait varier le duc de Savoie sur cette levée, qu'il a réduite enfin fort au-dessous de ses premières idées.

N'ayant point de réponse sur ce que j'avois dit au comte de Tarigni, qu'on me donnât un passe-port pour dépêcher un courrier, j'en parlai le 11 octobre au marquis d'Aix, et j'ajoutai, que ce courrier n'iroit que pour mes besoins particuliers, chercher de l'argent pour ma subsistance, ou que les juifs qui s'empressoient pour acheter mes meubles, eussent la permission d'entrer chez moi ; que je ne m'imaginois pas à quoi pouvoit servir la manière inouie dont j'étois resserré, puisque mon silence faisoit penser à V. M. plus que je ne pouvois lui écrire; que l'entière violation du droit des gens ne devoit pas empêcher, que du moins on ne me traitât en prisonnier; qu'entre les nations qui se font la plus violente guerre sans cartel, sans quartier, on ne refusoit point à un prisonnier auquel on laissoit la vie, d'envoyer à son armée tambour et trompette, dire de ses nouvelles et chercher la subsistance. Le marquis d'Aix ne vint que le 10 octobre, m'apprendre qu'on me permettoit d'envoyer un courrier ; que S. A. R. lui avoit dit plusieurs fois et répété encore la veille que, par rapport à moi, il étoit très-fâché de me resserrer comme il faisoit, mais qu'il ne pouvoit s'en empêcher, m'estimant trop pour en user autrement. Je répondis, qu'il étoit de l'intérêt commun de tous les Princes d'estimer les sujets quand ils servoient bien leurs maîtres, mais qu'aucun souverain n'a par-là autorisé la violation du droit des gens. Je touchai ensuite les malheurs que pouvoit attirer à M. de Savoie la guerre contre V. M. Le marquis d'Aix répondit en ces mêmes termes qui lui étoient sans doute commandés : S. A. R.

n'a pas mal réussi de s'être engagée dans la guerre précédente, elle se retirera encore mieux de celle-ci.

Le 12 octobre, le régiment des gardes monta chez moi en la place de Schulembourg, et continua alternativement avec le régiment de Savoie; on m'ôta les Allemands de Schulembourg, comme gens plus faciles à gagner que les Piémontais et les Savoyards.

Le samedi 13 octobre, le marquis d'Aix, après avoir soupé avec moi, et être sorti à onze heures du soir de ma chambre, y rentra aussitôt, puis me parla en ces termes: « S. A. R. m'a commandé, Monsieur, de remettre à V. E. cette lettre qui s'adresse à vous: elle n'a point été décachetée; un courrier pour France partira demain au soir, V. E. peut écrire par lui; mais à cause de la conjoncture des affaires, S. A. R. vous prie que si vous écrivez, votre lettre soit ouverte. S. A. R. m'a aussi commandé de vous dire, que des juifs auroient permission demain d'entrer chez vous pour acheter vos meubles ». Je dis au marquis d'Aix, qu'après que j'aurois lu la lettre qu'il me remettoit, je verrois ce qui me conviendroit pour y répondre; je lui demandai ensuite si M. le duc de Savoie ne me permettroit pas d'envoyer quelques jours un courrier comme on me l'avoit fait espérer ; le Marquis répondit : *Je ne sais, Monsieur, je n'ai point ordre d'en dire davantage.*

La dépêche de V. M. à moi remise par le marquis d'Aix, paroissoit n'avoir point été ouverte : elle étoit datée du 9 octobre, et triplicata ; je n'ai reçu ni le duplicata, ni l'original, qui sont entre les mains de M. le duc de Savoie. Je n'ai rien reçu depuis de V. M., que la dépêche écrite du 27 octobre. Le triplicata de celle du 9 octobre étoit accompagné de la copie d'une lettre que le 6 de ce même mois V. M. avoit écrite à M. le duc de Vendôme. Par cette dépêche du 9 octobre, V. M. me commandoit de parler à M. le duc de Savoie, et en quels termes je devois le faire. Je compris par-là, non-seulement que V. M. ignoroit, mais qu'elle n'avoit pu s'imaginer ce qui s'étoit passé en Piémont le 3 octobre, et ce qui s'y passoit continuellement ; j'étois hors d'état d'obéir à l'ordre que V. M. me donnoit de parler à M. le duc de Savoie ; je répète que l'air et la lumière étoient les seules choses qu'il m'avoit laissées libres : il faisoit froid, j'étois incommodé, et je voulois du feu ; quinze jours se passèrent sans que je pusse obtenir qu'un ramoneur vînt ramoner la cheminée de ma chambre qui en avoit besoin : il y vint enfin escorté par deux soldats qui gardoient la cheminée pendant qu'il travailloit.

Je ne crus pas devoir, sans nulle apparence de sûreté, exposer le nom de V. M. à toutes les indignités avec lesquelles le duc de Savoie violoit mon caractère, et le respect qu'il vous doit; ce Prince osoit me faire dire qu'il me permettoit de vous écrire, pourvu que ma lettre fût ouverte et portée par un de ses courriers; il avoit eu l'audace de me faire arrêter par le maître des cérémonies, honnête homme à la vérité, mais de bas lieu et d'un emploi très-médiocre. Je trouvois de la différence dans les traitemens que l'on me faisoit souffrir, à ceux que le comte de Vernon souffroit en France, trouvant dans la dépêche de V. M. que vous aviez donné ordre à M. le marquis de Torci de lui laisser toute liberté, et de demander seulement sa parole. M. de Savoie m'ôtoit non-seulement mon caractère, mais me traitoit plutôt en criminel, qu'en ennemi propre à servir de représailles pour ses troupes si justement arrêtées. Ces raisons me déterminèrent à ne point écrire à V. M. une lettre ouverte et portée par les courriers de ce Prince, et à ne point lui faire dire inutilement, que j'avois à lui parler de la part de V. M., puisqu'il ne l'ignoroit pas, ayant l'original et le duplicata de votre dépêche qu'il m'avoit envoyée. Lorsque le lendemain au soir, le marquis d'Aix me demanda que je le chargeasse de la lettre ouverte, que S. A. R. trouvoit bon que je vous écrivisse, laquelle seroit portée par un de ses courriers; je répondis que je le chargeois de demander encore de ma part, le passe-port jamais refusé à qui que ce soit de mon caractère, pour envoyer qui je voudrois de mes courriers, et pour écrire de la manière qui me conviendroit. Le marquis d'Aix me dit, que j'avois précédemment demandé passe-port pour une lettre ouverte; j'en convins, pourvu qu'elle fût portée par un de mes courriers; mais j'ajoutai, que les choses avoient changé de face, et que V. M. auroit sujet de me châtier, si je souffrois qu'il me fût moins permis ici qu'au comte de Vernon dans votre Cour; que je regardois les choses sur un pié égal, malgré la disproportion d'un roi de France tel que vous, à un duc de Savoie; que le caractère d'ambassadeur ne permettoit point que je parlasse de la différence qui, peut-être sans cela, seroit entre le comte de Vernon et moi, qu'ici il n'en étoit pas question; qu'enfin je ne cesserois de le charger de ma part, qu'il demandât passe-port pour un de mes courriers; qu'il seroit libre de me rendre réponse ou non, mais que j'attribuerois son silence à un injuste et obstiné refus. Je dis ensuite au Marquis, que la lettre qu'il m'avoit rendue la veille, contenoit choses dont M. le duc de Savoie étoit informé, puisque n'ayant point ouvert cette lettre, il en retenoit l'original et le duplicata ; que V. M. ne sachant pas les extrémités où s'est portée S. A. R., m'ordonnoit de lui parler conformément à ce que vous aviez fait dire à M. le comte de Vernon, qui sans doute en rendroit compte à son maître; que mon caractère violé, et la manière inouie dont j'étois resserré, ne souffroit plus aucun commerce ni avec le duc de Savoie, ni avec ses ministres ; que si cependant S. A. R. m'accordoit passe-port pour quelqu'un de mes courriers, et chargeoit le marquis d'Aix de me dire choses que je dusse faire savoir à V. M., je n'y manquerois pas. Le Marquis m'assura que de tout ce que je lui disois, il en rendroit un compte exact à son maître : il n'y a pas lieu d'en douter. Le 15, il me dit que S. A. R. me donneroit réponse sur le passe-port que je demandois pour un courrier. V. M. va voir, malgré tant d'instances par moi réitérées et les paroles si souvent données de me l'accorder, que je n'ai jamais pu l'obtenir.

Peu de jours après, je pressai le marquis

d'Aix d'agir, pour que les juifs eussent la permission qu'il m'avoit assurée leur être accordée, de venir chez moi acheter mes meubles. Il m'amena le lendemain Gicamette, riche marchand de Turin, et me dit que cet homme venoit pour acheter mes meubles; il les visita, et prit un mémoire exact de toutes choses : j'ignore à quel sujet Gicamette n'eut jamais la permission de rentrer chez moi, quoique je l'eusse demandé plusieurs fois, ni personne de sa part; on traita même comme une proposition inouie et criminelle celle que je fis à M. d'Aix, d'écrire trois lignes telles qu'il me dicteroit, et que lui-même enverroit à un banquier de Turin qui me servoit depuis mon arrivée en cette ville, et m'auroit donné tout l'argent que j'aurois souhaité. De l'air dont cette proposition fut rejetée, je compris qu'on avoit dessein de me réduire aux dernières extrémités, faute de subsistances ; ce qui arriveroit bientôt, puisque j'étois chargé de plus de quatre-vingts bouches, hommes et chevaux, et que rien n'étoit livré à mon maître-d'hôtel que l'argent à la main. J'avois, quelques mois auparavant, remis des médailles d'or pour un prix considérable, à un honnête Français demeurant à Turin, sur lesquelles il m'avoit prêté trois cent cinquante louis d'or, forcé par moi de retenir mes medailles, à quoi il ne vouloit pas consentir.

Sur la fin du mois d'octobre, je risquai de lui faire passer une lettre de change de Paris pour ce que je lui devois : il la reçut heureusement, et avec beaucoup de fidélité me renvoya mes médailles. La ruse dont je me servis ne devoit point réussir par la vigilance de mes gardes ; mais heureusement ils furent trompés cette seule fois-là. V. M. va voir que ces médailles ont, pendant plusieurs mois, servi à ma subsistance ; encore il a fallu beaucoup d'adresse pour s'en défaire en détail, et à grande perte.

Le marquis d'Aix étoit si avide de conversations avec moi, si embarrassé à écouter, si prompt à aller écrire dès qu'elles étoient finies, et à se rendre ensuite auprès de son maître, qu'il me fut aisé de comprendre que tout cela lui étoit commandé. Outre que ce jeune homme, quoique spirituel, parlant mal de guerre et d'affaires d'Etat, il m'étoit facile de connoître qu'il retenoit mal ce qui lui étoit soufflé, et par ses réponses je jugeois qu'on ne pouvoit pas toujours le préparer aux miennes. Je mettrai dans la suite quelques-unes de ces conversations, par lesquelles V. M. connoîtra quelle étoit alors la situation de

M. le duc de Savoie. Il faudroit un gros volume pour étendre tout ce qui s'est dit pendant trois mois, de la part d'un homme qui avoit ordre de me beaucoup parler, pour que je lui parlasse beaucoup. Le Marquis s'est toujours comporté à mon égard avec beaucoup de politesse et de respect. Il ne s'échappa qu'une seule fois en discours trop impertinens pour n'être pas affectés et ordonnés : ce fut le 14 octobre après soupé, en présence de Pajeau et sa femme et d'un gentilhomme qui est auprès de moi. Voici à-peu-près comme le Marquis s'expliquoit, sur le mépris qu'ils ont tous, disoit-il, pour la cavalerie française, laquelle, en gros et en détail, ne vaut rien, et est toujours battue par les Allemands ; sur les mépris qu'ils ont pour tous les généraux français qui, pendant cette guerre, ont commandé en Italie, où, selon lui, successivement l'un a toujours plus mal fait que l'autre, et toujours infiniment mal ; sur l'estime infinie qu'ils font des Allemands, desquels, si M. le duc de Savoie peut avoir vingt mille hommes joints à ses troupes, il nous battra d'une manière à obtenir des avantages beaucoup au-dessus de ceux que V. M., disoit-il, a été forcée de lui accorder après les victoires très-inutiles de Stafarde et de la Marsaille, et beaucoup d'autres sottises qu'un prisonnier se trouve forcé d'entendre, ne furent point sans réponse. La patience m'échappa; je lui imposai silence, en lui disant, qu'il étoit de l'intérêt de nos ennemis que nous battions toujours, d'avoir pour nous l'estime que nous nous contentions de mériter; que le duc de Savoie et ses sujets y étoient du moins aussi obligés que les autres. J'ajoutai : Pour nous, Monsieur, nous ne saurions jamais estimer ceux que nous avons toujours battus : cela vous regarde. Quant à la différence des procédés dont nous parlions il n'y a qu'un moment, je vous dirai que la nation des Français est, dans ce cas, née pour faire toujours des honnêtetés; d'autres nations nées pour les recevoir toujours sans les mériter : c'est le sort du duc de Savoie et de ses sujets. Le Marquis tomba dans un profond silence, et se retira avec respect, sans que depuis il se soit jamais échappé à rien dont j'aie eu sujet de me plaindre.

Le marquis d'Aix m'avoit dit positivement, que le 20 octobre j'aurois passe-port pour envoyer un courrier. Ce jour se passa sans qu'il en fût question; je renouvelai souvent mes instances là-dessus, mais inutilement : le Marquis fut enfin obligé de me dire, qu'apparemment on me refusoit un courrier, afin que je n'informasse pas V. M. de quelle manière j'étois traité. Je répondis que M. le duc de Savoie faisoit donc mal, puisqu'il le vouloit cacher, ce qu'il ne pourroit pas toujours, parce qu'un temps viendroit où j'aurois la liberté d'en rendre compte à V. M., qui ne l'apprenant peut-être que dans six mois, les affaires pourroient avoir changé de face, et V. M. être dans d'autres sentimens qu'aujourd'hui. Il répliqua qu'à la déclaration de la guerre précédente, M. de Rébenac fut resserré autant que je l'étois, et que V. M. ne marqua aucun ressentiment. (Il n'est point vrai que le marquis de Rébenac ait été traité comme moi après la déclaration de la guerre.) Je répondis que, supposé la vérité de ce qu'il me disoit, d'avoir une fois impunément violé le droit des gens, cela n'autorisoit point à le violer encore; que le duc de Savoie qui se vantoit d'un pareil attentat, seroit à ce coup châtié pour tous les deux; que par le droit des gens violé en la personne de Rébenac, en excuser une plus grande violation faite en ma personne, c'étoit à-peu-près la même chose, que si M. le duc de Savoie croyoit faire approuver son actuel manquement de foi envers V. M., parce que l'année 1696, ce Prince en manqua à ses autres alliés;

que M. le duc de Savoie, jugeant à propos de
déclarer la guerre à V. M., a dû, en me laissant d'ailleurs toute liberté, empêcher seulement ses sujets de communiquer avec moi,
faire garder les dehors de ma maison, me
dire d'envoyer à V. M. un courrier pour
l'échange, et dès le premier jour me faire
conduire à sa frontière, pour y attendre son
ambassadeur, qu'apparemment V. M. n'auroit pas dessein de garder; que le comte de
Vernon croiroit peut-être pouvoir se sauver
malgré sa parole donnée, puisqu'on avoit à
Turin un exemple du marquis de Salces, qui
manqua à la sienne pendant la dernière guerre,
et ne fit aucune difficulté de se sauver : procédé plus approuvé que blâmé en cette cour,
où l'on pense autrement qu'en France. A ces
discours, le marquis d'Aix n'opposa que la
difficulté qu'auroit le comte de Vernon de
pouvoir se sauver, ayant cent vingt lieues de
chemin à faire dans les terres de V. M. Dès
les premiers jours de ma prison, le marquis
d'Aix me dit assez nettement, que je pourrois
n'être pas échangé avec le comte de Vernon,
S. A. R. me regardant comme lieutenant-
général. Je répondis que ce discours ne m'effrayoit point, le caractère d'ambassadeur
n'ayant aucune relation à aucunes autres,

mais étant fort au-dessus et toujours inviolable : j'ajoutai, que ma situation n'auroit qu'une issue heureuse pour moi, puisque M. de Savoie me renvoyant comme il y étoit obligé, de manière à ne pouvoir s'en dispenser, j'aurois le plaisir de lui faire bientôt la guerre, V. M., selon mes desirs et mes espérances, ayant peut-être assez de bonté pour me remettre à mon premier métier ; que si, par une continuelle et inouie violation du droit des gens, M. le duc de Savoie me retenoit prisonnier, j'aurois lieu de croire qu'il ne s'y portoit que par ressentiment de ce que j'ai rempli mes devoirs trop peu à son gré, et parce que peut-être il me craignoit assez, pour ne me laisser pas grossir le nombre de ceux qui lui feroient la guerre ; que cependant un Prince tel que lui ne devoit pas être jugé capable d'aucune crainte, puisqu'avec quatorze escadrons et seize bataillons, il venoit hardiment nous déclarer la guerre par tous les plus inouis attentats.

Depuis le 21 octobre jusques au premier novembre, le duc de Savoie et ses troupes firent des mouvemens qui marquoient beaucoup d'embarras. Il les porta toutes du côté de Verrue et Vercelli, ne laissant pour la garde de Turin que des milices de bourgeois et de paysans. Il ramena aussitôt ses troupes, les fit passer le Pô, et se posta à Quiers, dans l'intention de l'abandonner aussitôt que nous nous présenterions pour l'attaquer : il ne croyoit pas ce poste tenable. Toutes ses troupes ayant quitté Turin, ma garde fut montée par les milices de la ville : elles me resserrèrent beaucoup plus que je ne l'avois été. Ces faquins se portèrent à mille insolences, insultant mes domestiques chez moi ; et quand ils les conduisoient par la ville pour mes besoins, on entendoit crier de toutes parts, qu'il falloit me déchirer, puisque j'étois l'auteur de la guerre et de la désolation qui alloit perdre leur pays. Il est vrai que le marquis d'Aix, informé par moi de tous ces griefs, apporta ses soins pour les modérer, et y réussit en quelque façon.

Lundi 28 octobre, le comte Jesqueri, major de Turin, publia à la tête des gardes, que par-tout il étoit permis de tuer les Français que l'on trouveroit à la campagne, et que l'on donneroit un demi-louis d'or à quiconque en apporteroit une tête : c'est ce que dirent à mes domestiques plusieurs miliciens de ma garde, assurant l'avoir entendu du major.

Aux premiers jours de ma prison, j'avois dit à M. d'Aix, que peu d'heures avant qu'on me resserrât, j'avois vu passer devant ma porte le comte d'Aversberg qui alloit à l'audience; d'Aix qui le savoit, ne répondit point. Le duc de Savoie, sur mon reproche, obligea Aversberg de se cacher encore pendant sept ou huit jours, après quoi d'Aix me dit, qu'il n'étoit point à Turin, mais pas éloigné, qu'il venoit d'arriver en poste. Je n'ignorois pas cependant, qu'avant cette disparition, Aversberg depuis la première audience, avoit été deux fois au cercle.

Le marquis d'Aix prévenu, comme presque tous les Piémontais et Savoyards, que le traité entre V. M. et le duc de Savoie, fait seulement pour trois ans, alloit expirer, déclamant fort contre l'attentat d'arrêter et désarmer des troupes que le duc de Savoie appeloit auxiliaires, contre l'injustice de vouloir empêcher qu'un Souverain eût chez lui des personnes cachées, pour traiter de ses intérêts à venir, quand par l'expiration prochaine de son traité il alloit être libre de tous engagemens; voilà de quoi le duc de Savoie leurroit ses courtisans et ses peuples, n'ignorant pas que tous crieroient contre toutes ses perfidies, si elles étoient mises au jour. Je crus que ces mystères d'iniquités devoient être par moi développés. J'assurai donc, que le traité entre V. M. et le duc de

Savoie étoit sans clause et sans fin; que d'avoir désarmé les troupes de ce Prince, étoit un attentat dont V. M. devoit des réparations infinies, s'il étoit faux que M. le duc de Savoie se fût mis à portée de traiter avec l'Empereur et vos autres ennemis; mais que s'il avoit jusqu'à ce point manqué à ses engagemens, le coup que V. M. venoit de frapper ne devoit passer que pour une légère punition, et le commencement de celles qui suivroient; j'ajoutai que M. le duc de Savoie ne devoit pas ignorer quelles étoient les troupes auxiliaires, ni appeler de ce nom celles qu'il envoyoit dans votre armée; que les troupes auxiliaires étoient celles qu'une puissance payoit de ses deniers, et envoyoit gratis à une autre puissance; qu'en 1664 V. M. fit marcher en Hongrie sept mille hommes de cette espèce, lesquels gagnèrent la bataille de Saint-Gothard, et rassurèrent l'Allemagne; que peu de temps après, vous en envoyâtes sur le même pié aux Hollandais contre l'évêque de Munster; qu'en 1673, le roi d'Angleterre envoya aussi quelques troupes auxiliaires à V. M.; que M. le duc de Savoie et ses troupes étoient à votre solde, puisqu'il n'ignoroit pas que dans les préliminaires du traité, j'avois offert quinze mille écus par mois pour sa personne, V. M. payant ses troupes comme les vôtres étoient payées; ou cinquante mille écus par mois pour lui et ses troupes; parti qu'il préféra à l'autre, afin d'y gagner davantage : j'ajoutai que les traités faits avec un prince suspect devoient d'abord être rendus publics.

Au 1er novembre, le marquis d'Aix, en deux conversations, me répéta ce qui suit en ces termes : « Que les affaires de son maître étoient en méchant état; qu'il n'avoit sans doute pas bien pris ses mesures, les secours ne venant ni de Suisse, ni de la flotte qui étoit toujours à Livourne; que Visconti avoit été battu lui amenant trois mille chevaux de l'armée allemande, ce qui déconcertoit extrêmement S. A. R.; qu'enfin si bientôt il venoit de France assez de troupes pour faire le siége de Turin, S. A. R., que peut-être dans la suite plusieurs sujets abandonneroient, se trouveroit dans un triste état; que si elle faisoit quelques démarches pour un accommodement avant que les troupes passassent les monts, elle pourroit y être reçue; mais que si elles passoient une fois, il étoit à craindre qu'on ne l'écoutât pas; que cependant S. A. R. étoit fort éloignée de s'humilier, qu'elle aimoit plutôt tout perdre après avoir été traitée comme elle venoit de l'être, outre que véritablement elle avoit toujours eu un fort attachement pour l'Empereur, ne s'en étant départi qu'à regret ; que s'il pouvoit échapper cet hiver, leurs affaires seroient bonnes, puisqu'avant le printemps il viendroit assez de secours, pour que S. A. R. pût être maître de la campagne, et la disputer avec avantage ». Le marquis d'Aix ajouta, que pour lui et pour moi, il étoit très-fâché qu'il n'y eût point encore d'apparence à l'échange des ambassadeurs, dont on ne parloit en aucune façon. Je répondis que ce dernier article ne m'inquiétoit pas, étant né pour mourir en vous servant, s'il le faut ; que V. M. ne devoit faire aucun pas pour mon échange, mais m'oublier, aller d'ailleurs votre chemin, et ensuite demander votre ambassadeur, comme il convient qu'un Roi tel que vous le doit demander à un duc de Savoie ; que ce prince avoit voulu s'attirer tous les maux qui se préparoient à l'accabler ; que sans peser ses véritables intérêts, il avoit trop écouté de très-mauvais conseils, savoir son aversion pour nous, et d'infidèles ministres qui sont attachés à l'Empereur ; qu'un duc de Savoie devoit toujours bien se conduire avec un roi de France, sur-tout avec V. M. qui ne voulant pas le perdre quand vous l'avez pu, mais au contraire le comblant de graces, l'avez mis en état de vous nuire ;

que tons les secours sont très-incertains, dépendans de gens auxquels il a déjà manqué; que V. M. prenant Turin, le Piémont est perdu, et la maison de Savoie sans ressources, parce S. A. R. sera pour lors obligée d'aller, comme autrefois le duc de Lorraine, demander subsistance à l'Empereur, dont les ministres lui rendront la vie dure et lui reprocheront ses anciens péchés, rappelant ce qu'il a fait en 1696; que s'il s'enferme dans Turin ou dans Vercelli, il doit craindre ce que Louis XII fit souffrir à Ludovic Sforce, duc de Milan; du moins le voyage du Doge de Gênes, ou celui que Philippe III (1) fit faire à ses neveux, enfans de Charles-Emmanuel; qu'il vous sera plus avantageux que S. A. R. ne vous demande point un pardon, que V. M. peut-être lui accorderoit, à quoi nous devons préférer la conquête du Piémont, et ôter pour jamais à la France cette fâcheuse épine. Le marquis d'Aix est trop jeune et trop peu instruit, pour avoir osé de son chef me tenir de pareils discours : il faut qu'il en ait eu l'ordre; ce que je crois d'autant plus, que depuis il a gardé avec moi un profond silence sur ces matières, et le duc de Savoie n'ayant pas trouvé mes

---

(1) Roi d'Espagne.

réponses satisfaisantes, le lui a apparemment commandé. Je m'informai ensuite de M. d'Aix, quelle place de sûreté M. de Savoie donnoit à l'Empereur, qui sans doute étoit trop habile homme pour s'exposer à la récidive de 1696. Le Marquis répondit en rougissant, que son maître périroit plutôt que de donner des places de sûreté à qui que ce soit. Cependant le Marquis ayant apparemment oublié ce discours, ou reçu ordre de parler autrement, me dit deux jours après, que si S. A. R. sans écouter des négociations avec l'Empereur, vous avoit offert une place de sûreté et demandé la neutralité, V. M. la lui auroit peut-être accordée. Je ne répondis point à ces questions. Peu de temps après, le Marquis me dit, que V. M., sur l'échange et cartel des prisonniers, avoit répondu y consentir à l'égard des prisonniers faits depuis que M. de Vendôme étoit entré en Piémont, mais que S. A. R. ne vouloit point entendre parler des troupes qu'elle avoit prêtées au roi d'Espagne, lequel lui en répondroit; que ses troupes avoient sauvé le Milanais. Je dis au Marquis, que ce discours peu sensé marquoit trop de colère et de fureur; que ces troupes merveilleuses qui avoient sauvé le Milanais, ne pouvoient être trop tôt délivrées, pour venir grossir l'armée de M. le duc de Savoie, qui en auroit besoin. Pourquoi ce Prince en vouloit-il rendre responsable le roi d'Espagne, puisque V. M. les avoit fait arrêter avec tant de hauteur et avec tant de mépris ?

J'ignore de quels détours le duc de Savoie s'est servi, mais il en a employé plusieurs, et des mieux circonstanciés pour éluder de me renvoyer. Le comte d'Aversberg eut ordre de l'Empereur, dès les premiers jours de novembre, et se servit pour cela des termes les plus forts : je crois cependant qu'il n'expliqua pas la meilleure raison de l'Empereur, fondée sur la défiance où le mettoit la foi périlleuse du duc de Savoie, sur-tout pendant que je serois dans ses Etats et en même ville ; je sus indirectement avec quelles vives instances et souvent réitérées, le comte d'Aversberg agissoit pour cela avec le marquis de Prié, ministres fort sujets à l'amour, et qui en avoient pris violemment pour deux femmes de Turin, auxquelles ils découvroient tout ; c'est même actuellement aux ordres pressans du comte d'Aversberg, et à la manière dont il les a exécutés, c'est-à-dire aux soupçons légitimes qu'a l'Empereur contre le duc de Savoie, que je dois ma délivrance après sept mois et demi de la plus dure prison. V. M. doit compter que sans cela vous m'auriez demandé inutilement, et ne m'auriez jamais eu que par la force, si le duc de Savoie m'avoit laissé vivre assez pour l'attendre. Je sais qu'aux premiers jours de ma prison, ce Prince répondit avec fureur à ceux qui le pressoient de me renvoyer : «Je veux le garder, il est cause de ce qui me vient d'arriver, et me nuiroit trop par la suite; je sais de quoi il est capable, je l'ai vu à l'œuvre, il connoît mes troupes et mon pays; Vernon ne m'est bon à rien, et si Saint-Thomas que voilà étoit aussi en France, je l'y laisserois périr plutôt que de renvoyer l'Ambassadeur». Voilà, Sire, les mêmes termes avec lesquels le duc de Savoie parla; peu de gens ne croyant pas sans doute que j'en serois informé aussi sûrement que je le fus d'abord; enfin ce n'a été que pour donner quelques apparences de satisfaction à l'Empereur, que le duc de Savoie prit le parti de m'envoyer à Coni : je ne doute pas que sa haine ne se soit applaudie de ce qu'il m'y alloit faire souffrir, et de m'arracher toutes sortes de commodités dont je jouissois dans ma maison de Turin.

Dans ce temps-là, je réitérai au marquis d'Aix mes instances pour avoir la permission de vendre mes meubles ou ma vaisselle d'argent; je le priai encore d'agir avec la comtesse de Vernon, pour ce que j'avois déjà proposé touchant ce qu'elle voudroit envoyer à son mari ; à tout cela, je n'eus qu'une dure négative, aussi souvent réitérée que l'étoient mes demandes. Le Marquis me fit sentir avec malice, et apparemment par ordre, que je devois craindre de paroître devant V. M., mes avis n'ayant pas été bons, ni mes négociations heureuses, puisque moi seul vous attirois une guerre très-difficile. Je répondis que c'étoit de quoi on ne devoit point s'entretenir à leur Cour; qu'il me suffisoit toujours d'avoir fait mon devoir, mais que j'avois de plus la satisfaction de l'avoir fait en fidèle sujet; que si M. le duc de Savoie croyoit que j'eusse donné quelques mauvais avis, ou par ignorance ou par malice, il n'avoit qu'à me renvoyer à V. M. qui saviez aussi bien punir les menteurs que châtier les perfides.

Au commencement de décembre, toutes les rigueurs que l'on me tenoit furent redoublées : outre ma nombreuse garde, montée tantôt par des bourgeois, tantôt par des paysans, M. le duc de Savoie mit chez moi quatre espèces de coupe-jarrets qui n'en partoient point, deux desquels prenoient entre eux mon maître-d'hôtel quand il alloit à la provision, ou autres domestiques allant par la ville pour mes besoins, ce qui lors arrivoit très-rarement. On visitoit à ma porte pièce à pièce tout le bois qui entroit, le linge blanc et sale, le pain qu'on coupoit en plusieurs morceaux, la viande qu'on manioit de toutes parts. Mon maître-d'hôtel et mes cuisiniers s'en plaignirent au Marquis, disant qu'ils ne pouvoient pas répondre de ma vie, quand tout ce que je mangeois étoit manié par des gens qui crioient sans cesse qu'il falloit me déchirer, comme l'auteur de la guerre. Après ces plaintes, on se relâchoit un peu de temps, puis l'on recommençoit.

J'avois à moi dans mon jardin douze des plus beaux orangers de Piémont; n'y ayant point chez moi de place pour les mettre, j'en avois depuis deux ans fait accommoder une chez les Carmes qui s'en trouvoient bien; ce n'étoit qu'à deux pas de ma maison. Quand la gelée commença, je priai le Marquis de faire conduire mes orangers dans la serre avec tant de soldats qu'il lui plairoit; il me dit qu'il en alloit demander la permission. Cette permission fut demandée six fois et toujours refusée: enfin, la forte gelée les tua; je les fis couper en présence du Marquis, puis brûler avec les caisses.

Samedi matin, 15 décembre, le marquis d'Aix vint me dire que le major de Turin avoit à me parler. Je répondis que je ne le voulois point voir. Le Marquis ajouta que le major venoit de la part de S. A. R. : je lui dis de le faire entrer. Le major a le bruit de remplir très-bien les devoirs de sa charge, d'ailleurs homme dur et bête : il parut devant moi d'un air embarrassé; je le fis asseoir, il me parla ainsi : Le maître des cérémonies étant absent, S. A. R. m'envoie, Monsieur, dire à V. E. qu'elle juge à propos de vous faire conduire à Coni, et de savoir de V. E. quand il lui plaira partir. Je répondis en ces termes : M. de Savoie s'est donné le droit qui ne lui appartient pas, de disposer de moi; il m'est indifférent qu'il m'envoie à Coni ou ailleurs; je suis prêt à partir. Le major me dit que S. A. R. me laissoit la liberté du jour, que je fixai au jeudi suivant 20 décembre, afin d'avoir le temps de faire serrer et emporter ce qui me conviendroit de mes meubles. Je demandai si on ne me fourniroit pas, en payant, les voitures nécessaires. Le major dit qu'il enverroit le lendemain un homme pour les marchés; il ajouta, que si je voulois faire passer en France nombre de mes domestiques, S. A. R. donneroit les passe-ports nécessaires.

Après que cet homme se fut retiré, le marquis d'Aix me dit : Le major de Turin étoit fort embarrassé en vous parlant, Monsieur ; il n'a pas le talent de bien s'expliquer, ni bien compris ce que S. A. R. lui a commandé de dire à V. E, puisqu'il a paru vous laisser quelques libertés sur le renvoi de la plupart de vos domestiques ; j'étois présent lorsque S. A. R. lui a ordonné, et à moi aussi, de dire à V. E. qu'il veut que vous gardiez une vingtaine de vos domestiques pour vous servir ; qu'il donnera des passe-ports aux autres pour leur retour en France par la Savoie : on ne vous laisse là-dessus que la liberté du choix de ceux que vous voudrez retenir. Je répondis au Marquis : Ni moi, ni mes domestiques, n'avons le malheur d'être sujets de M. de Savoie, ni de vivre à ses dépens : il n'a nulle autorité sur eux ; il veut que je garde seulement vingt domestiques, cinquante suffiront à peine pour me servir, ce n'est pas à lui à s'en mêler. Les raisons que je vous allègue ici sont très-bonnes, mais en voici une meilleure : M. de Savoie, qui m'a toujours injustement refusé passe-port pour qu'un de mes gens allât en France, veut à présent que j'en envoie plus de trente ; mais moi je ne le veux pas : s'il persiste dans cette violence, dites-lui de ma part qu'il envoie chez moi nombre de grenadiers résolus, car on ne m'arrachera jamais mes domestiques que par la force; je suis très-persuadé que nous perdrons cette bataille : ce sera la seule que M. le duc de Savoie aura encore gagnée; mais qu'il prenne garde aux suites. Je réitérai au Marquis de ne pas oublier un mot de ma réponse. Il alla aussitôt la porter à son maître, puis revint voulant avec douceur me faire comprendre, que je devois renvoyer mes domestiques. Je persistai aux termes de ma première négative; enfin, après un troisième voyage au palais sur ce sujet, le Marquis me dit le lendemain qu'il avoit fait goûter à son maître mes raisons, pour ne me pas séparer de mes domestiques; que S. A. R. les approuvoit ; mais que le nombre de tant de gens armés lui donnoit de l'inquiétude sur ce qu'il pouvoit arriver pendant notre route. Je répondis qu'il y avoit plusieurs moyens pour calmer les craintes de M. de Savoie là-dessus, celui d'augmenter son escorte à proportion du nombre de mes domestiques, de me permettre d'envoyer demander à M. de Vendôme un passe-port pour l'escorte qui me conduiroit à Coni, ou de recevoir ma parole si nous trouvions des Français sur le chemin, que ni moi, ni mes domestiques, ne nous mêlerions que d'être spectateurs du combat, en priant Dieu pour la bonne cause ; que je m'engagerois même que dans mon séjour à Coni, ni moi, ni aucun d'eux n'attenteroit rien contre le service de M. de Savoie ; que de plus, marchant en France, j'avois coutume de souffrir peu de domestiques armés crainte de désordre ; qu'afin de diminuer la peur de l'escorte qui me conduiroit, j'offrois de faire serrer jusqu'à Coni toutes les armes de mes domestiques, pourvu qu'on ne m'en imposât pas la nécessité, et que ce fût de mon plein gré. M. de Savoie accepta l'article de ma parole et de mes domestiques désarmés. Le marquis d'Aix me dit de sa part, que l'on me les laisseroit, et que le marquis de Saint-Thomas viendroit prendre par écrit la parole que j'offrois de donner. Je dis ensuite à M. d'Aix, que si je faisois quelque séjour à Coni, et que son maître voulût charger d'un nombre de passe-ports celui qui me conduiroit, je pourrois me servir de quelques-uns pour recevoir une partie de mes hardes, mes chevaux et quelques domestiques, selon qu'à Coni je me trouverois bien ou mal logé. Cet article fut accordé, et on y manqua de parole comme à tous les autres.

Après l'affaire des domestiques terminée, le marquis d'Aix me demanda ce que je ferois de mes meubles ; je lui dis que j'emmènerois ce que j'avois de plus portatif, comme vaisselle d'argent, garde-robe, tentures de tapisserie. Il s'informa de ce que deviendroit le reste. « Tout ce que voudront, lui dis-je, ceux qui m'ont empêché de le vendre et de m'en défaire dès le commencement de ma prison ; je suis présentement hors d'état de le faire; le col de Tende et les montagnes sont dans les plus belles saisons impraticables aux carrosses, même démontés en plusieurs pièces, à plus forte raison dans la plus grande rigueur de l'hiver où nous sommes présentement. Ceux qui ont défendu que je me défisse de mes meubles, ont apparemment voulu les garder : qu'ils les prennent; outre ce que j'emporte, j'en laisse ici en très-bon état pour trois mille pistoles, en bureaux, miroirs, meubles de chambre impossibles à transporter ; tous les meubles de mes domestiques; deux parfaitement beaux carrosses avec leurs harnois, une chaise à porteurs de même espèce : il n'y en a jamais eu à Turin de plus beaux ni mieux conditionnés que sont ceux-là, les peut prendre qui voudra; j'en laisse un mémoire sur le bureau de ma chambre, j'emporte le double. Si M. le duc de Savoie conquête le Milanais et le royaume de France, je perdrai cela avec le reste; si plus vraisemblablement il perd ses Etats, nous compterons, j'ai bon maître ». Le

Marquis me dit que si je voulois, le major de Turin prendroit après mon départ, le soin de faire faire un encan de tous les meubles laissés; que même avant que d'emprisonner M. Pajeau, on lui permettroit de rester quelques jours avec une garde dans ma maison, et qu'il auroit l'œil à cet encan. Je demandai si on vouloit violer encore le droit des gens en retenant M. Pajeau, mis par V. M. auprès de moi pour vos affaires et à mes ordres : que je le réclamois comme tel; qu'en arrivant à Turin il avoit logé chez moi, ainsi que pendant toute la campagne de 1701 lorsque j'étois à l'armée, qu'il y logeroit encore si M. le duc de Savoie, qui vouloit loger les ambassadeurs, m'avoit donné une maison convenable à mon caractère et à mon train; que pour ne pas le désobliger, je l'avois acceptée telle qu'on me l'avoit présentée, sans portes, sans fenêtres, remplie encore d'ordures d'un magasin que les Allemands y tenoient pendant la dernière guerre; que cette méchante maison m'avoit coûté plus de 2000 écus en réparations ou ajustemens absolument nécessaires; que je me serois bien mieux logé si j'en avois eu la liberté, et que personne ne devoit désapprouver si mes gentilshommes ou autres, au nombre qui me plaisoit, logeassent hors de ma maison quand elle ne pouvoit pas les contenir. Toutes ces bonnes raisons et plusieurs autres eurent uniquement pour réplique, que M. Pajeau étoit commissaire des guerres, et regardé uniquement sur ce pié-là, qu'ainsi il seroit mis en prison aussitôt après mon départ; ce qui ne manqua pas d'arriver, lorsque l'on l'eut laissé vaquer pendant quelques jours à l'encan de mes meubles. Les plus médiocres furent vendus, ce qu'il y avoit de plus précieux resta, comme miroirs, bureaux, carrosses, harnois, chaise à porteurs; tout cela est entre les mains de M. le duc de Savoie, qui les laissera périr faute de soin, ou en disposera, ou peut-être se les appropriera.

Deux jours avant mon départ, le marquis d'Aix me dit, que le major de Turin feroit arrêter mon équipage, si je ne payois quelques dettes dues aux cabarets par mes domestiques; qu'on savoit bien que pour moi je ne devois rien dans la ville ni dans tout le pays. Je répondis : « En arrivant à Turin, j'ai envoyé prier le major, et l'ai plusieurs fois prié moi-même, qu'il défendît que qui que ce soit fît crédit à mes domestiques, ni en leurs noms ni au mien; qu'autrement je ne paierois pas; que ce n'étoit que par abondance de bonne conduite que j'en usai ainsi, et pour prévenir la perte qui pourroit arriver aux prêteurs; qu'à moins de répondre, je n'ignorois pas que le père n'est jamais obligé aux dettes de ses enfans, le mari à celles de sa femme, et même les maîtres à celles de leurs domestiques, sans quoi jamais personne ne seroit sûr de son bien; que le major de Turin, admirant ma précaution, m'avoit dit plusieurs fois qu'elle étoit inutile, mais qu'il obéiroit à mes ordres, et que si les bourgeois prêtoient, ce seroit à leurs risques, sans que j'en entendisse jamais parler. J'ajoutai, que tout ce que j'avois fait là-dessus, je l'avois fait uniquement par charité, puisque je savois que les ambassadeurs sont également inviolables en leurs personnes, leurs domestiques, leurs meubles, et que comme ils ne peuvent forcer qui que ce soit à leur prêter, on ne peut pas aussi les contraindre à payer; que je n'étois point dans ce cas, n'ayant jamais dû un sol à Turin, quoique j'y eusse dépensé plus de 300,000 liv. dont j'avois les quittances; que cependant le major poussoit l'insolence au point de menacer d'arrêter mon équipage, pour quelques légères dettes faites aux cabarets par peu de mes domestiques; que je ne lui conseillois pas d'entreprendre un pareil attentat dont je le ferois repentir ». Le marquis d'Aix, plus sage et plus liant, convint de tous les tours du major, puis ajouta : J'ai pris connoissance, Monsieur, de ces dettes criardes ; elles ne montent pas en vérité à trente pistoles ; vous pouvez certainement vous dispenser de les payer, mais peut-être vous ne le voudrez pas. Je répondis : Avec la manière dont vous me parlez, on obtient tout de moi ; mon maître-d'hôtel va vous suivre, et paiera conformément à ce que vous lui direz.

Ce même jour, le major envoya un homme de sa dépendance et de ceux dont la contribution grossit les émolumens de son emploi. Cet homme qui a payé les soldats de ma garde, dit à mon maître-d'hôtel, qu'il venoit faire marché pour les voitures. Ce marché fut bientôt conclu. Le voiturier demandoit excessivement, ne vouloit rien rabattre ; on ne permettoit point d'en avoir d'autres ; il falloit partir, laisser mes hardes, mes gens à pié dans la plus rude saison, ou essuyer toute l'avarice d'un corsaire. Il y a tout au plus quinze lieues de Turin à Coni ; nous mîmes quatre jours à les faire. De Coni à Antibes, il n'y a pas plus de vingt lieues ; nous les avons faites en cinq jours. Ces trente-cinq lieues m'ont coûté plus de mille écus en voitures pour mes bagages et pour mes domestiques, sans parler des autres dépenses.

On me refusa durement que les emballeurs de la ville entrassent chez moi pour emballer mes meubles, qui auroient marché dans un grand désordre, si heureusement au nombre de mes laquais il ne s'étoit trouvé un fort bon emballeur.

Je devois partir de Turin le 20 décembre. La veille, à dix heures du soir, je fus averti que le départ étoit remis au 21 ; ce qu'ils firent par crainte, et pour déranger les avis que pourroient avoir de ma marche les commandans des troupes de V. M.

Le 20 décembre, à huit heures du soir, le marquis d'Aix me dit que le marquis de Saint-Thomas étoit à ma porte, et venoit prendre par écrit la parole que j'avois offerte : on le fit entrer. Le marquis de Saint-Thomas, après un compliment léger et mal construit, me montra un brouillon de l'écrit qu'il me proposoit de signer. Je fis appeler un secrétaire, je changeai quelque chose à l'écrit, le marquis de Saint-Thomas l'approuva, il fut mis au net, et signé par moi. En voici la copie :

« Son Altesse royale ayant fait proposer à M. de Phélippeaux d'aller dans la ville de Coni, pour une plus grande commodité de sa personne, pendant son séjour en Piémont jusqu'à son échange, avec offre de donner des passeports à ses domestiques qui lui seroient superflus et qu'il voudra renvoyer, pour se dispenser par ce moyen de continuer à faire prendre les précautions qu'Elle a crues nécessaires jusqu'à cette heure ; dans cette conjoncture, M. de Phélippeaux a donné sa parole d'honneur par la présente déclaration, de ne point sortir de la ville de Coni, ni de permettre qu'aucun de ses domestiques s'évade en quelque façon que ce soit; de ne rien tenter, soit par lui-même, soit par le moyen de ses domestiques, qui puisse être contre le service de S. A. R., ni d'y former aucune intelligence ; mais qu'il se contiendra, se promenant par la ville accompagné par l'officier qui lui sera destiné, et qu'il ne permettra à sesdits domestiques de sortir de sa maison qu'au nombre de cinq à-la-fois, et accompagnés par des personnes qu'on leur destinera : le tout non-seulement pendant son séjour à Coni, mais pendant tout le temps qu'il pourra rester dans les Etats de S. A. R, ou dans sa marche ou autrement, jusqu'à l'échange dont il est parlé ci-dessus ; en foi de quoi il a signé la présente déclaration, et y a fait apposer le cachet de ses armes. A Turin, le 20 décembre 1703 ».

Signé PHÉLIPPEAUX.

Cette déclaration assez extraordinaire, par la crainte que le duc de Savoie y marque, qu'avec mes domestiques j'entreprenne sur les escortes, ou sur la place de Coni, a été fort inutile par la manière inouie dont on a, dans la suite, faussé tout ce qu'elle énonçoit en ma faveur. Je priai M. de Saint-Thomas, puisqu'on permettoit qu'après mon départ mes meubles fussent vendus à l'encan, qu'il voulût bien me faire envoyer le total ou partie de l'argent à Coni. Il me promit de me l'envoyer lui-même très-diligemment. J'ajoutai : Peut-être, Monsieur, mes meubles ne se vendront point de quelque temps ; en ce cas, ne pourrois-je point avoir la permission de vendre ma vaisselle d'argent aux orfèvres de Coni ? Le marquis de Saint-Thomas répondit en souriant : Vous y vendrez, Monsieur, et y ferez tout ce qu'il vous plaira ; mais vous y demeurerez si peu de temps, que vous n'aurez pas besoin de ces précautions : vous serez échangé dans quelques jours. Cet échange fut malicieusement insinué à moi et à mes domestiques.

Ce même jour, le marquis d'Aix me dit qu'il ne me conduiroit point à Coni, et que ceux qui étoient nommés, viendroient le lendemain matin prendre possession de ma personne.

Vendredi 22 décembre, vers les dix heures du matin, les escortes étant à ma porte, les équipages chargés et le reste prêt, le marquis d'Aix me présenta Saraval, Asinari et le Jeune. Saraval est un grand et gros vieillard plus que sexagénaire, qui se trouvoit sans emploi, vos troupes venant de le chasser d'Asti, dont il étoit gouverneur au temps de la guerre de Hollande; il a servi dans les troupes de V. M., capitaine dans le régiment de Magalotti. Asinari, à-peu-près du même âge, se trouvoit dans le même cas, sortant de commander dans Asti, sous Saraval. Le Jeune, Savoyard de nation, autrefois lieutenant de dragons, estropié de plusieurs blessures, venoit d'être chassé par nos troupes de son petit gouvernement du fort d'Alliez en Savoie : il m'a paru honnête homme, plein de bonté et, sans contribuer à mes souffrances, il m'a fait souvent connoître par son silence et par ses gestes de compassion, qu'il en étoit touché. Saraval et Asinari, outre la stupidité dont ils font profession, sont les deux plus méchans hommes de Piémont, c'est-à-dire, de toute la terre. Je dois excepter celui qui m'a mis en leur discrétion ; il ne pouvoit pas mieux choisir. Entouré de ces trois hommes et de trois autres barbares, je sortis de Turin à cheval, précédé de mes domestiques, dont j'avois fait emballer toutes les armes, et sous l'escorte de quarante cavaliers, avec soixante dragons; chacune de ces troupes commandée par un capitaine et les autres officiers(1) qui venoient de se sauver des prisons du Milanais, apparemment contre leur parole. Ce même jour 21, nous couchâmes à Carignan, où étoient en quartier avec beaucoup de désordre, les Allemands restés de la défaite de Visconti (2), tous fort délabrés et presque nus. Je pressentis des Carignan en quelles mains j'étois tombé; je trouvai dans mon logis, malgré ma nombreuse escorte, une forte garde de paysans, sentinelles autour de ma maison, sous mes fenêtres, quoique grillées, sur l'escalier, et deux surtout à la porte de ma chambre : je ne laissai pas de faire souper avec moi mes trois conducteurs.

Samedi 22, nous couchâmes à Villafranca sur le Pô. La marche avoit été changée. Nous devions coucher à Savillan; mais mes conducteurs, pleins de crainte, voulurent s'éloigner de leur gauche, qui à leur avis approchoit

---

(1) Piémontais.

(2) A Saint-Sebastiano, le 26 octobre 1703, par le duc de Vendôme.

trop d'Asti, où étoient les troupes de V. M. A Villafranca et dans le reste de la route, on prit pour me garder les mêmes précautions qu'on avoit eues à Carignan. Le soir, à Villafranca, un dragon paroissant bien intentionné, parla long-temps seul à un de mes secrétaires, et lui dit : « Aujourd'hui, notre route a été changée ; nous craignions beaucoup de rencontrer les Français ; mais en ce cas nous avions ordre de nous sauver tous par différens endroits, et après avoir tué M. l'ambassadeur ». Ce ne fut que six semaines après, que je rapportai ce discours à Saraval, sans trop lui marquer si je le croyois ou non, en lui disant simplement d'en faire l'usage qu'il lui plairoit.

Dimanche 23, nous couchâmes à Vizzolo.

Lundi 24, veille de Noël, nous arrivâmes à Coni. Mes chevaux furent séparés en trois mauvaises écuries éloignées de ma maison ; mes palefreniers avoient ordre de coucher dans les écuries, toujours gardés à vue par un sergent et douze soldats. Saraval occupoit une petite écurie qui se trouva dans mon logis ; il prit pour lui tout l'appartement bas, donna à ses deux compagnons deux chambres de plain-pié à la mienne, et logea ses trois adjudans sur mon escalier ; il y eut de plus une sentinelle et un corps-de-garde de cinq hommes à la porte de sa chambre : le tout, à ce qu'il disoit, pour sa sûreté. Ma maison fut entourée de sentinelles, dont trois à dix pas l'une de l'autre étoient sous mes fenêtres : il est facile de comprendre que la garde de la porte devoit être nombreuse. Il y avoit dans cette maison un très-petit jardin, de vingt piés en carré; j'en trouvai la porte nouvellement murée, plutôt par malice et pour m'ôter l'usage du jardin, que pour m'empêcher de me sauver, puisqu'outre cela il y avoit une sentinelle, et que certainement je n'en avois aucun dessein, ma parole étant donnée de ne le pas faire. De gros treillis de bois, tels qu'aux portes des villes, avoient été posés nouvellement aux endroits de ma maison qui avoient vue sur les autres maisons. Le froid étoit extrême, mes gens voulurent faire du feu; toutes les cheminées, excepté la mienne, se trouvèrent murées. Ma chambre étoit vaste, avec plusieurs portes et trois grandes croisées fermées uniquement de volets de bois, que par conséquent il falloit toujours laisser ouverts, ou manquer de lumière. En ce temps-là et ensuite, me trouvant à l'extrémité, Saraval ne voulut jamais permettre que les fenêtres de ma chambre fussent fermées. Telle fut la prison où l'on m'enferma, ayant en tout une cuisine et six chambres pour moi et cinquante domestiques; les meubles étoient à proportion, et comme j'avois cru marcher à l'échange, je n'avois avec moi que mon lit-de-camp, dans lequel, prêt à mourir quelque temps après, je ne pus obtenir de Saraval qu'un menuisier conduit par lui ou ses substituts, vînt dans ma chambre prendre la mesure d'un bois de lit plus large, pendant que le tapissier feroit le matelas. N'ayant porté aucuns meubles pour mes domestiques, on leur fournit dix-neuf mauvais lits de soldats pour cinquante personnes, sans distinction de gentilshommes, pages, écuyers, secrétaires et autres.

Pendant toute ma route, j'avois fait manger avec moi mes trois conducteurs ; j'en usai de même à mon arrivée à Coni ; mais connoissant bientôt Saraval et Asinari, je ne les fis plus appeler : le Jeune seul y a toujours mangé jusques à son départ. A peine fus-je entré dans Coni, qu'à son de trompe on fit défense partout de ne me rien donner à crédit, et que sur peine de la vie aucuns bourgeois, ni autres, n'achetassent vaisselle d'argent, meubles, hardes, ni quoi que ce soit appartenant à moi ou à mes domestiques; cet ordre inhumain a toujours été très-régulièrement exécuté : on ne s'est jamais relâché en rien de toutes les dures précautions prises pour me garder telles que je les viens d'expliquer : elles ont même été poussées plus loin. Le jour de Noël, lendemain de mon arrivée, Saraval suivi de ses substituts, entra le matin dans ma chambre, et me demanda si je voulois qu'il me conduisît à la messe. Je répondis qu'il fît venir un prêtre pour la dire chez moi, ainsi qu'on l'avoit toujours pratiqué à Turin. Saraval dit qu'on ne le pouvoit sans une permission de l'évêque de Mondovi, qui résidoit à plusieurs lieues de Coni, et qui difficilement accorderoit cette permission. Je répondis à Saraval, qu'il devoit déjà avoir pris ses mesures; que ce seroit seulement pour être mis en liberté que je sortirois d'une prison où j'étois gardé à vue avec corps-de-garde, sentinelles dans ma maison et sur mon escalier ; que de la manière dont j'avois vu depuis le matin, que partie de mes domestiques avoient été conduits à la messe entourés de trois hommes chacun pour leur garde, il en faudroit cinquante pour moi, qui apparemment ne sortirois pas sans quelqu'un de mes gens à ma suite; que la dignité royale de France qui résidoit là en ma personne, ne seroit pas par moi volontairement prostituée aux insolences du méchant peuple de Coni, déjà trop éprouvées depuis vingt heures que nous y étions ; que je lui demandois instamment qu'un prêtre vînt chez moi me dire la messe, que son maître et lui auroient ce reproche sur leur compte au nombre de tant d'autres ; que je le chargeois aussi d'envoyer demander à l'évêque de Mondovi permission, à cause de ma mauvaise santé, pour manger de la viande aux jours qui le défendent, ainsi que l'évêque de Turin me l'avoit toujours permis. Le jour de Noël, je n'entendis donc point la messe, mes domestiques y furent conduits par bandes sous nombreuses escortes de gens armés. Les permissions de l'évêque arrivèrent le lendemain matin : un religieux cordelier vint aussitôt chez moi dire la messe, ce qu'il a continué pendant tout le temps de ma prison. Je payai ses peines comme il convenoit à l'ambassadeur de V. M.

Quoiqu'on ne m'ait jamais survendu les vivres à Coni, et que les mauvaises subsistances, ainsi que ma situation, m'eussent réduit à la dépense absolument nécessaire, à quoi même j'étois excité par le zèle et la fidélité de mes domestiques, le grand nombre de bouches et le peu d'argent dont j'étois chargé, me fit comprendre que j'allois bientôt en manquer ; je laissai cependant passer quinze jours, après lesquels je demandai à Saraval, si le marquis de Saint-Thomas ne lui envoyoit point l'argent de mes meubles, qu'on auroit pu vendre à Turin, ou qu'il fît venir un orfèvre de Coni pour acheter de ma vaisselle d'argent. Saraval répondit, qu'il n'avoit aucune nouvelle du marquis de Saint-Thomas sur l'argent de mes meubles, ni sur la permission que je vendisse ma vaisselle à Coni, laquelle permission seroit même inutile, Coni étant une ville si pauvre, que qui que ce soit n'y pouvoit rien acheter. Comment ferai-je donc, Monsieur, lui dis-je, pour nourrir soixante-dix bouches, les moyens m'ayant été ôtés depuis cent jours de prison, de recouvrer aucun argent, ni de vendre ce qui m'appartient? Saraval répondit d'un air moqueur : Votre Excellence a sans doute beaucoup d'argent, puisque vous êtes extrêmement riche, et que d'ailleurs servant un si grand Roi qui vous chargeoit de si grandes choses, il vous en a pourvu, et abondamment. Je lui répondis, qu'il le verroit par la suite, et que cette affaire n'étoit si plaisante qu'il la traitoit; que je le chargeois d'écrire à son maître, que permission me fût donnée d'envoyer chercher de l'argent en France ou à l'armée, ou de vendre ma vaisselle, ou qu'on m'envoyât celui de la partie de mes meubles vendue à Turin; que le marquis de Saint-Thomas m'avoit trompé là-dessus comme sur tout le reste, puisque dans le billet où j'avois donné ma parole, il commençoit par dire, que son maître m'envoyoit à Coni pour plus grande commodité de ma personne, aux offres de donner des passe-ports aux domestiques que je voudrois renvoyer en France; que cependant lui Saraval, venoit de me dire, qu'il n'avoit aucun de ces passe-ports; que j'avois cru ma prison de Turin au-delà de toutes mesures; mais que son maître me faisoit connoître qu'il en savoit là-dessus plus que moi, puisqu'il me tenoit à Coni dans la plus étroite prison qu'il fût possible d'essuyer. Saraval répondit, que je n'étois pas en prison, mais dans une espèce d'arrêt honorable. Je l'interrompis brusquement en ces termes : « Il est vrai, Monsieur, que si j'avois volé, assassiné sur les grands chemins, brûlé une église, foulé aux piés le Saint-Sacrement, violé ma foi ou le droit des gens, tous crimes à-peu-près semblables, ma prison pourroit me paroître légère; mais je m'y vois resserré par votre maître, qui non-seulement n'a aucune autorité sur moi, mais me doit honneur, protection, sûreté entière, éloignement de toutes craintes, puisque mon caractère ne me rend pas moins inviolable que lui dans ses Etats; n'appelez-vous pas dure prison la manière dont je suis resserré, qu'on ait muré ce petit jardin afin que je périsse plus promptement dans ma chambre? Votre maître sait qu'à Turin, où j'avois bons équipages et toutes mes commodités, du moins autant que lui, j'ai été par mes infirmités et le mauvais climat, malade chaque année pendant plusieurs mois : écrivez-lui toutes ces choses, et pressez la réponse ». Il me répondit qu'il alloit écrire, et me dit seulement après quinze jours, qu'on ne lui avoit fait aucune réponse; cependant il étoit très-facile d'écrire de Turin et d'avoir réponse dans 24 heures : je lui fis même instance pendant six semaines, et toujours la réponse étoit qu'on ne lui en faisoit point de Turin. Je mets ici de suite tout ce qui regarde cet article de l'argent pour ma subsistance, laquelle étoit alors uniquement fondée sur mes médailles d'or, vendues en détail aux juifs, et à grande perte, non à l'insu de Saraval et d'Asinari, qui prenant part aux profits, transgressoient leurs ordres et traitoient ces médailles de monnoies.

La seule réponse qui vint au bout de six semaines fut, que quand on auroit accordé permission au comte de Vernon d'envoyer un courrier, on me l'accorderoit aussi. Je marquai à Saraval le ridicule de cette réponse, puisque plusieurs courriers du comte de Vernon étoient venus depuis ma prison; que d'ailleurs je savois qu'apparemment, parce qu'on négligeoit de l'empêcher d'écrire, sa femme recevoit souvent de ses lettres par Gênes et par Genève; que quand même tout cela ne seroit pas, M. de Savoie ayant commencé par m'arrêter, devoit commencer par me permettre d'en donner avis. Je répétai ensuite l'extrême besoin d'argent dans lequel j'étois; je réitérai qu'il me fût permis d'en envoyer chercher par un trompette de Savoie, ou en France ou à l'armée, ou qu'on m'envoyât celui de mes meubles, ou un orfèvre de Turin, pour acheter ma vaisselle, ou qu'on donnât le pain des prisonniers pour moi et mes domestiques; j'ajoutai: Vous voyez, Monsieur, que je prends tous les tempéramens pour éviter une mauvaise affaire, celle-ci ne vaudra pas mieux pour vous que pour moi. M. de Savoie veut me faire périr en prison, que ne nous envoye-t-il ses bourreaux pour nous égorger promptement! Mon maître n'est pas capable de cela, répondit Saraval. Je n'en sais rien, Monsieur; mais il y a moins loin de l'état où il me tient à celui de me faire assassiner, que de l'état où il me tient à celui où je devrois être; enfin, écoutez-moi attentivement, et ne manquez pas de mander ce que je vais vous dire. J'ai encore pour vivre quinze jours; si pendant ce temps-là il ne me vient de l'argent par les voies légitimes que je demande, ou si le pain des prisonniers ne m'est accordé, moi et mes gens attendrons la dernière extrémité ; mais après avoir été deux jours sans manger, je sortirai sur vous sans vous dire l'heure, nous tirerons par-tout jusqu'à ce que nous soyons tous tués : il vaut mieux mourir ainsi que de faim ; prenez-y garde, l'affaire est sérieuse.

Le 14 février, Saraval me dit que la permission m'étoit accordée d'écrire à l'armée, que je lui donnasse la lettre ouverte et qu'il l'enverroit à Turin. Je remis à Saraval la lettre, dont copie suit ; il me dit qu'elle lui paroissoit trop forte, et marqua difficulté de l'envoyer. Je répondis qu'elle contenoit vérité d'un bout à l'autre, que je ne savois pas écrire autrement. Le Jeune fut chargé de cette lettre ; il venoit d'être rappelé par son maître qui, sans doute le trouvoit peu propre à me tourmenter, n'ayant rien de la barbarie de Saraval et d'Asinari.

Copie de la lettre.

« La discrétion exige, mon cher Comte, que l'on ménage ses amis, mais la confiance veut qu'on les éprouve dans les pressans besoins ;

ANNÉE 1704.

c'est sur ce dernier principe que j'use de la liberté qui m'a été donnée de vous écrire par un tambour ou trompette, et que je vous prie de m'envoyer quatre cents louis d'or. Il peut être que sans vous incommoder, vous ne vous trouverez pas en état de vous défaire d'une si grosse somme, mais le trésorier de l'armée ne vous la refusera pas sans doute, et au premier mot qu'il en écrira à M. Samuel Bernard (1), il la lui remboursera sur mes appointemens, ou M. Odeau que vous connoissez, fera sur le champ honneur à ce que vous lui manderez à ce sujet. Voilà, mon cher Comte, une preuve de ma confiance; il faut vous en donner de ma discrétion; je vous demande de l'argent, parce que je n'en ai point; plus de soixante personnes, chevaux et moi, sans savoir nos crimes, sommes depuis cent quarante-six jours prisonniers, apparemment du droit des gens, car nous ne le sommes certainement ni de guerre, ni d'Etat, ni de justice. Depuis le temps de cette longue et dure prison, j'ignore s'il y a sur la terre d'autres gens que ceux qui me gardent ou qui me servent; il ne m'a pas été permis ni possible de tirer de l'argent d'aucun endroit, pas même de la vente de ma vaisselle ni de mes

---

(1) Fameux banquier, Israélite de nation.

meubles, dont j'ai en Piémont pour plus de vingt-cinq mille écus entre mes mains, ou entre celles d'autrui; je puis assurer cependant que je n'y dois, n'y ai jamais dû un sou depuis ce long temps. Le Roi n'a pu savoir par moi, malgré mes instances réitérées, si son ambassadeur est mort ou vivant; ce que je vous marque, afin, mon cher Comte, que vous ne différiez pas de m'envoyer l'argent que je vous demande : on ne peut être plus pressé; je me vois à la fin réduit depuis plusieurs jours à avoir demandé le pain des prisonniers qui ne m'a pas encore été accordé. Si pour vous écrire je me sers d'une main étrangère, c'est que depuis deux mois mon bras droit est sans fonction, et je sens des douleurs continuelles; mes infirmités, ma longue et dure prison, ont réduit ma santé dans un état déplorable; je suis sans secours et hors d'apparence d'en demander à gens qui devroient me prévenir, et qui m'ont tout refusé contre le droit des gens. Vous contribuerez peut-être au rétablissement de ma santé et à prolonger ma vie, si vous pouvez pour quelques jours m'envoyer un bon médecin; examinez si vous êtes à portée de nos ennemis, de demander cette grace. Adieu, mon cher Comte, conservez-moi votre amitié, et ne devenez jamais ambassadeur, puisqu'ils ont cessé d'être inviolables après l'avoir été pendant six mille ans.

» Si M. le comte de Vaubecour n'est point en Piémont, cette lettre peut être remise à M. de Bezons ou à M. de Barbezières (1); je compte assez sur leur amitié, pour croire qu'ils feront avec plaisir ce que je demande ».

Je ne croyois pas que le duc de Savoie envoyât cette lettre; je doute même encore s'il ne l'a point fait falsifier ou raturer en partie. La réponse ne venoit point, lorsqu'au bout de dix jours j'en demandai des nouvelles à Saraval, qui me dit n'en avoir point encore. J'ajoutai : Est-ce toujours un manque de votre maître, après que vous m'avez dit si positivement de sa part, que je n'avois qu'à vous remettre une lettre ouverte, qu'il l'enverroit? M'a-t-on volé mes quatre cents louis d'or? il faut me les rendre, ou ma lettre qu'on n'aura pas manqué de payer à vue. Je crois que ces expressions forcèrent le duc de Savoie à envoyer ma lettre, après l'avoir gardée plus de quinze jours. Enfin le 2 mars, Saraval me remit cent pièces de quatre pistoles et réponse de

---

(1) Tous deux lieutenans-généraux des armées du Roi.

M. de Bezons à ma lettre, et un orfèvre vint pour acheter ma vaisselle. Quatre jours avant que j'eusse reçu les quatre cents pistoles de M. de Bezons, j'ordonnai à mon maître-d'hôtel d'en vendre pour quatre mille livres; ce qui fut aussitôt fait. Outre les façons perdues, dont je savois qu'il n'étoit pas question, cet homme voulut payer ma vaisselle d'argent à la marque de Paris, un cinquième moins qu'on ne la paye à Turin; ce que je savois par moi-même qui en avois vendu. J'ordonnai à mon maître-d'hôtel, que, sans disputer inutilement sur le prix, il en passât par-là; que seulement il demandât à cet homme un certificat de la quantité de vaisselle qu'il achetoit, et du prix qu'il la payoit. Saraval défendit que le certificat fût donné; je le lui reprochai durement en ces termes : J'ai demandé, Monsieur, pour acheter ma vaisselle d'argent, un orfèvre de Turin qui m'en auroit payé le poids et la valeur de l'argent : vous m'amenez à sa place un commis de Ganiba, receveur de M. le duc de Savoie, et ce commis refuse par votre ordre un certificat de ce qu'il achète; il me vole un cinquième sur le prix de l'argent, sans alléguer d'autres raisons que celle de n'en vouloir pas donner davantage. Est-ce à votre profit, à celui de Ganiba, ou à celui de votre maître que l'on me prend quatre-vingts pistoles ? Puis-je penser autrement ? Ce discours mandé à Turin eut apparemment quelque effet ; car peu de jours après, Saraval me demanda foiblement, si je voulois le certificat de ma vaisselle achetée, et le surplus de ce qui n'avoit pas été payé. Je refusai l'un et l'autre, en disant, avec mépris, qu'il ne falloit jamais faire de ces mauvaises actions ; ni, quand elles étoient faites, en convenir comme il en convenoit actuellement.

Il y avoit plus de quinze jours que j'étois malade à l'extrémité, avec la fièvre, la goutte et un rhumatisme intérieur. Ces maux m'accablèrent encore pendant plus d'un mois : dans tout ce temps-là, je pressai plusieurs fois Saraval qu'il me fût permis d'envoyer sur la frontière de France chercher un médecin ; ce que son maître ne devoit pas refuser, s'il avoit un reste d'humanité, non pas pour moi, qui n'en comptois pas de lui, mais pour ses officiers qui étoient ou seroient entre les mains de V. M., puisqu'apparemment vous useriez de représailles pour votre ambassadeur, que l'on faisoit inhumainement mourir faute de secours. Tant d'instances réitérées n'ont jamais pu obtenir ni le médecin, ni le moindre secours. Je dois la vie à la bonté de mon tempérament, à la justice de la cause pour laquelle je souffrois, aux soins de mes domestiques, entre lesquels étoit un valet-de-chambre bon chirurgien.

Ma maison toujours pleine de soldats, il étoit impossible que, malgré les duretés de Saraval, ils n'eussent quelque commerce avec mes domestiques qui, par mon ordre, leur donnoient sans cesse pain, vin, viande et argent. Plusieurs de ces soldats, touchés d'eux-mêmes par mes souffrances, disoient hautement, que leur maître les ignoroit, et qu'elles étoient contre ses ordres : ils menaçoient de déserter, et désertoient en nombre. Un déserteur Français de vos troupes, et actuellement soldat dans le régiment de Montferrat, qui me gardoit, proposa plusieurs fois à un de mes domestiques, que si je voulois écrire à M. de Vendôme, il étoit sûr de faire tenir la lettre, et de me rendre la réponse à moins de six jours. La triste situation où j'étois me fit accepter ce parti. J'écrivis à M. de Vendôme la lettre dont la copie suit : elle fut remise au soldat avec quelque argent ; il alla aussitôt s'enivrer, parlant trop, la lettre lui fut prise; le soldat appliqué à une dure question, avoua tout et fut pendu. On avoit dessein de m'en donner le spectacle sous mes fenêtres. Je menaçai de tirer sur les exécuteurs : ce qui fit qu'on n'en fît rien.

De Coni, le 5 mars 1704.

« Monseigneur, c'est-là la première voie que j'aie eue pour écrire. J'ignore si elle réussira; je suis dans le sixième mois d'une dure prison, traité non pas conformément au droit des gens, mais contre l'humanité ; les détails en seroient aussi longs et ennuyeux, qu'ils sont incroyables. Quant à la durée et aux suites, je ne les crains pas par rapport à moi, j'ai fait mon devoir en toutes choses, cela me suffit; mais le Roi et toute la France sont intéressés aux traitemens faits et à faire à l'ambassadeur de S. M. Le comte de Vernon, dont le duc de Savoie ne se soucie point, ne suffit pas pour répondre de moi : je crois même que ce Prince me marqueroit sa haine et son ressentiment aux dépens d'autres de ses sujets les plus considérables. Je vous supplie, Monseigneur, ou de mander au Roi ce que je vous écris, ou de lui faire passer ce billet quand vous l'aurez déchiffré. La personne qui vous le rendra m'a promis de me rapporter la réponse ».

Le 20 mars, Saraval enflammé, entra dans

ma chambre, et me dit que son maître s'étonnoit que, malgré ma parole donnée de ne rien entreprendre contre son service, j'eusse écrit à M. de Vendôme une lettre surprise par S. A. R., laquelle, si je continuois, seroit fâchée et obligée de prendre d'autres mesures contre moi. Saraval me montra ensuite copie de ma lettre chiffrée telle que je l'avois écrite. Je le priai de répéter l'étonnant discours qu'il venoit de me tenir, puis je répondis aux termes suivans : « Vous manderez, Monsieur, de ma part à votre maître, qu'il est faux que j'aie rien fait contre ma parole, puisque l'écrit que j'ai signé pour la donner, contient que je n'attenterai rien contre le service de M. le duc de Savoie ; mais je n'ai point dit que je n'écrirai jamais. Quel droit a-t-il de vouloir empêcher que les traitemens barbares qu'il me fait, soient mandés au Roi ou à M. de Vendôme par moi, qui, au moment de ma liberté, en informerai toute la terre ? Je vais vous lire la lettre que, peut-être, on n'aura pas su déchiffrer à Turin. La voilà, écoutez, et ensuite prenez-en copie. Je lus cette lettre à Saraval ; puis je lui dis : Elle ne contient rien contre le service de M. de Savoie, mais beaucoup contre son honneur ; je corromprai autant de soldats que je pourrai, pour qu'ils portent de ces lettres, non pas seulement à M. de Vendôme, mais au Roi, qui certainement ne peut imaginer avec quelle barbarie votre maître fait ici périr l'ambassadeur de S. M., et plus de cinquante domestiques. Savez-vous la définition de violateur du droit des gens? C'est être barbare, perfide et lâche au dernier point. Quelle indigne lâcheté à un Prince qui veut faire le destin de l'Europe, de me traiter ainsi, parce qu'il me craint comme vous-même, et ceux qui m'ont gardé avant vous me l'ont souvent dit à sa honte, par ce qu'il me fait, à cause que dans toutes les règles de l'honneur, j'ai trop rempli mes devoirs à ses dépens? Que ne gardoit-il la foi de ses traités? Vous avez l'audace de me menacer de sa part qu'il me fera mourir; car je ne puis interpréter autrement les mesures que vous dites qu'il prendra contre moi, n'y ayant rien entre la mort et l'état auquel je me tiens; mandez-lui donc que je l'en défie, que je ne le crains point, et que s'il ne me craignoit pas davantage, il ne violeroit point avec tant de lâcheté le droit des gens, pour m'empêcher d'être actuellement à la tête d'une colonne de cavalerie ou d'infanterie, à lui demander raison de ses perfidies et de ses injustices; que je ne serois pas le premier lieutenant-général de vos troupes qui l'avoit bien battu ; qu'ayant le caractère pour cela, j'en aurois peut-être les talens et la fortune ; que s'il se portoit contre moi aux dernières extrémités, comme il m'en menaçoit, j'aurois l'extrême satisfaction d'imaginer en périssant, que le Piémont et toute la maison de Savoie n'étoient pas suffisans pour être sacrifiés par votre justice, à l'affront irréparable fait à V. M. et à la personne de votre ambassadeur ; que toute l'Europe avoit vu et approuvé de quelle hauteur vous aviez châtié les insultes faites aux comtes d'Estrades à Londres, et au duc de Crequi à Rome, lesquels n'étoient pas plus que moi qui suis comme eux votre ambassadeur. Quelle différence pourtant d'un Pape, d'un roi d'Espagne à un duc de Savoie ! Quelle différence des traitemens que j'ai reçus à ceux qui attirèrent à ces grands Princes la juste indignation de V. M.? Avec quelle hauteur et quelle justice prîtes-vous l'enlèvement du prince de Furstemberg à Cologne, où il n'étoit que simple ministre de l'électeur de Cologne, qualité même que l'Empereur lui disputoit ? J'ajoutai que, cependant, vous étiez ce même Roi auquel plus de quarante ans de gloire si justement méritée, doivent attirer des égards et des respects infinis de la part de tous les souverains ».

Saraval m'interrompoit quelquefois; puis quand j'eus cessé de parler, il me dit qu'il manderoit exactement toutes ces choses à son maître, et que V. M. me châtieroit d'en parler ainsi. Cependant, Monsieur, répliquai-je, je ne parle que du droit des gens si lâchement violé en ma personne; je ne me mêle point de ce que fait votre maître d'ailleurs : s'il gouverne bien ses Etats, s'il tient ses traités, ce ne sont pas là mes affaires; je vous dis seulement qu'à mon égard, il est le plus injuste, le plus déloyal de tous les hommes; que je ne crains point les menaces que vous venez me faire de sa part. Votre devoir veut que vous lui mandiez exactement tout ce que je vous dis là-dessus : il l'apprendroit un jour d'ailleurs; puisque j'aurai la même exactitude à informer un grand Roi, mon maître, de tout ce qui intéresse le grand emploi dont il m'a honoré, que vous en marquez ici à remplir tous les points d'un bas ministère, dont un petit Prince votre maître vous a odieusement chargé. Saraval se radoucissant sur les fins, me dit qu'il ne savoit pas pourquoi je me plaignois tant de lui, qui avoit pour moi toutes les civilités. Je répondis : Vous m'avez souvent répété ce même discours, je n'y ai point marqué d'attention : je vous dirai qu'il n'y a personne dans les Etats de votre maître, je n'excepte pas les Princes de son sang, qui ne me doive respect, et ne m'en ait toujours rendu ; lui-même en doit à mon caractère : il me l'a rendu, mais à la vérité il s'en est acquitté très-mal depuis six mois. Sachez donc, Monsieur, que si vous ou d'autres chargés de me garder, manquez à ce respect qui m'est dû, je vous y ferai rentrer de manière que vous n'en sortirez jamais.

Saraval, ignorant la force des termes, eut apparemment ses ordres sur le compte qu'il rendit à son maître ; car, dans la suite, il ne m'a plus parlé de ses civilités. Peu de temps après, il me dit que Monasterolle, gouverneur de Coni, venoit d'y arriver. Il m'a chargé, Monsieur, de présenter ses très-humbles respects à V. E., et de savoir quand il pourra avoir l'honneur de vous faire la révérence. Je répondis que je remerciois M. de Monasterolle ; que nous n'étions point à portée, lui de me faire visite, et moi de la recevoir ; que je le priois de m'en dispenser. Monasterolle ne vint point, et je n'en entendis plus parler.

Saraval me disoit quelquefois, qu'il ne faisoit rien à mon égard que par ordre positif ; d'autres fois il m'assuroit que l'on rejetoit sur lui partie de ces traitemens, et qu'il seroit désavoué ; qu'il avoit écrit plusieurs fois pour savoir s'il feroit démurer la porte de mon jardin, à quoi on n'avoit jamais répondu, ni sur le médecin et autres secours que je demandois. Je répliquai, que je ne m'informois pas par quel ordre il agissoit ; que s'il agissoit de son chef, il étoit le plus méchant de tous les hommes ; mais que s'il agissoit par ordre, il y en avoit un plus méchant que lui ; qu'à ce qu'il me disoit, il ne faisoit rien qui ne lui fût commandé : je répondis par cette comparaison odieuse : « Le bourreau, prêt à pendre un homme, l'embrasse, et lui dit : Mon frère, je vous demande pardon ; je le fais parce qu'il m'est commandé ». Saraval me répétoit souvent, qu'il voudroit avoir plus d'esprit pour m'entretenir ; je l'assurai que ses discours étoient très-inutiles, puisqu'il avoit ordre de m'ôter entière connoissance de toutes les nouvelles. Que pourroit dire, d'ailleurs, l'ennemi à son ennemi, le prisonnier à son geolier ? La comparaison des termes de bourreau et de geolier le choqua extrêmement ; il me dit cependant, qu'il ne savoit jamais de nouvelles, et ne m'en vouloit point dire depuis la manière dont j'avois reçu celle de l'arrivée des Allemands. Voici comme cela se passa : Saraval vint un soir dans ma chambre,

puis me dit d'un air empressé et plein de joie :
Les Allemands viennent d'arriver en Piémont
au nombre de seize mille, avec dix-huit pièces
de canon. La nouvelle est vraie, Monsieur ;
on me l'a confirmée de plusieurs endroits. Si
vous parlez de vous-même, lui dis-je, gardez-
vous jamais de me dire aucune nouvelle, je
n'en veux point savoir; si vous m'apprenez
celle-ci par l'ordre de votre maître, mandez-
lui de ma part qu'elle me fait beaucoup de
plaisir, puisqu'il a présentement chez lui des
maîtres et ses ennemis.

Saraval fut quinze jours sans me voir, sur
ce que je lui avois refusé deux fois la porte de
ma chambre ; il tâchoit de se venger, en
redoublant ses vivacités, et en excitant l'insolence du peuple de Coni, au lieu de le châtier. Il se moqua d'une plainte que je lui fis
porter, qu'un bourgeois de Coni, voyant mon
maître-d'hôtel prendre par jour cent livres de
viande, lui dit en présence du boucher et
d'autres : Comment! par jour cent livres de
viande, pour vous autres coquins qui, ainsi
que votre maître, devroient être aux galères!
Cela me fit abstenir de ne plus porter aucune
plainte à Saraval. J'empêchai même mes
domestiques de sortir, puisque, dans les rues,
malgré leurs nombreuses escortes, on les

chargeoit d'injures et de menaces. Saraval me répéta plusieurs fois, que j'étois libre d'aller par la ville quand il me plairoit; que lui et les autres me suivroient. Je répondis que cela n'étoit pas vrai, puisque ma maison et mon escalier étoient continuellement pleins de corps-de-gardes, de sentinelles, de gens armés. Quel plaisir, d'ailleurs, aurois-je d'aller si bien accompagné dans deux ou trois vilaines rues? Qu'il n'y avoit pas même d'apparence que j'en eusse la liberté, la porte de mon jardin restant toujours murée. Ces bonnes raisons m'ont retenu sept mois et demi sans jamais sortir de ma chambre : j'en avois même une plus pressante que je taisois à Saraval, qui étoit au sujet de mes papiers. Je ne comprenois pas pourquoi le duc de Savoie, si lâche violateur du droit des gens, ne me faisoit pas prendre mes papiers, n'ayant jamais pu me résoudre à les brûler.

Les dépêches de V. M. contenant ses ordres et mes décharges, je les tenois toujours au chevet de mon lit ; toutes les armes de mes domestiques déballées dans ma chambre, et eux très-résolus ainsi que moi de périr avant que de me voir ôter mes papiers. Asinari du moins, aussi bien que Saraval, conformément à leurs ordres, venoient écouter aux portes de mes domestiques pendant leurs repas du soir, et pendant une partie de la nuit; j'en fus informé, et parlai au premier en ces termes : « Vous avez, Monsieur, des sentinelles dehors et dedans ma maison, vous en pouvez mettre dans ma chambre et au pié de mon lit, elles seront respectées; mais vous venez écouter la nuit aux portes : c'est une méchante action à faire et des plus mauvaises; si vous y retournez on vous tuera ». Asinari n'y revint plus. Un soir mes domestiques chantoient et buvoient auprès de mon appartement : je le trouvois fort bon; le sérieux Asinari entra en disant, que l'on faisoit trop de bruit, et renversa à coups de canne lumière, verres et pots, il frappa même, à ce qu'il dit sans intention, l'un de mes secrétaires. Asinari vint dans ma chambre, timide et tremblant, me compter l'affaire dont j'étois déjà instruit. Je lui dis qu'il faisoit comme les fripons qui, après une mauvaise action, viennent en la diminuant et chargeant les autres, la compter les premiers; qu'il n'y avoit point d'excuse, que je n'en voulois point sur les cruautés et insolences dont on usoit à mon égard, qu'il avoit osé frapper un de mes secrétaires, lequel ne valoit pas moins que leur ministre le marquis de Saint-Thomas. Saraval fut choqué de la comparaison, je lui imposai silence et l'ai toujours fait dans la suite, quand Asinari et lui ont voulu présenter leurs excuses sur cet attentat. Il venoit tous les jours plus de cent pauvres sous les fenêtres de ma chambre, je leur faisois distribuer régulièrement du pain et de l'argent : ils me combloient de bénédictions, de quoi mes geoliers outrés, firent casser têtes et bras pour chasser ces malheureux par les soldats armés, à quoi ils n'eurent pas peu de peine, la faim étant plus pressante que la crainte des coups ; cependant à force de les tourmenter ils vinrent à bout de leurs cruautés. Le vin pour moi et mes domestiques étoit apporté dans des brindes de bois de trente-cinq pintes : Asinari y mettoit quelquefois le bras jusques au coude, cherchant s'il n'y avoit point de lettres dans ce vin, qu'il falloit boire avec cet agrément.

Du nombre des différentes troupes qui m'ont gardé, soldats, bourgeois et paysans, le duc de Savoie a eu l'insolence de me faire aussi garder par cinq cents Allemands des troupes de l'Empereur, envoyées à Coni pour se remettre de leur mauvais état; les bourgeois mêmes furent scandalisés de leurs extravagances, et moi en peine qu'on eût envoyé ces gens-là pour attenter contre moi. Je pris mes

précautions ; cependant les Allemands se com-
portèrent à ma garde, bien plus sagement, sans
comparaison, que les bourgeois de Coni. Mes
gens, la plupart, savoient écrire ; ils s'occupoient dans la prison en copiant des livres ;
Saraval et Asinari l'empêchoient, prenant
papiers, écritoires ; ils menaçoient même de
fouiller mes domestiques en entrant et sortant. Je leur conseillai de ne le pas faire,
qu'autrement ils s'en trouveroient mal : ils ont
souvent réitéré la menace, mais jamais osé
passer à l'exécution.

Les cachots de Coni étoient remplis de bourgeois et de soldats, que Saraval et Asinari
avoient vu ou croyoient avoir parlé à mes
domestiques. Un cordonnier escorté de deux
soldats apporta des souliers à un gentilhomme
de ma suite ; le cordonnier fut envoyé au
cachot, et les souliers furent décousus pour
voir s'il ne se trouveroit point de lettres dedans.

Ce volume n'est que trop gros, mais il en
faudroit dix fois davantage pour tout marquer;
j'étois dans ces angoisses, et je n'en prévoyois
point la fin; Saraval, qui ne m'avoit point vu
depuis quinze jours, entra dans ma chambre,
et me dit : « S. A. R., Monsieur, m'ayant destiné ailleurs, me rappelle, et met auprès de
vous M. le comte de Montroux, que j'amè-

nerai vous faire la révérence quand il vous plaira ». Cela fut fait l'après dîné du même jour. Saraval quitta Coni le lendemain, et alla prendre possession du gouvernement de Mondovi, dont son maître venoit de récompenser sa fidélité et son exactitude à me bien tourmenter.

Montroux est le même qui, l'année dernière, resta plusieurs mois à Montpellier sous prétexte de maladie, mais, en effet, pour entretenir commerce avec les rebelles des Cevènes, et informer son maître de ce qui se passoit; c'est de quoi pour lors je rendis compte à V. M. Montroux a conservé tout ce qu'il a trouvé établi sur la sûreté et dureté de ma garde personnelle, relâchant beaucoup sur les choses dont on pouvoit avoir besoin, et sur mes domestiques, mais non pas jusqu'à leur permettre aucune communication avec qui que ce fût; il m'a d'ailleurs traité avec toute sorte de politesse : il est homme d'esprit et de bonne conversation, et il a toujours mangé avec moi; il tâchoit de me faire sentir directement et indirectement, que les duretés de Saraval étoient contre les ordres de la Cour; il marqua une surprise extrême de la porte murée de mon jardin, disant qu'il la feroit ouvrir si je voulois, et n'y auroit pas manqué, si dès le commencement, il avoit été mis à ma conduite ; il m'a excité plusieurs fois à vouloir me promener avec lui seul, et qui je voudrois de mes gens à pié ou à cheval ; il me disoit même, sans aucune façon et en honnête homme, les nouvelles publiques passées ou présentes, et rioit beaucoup de ce que Saraval avoit traité d'attentat, que j'eusse osé une fois demander la gazette ; il accorda que son maître avoit cru, sur ce que ma lettre étoit écrite en chiffres, qu'elle contenoit des choses contre ses intérêts et ma parole donnée. Je remerciai Montroux dans les termes les plus forts, combattant de civilité avec lui ; mais je l'assurai que les choses à mon égard, resteroient sur le même pié où elles avoient été depuis six mois, et que je ne sortirois point; qu'il venoit comme une eau salutaire nettoyer ces blessures prêtes à se fermer, après que, pendant un si long temps, Saraval m'avoit traité avec toutes sortes de cruautés ; que je sentois toute la force de ses excuses sur mes mauvais traitemens, et qu'un gouvernement donné par récompense à Saraval, marquoit assez l'indignation de son maître pour avoir transgressé ses ordres.

Le premier jour de mai au soir, Montroux vint me marquer sa joie de ce que l'échange des ambassadeurs se feroit incessamment, que le comte de Vernon étoit à Antibes, et qu'un courrier de sa part portant cette nouvelle à Turin, venoit d'arriver à Coni. Montroux me dit, que son maître me prioit de me préparer à partir pour l'échange ; qu'il attendoit, pour me conduire avec honneur, huit Gardes-du-corps, commandés par un brigadier, qui arriveroient le 7 à Coni, séjourneroient le 8, et qu'ensuite nous partirions, s'il plaisoit à mon Excellence.

Le 8 mai ces Gardes-du-corps, qui n'avoient couché qu'à demi-lieue de Coni, y arrivèrent le matin ; nous partîmes le vendredi 9, et allâmes coucher à Limon.

Lorsque je sortis de Coni, les gardes qui étoient à ma maison et à la porte de la ville, se mirent en haie et présentèrent les armes, les tambours ne battirent point. Le peuple de Coni assemblé en foule et celui de la campagne, m'a rendu toutes sortes de respects, très-éloigné d'aucune insolence à mon égard et à celui de mes domestiques. Montroux avoit apparemment ces ordres, et ses manières étoient très-différentes de celles de Saraval, dont je crois qu'il n'eût pas accepté l'emploi aux mêmes conditions. En sortant de Coni, je remarquai de l'inquiétude à Montroux sur ce que je regardois curieusement les fortifications; il ne m'en dit cependant rien. Cette place m'a paru bonne et en très-bon état : à vingt pas de la porte de Nice par laquelle je sortois, et à la main droite du chemin, est une espèce de grand ouvrage à cornes revêtu et très-rasant.

A Coni et à Limon, Montroux me fit de la part de son maître une espèce d'excuse, de ce que l'on ne me tiroit pas le canon, et de ce que l'on ne m'envoyoit point le présent de la ville en usage d'être donné aux ambassadeurs ; il ajouta que c'étoit parce que ces deux choses n'avoient point été faites pour le comte de Vernon. Je répondis, qu'on auroit dû lui épargner de me tenir ce discours dont la situation présente le dispensoit ; qu'il étoit inutile et mortifiant pour M. le duc de Savoie de m'offrir un présent que j'aurois refusé ; que j'espérois que son canon tireroit bientôt sur moi, qu'ainsi il m'étoit très-indifférent qu'il tirât présentement pour moi ; que son maître faisoit bien de se modeler pour ces deux points sur ce qui avoit été pratiqué en France ; mais que voulant toujours primer avec V. M., il auroit dû nous imiter entièrement à l'égard du droit des gens. A Limon, je trouvai devant ma porte une garde bourgeoise, uniquement par honneur et pour la sûreté de mes équipages : elle n'imposa aucune contrainte ni à moi ni à mes domestiques, mais usa de tous respects. Les Gardes-du-corps de M. le duc de Savoie avoient la carabine sur l'épaule à la porte de ma chambre. Montroux me dit poliment, que c'étoit par honneur, et qu'ils en usoient ainsi pour la personne seule de S. A. R. Je le priai de les en dispenser, n'y ayant nulle proportion entre leurs fonctions auprès de leur maître et auprès de moi. Je réitérai mes instances, malgré lesquelles deux de ces Gardes ont toujours et par-tout resté par honneur à la porte de ma chambre : les autres logeoient dans ma maison, et je leur faisois donner leurs commodités et des vivres le mieux qu'il m'étoit possible. En chemin, quatre de ces Gardes marchoient à la tête de mes équipages, les quatre autres et les brigadiers me suivoient.

Samedi, 10 de mai, nous vînmes coucher à Tendo.

Dimanche 11 à Sospello.

Lundi 12 à Scarena.

Mardi 13 mai, mon chemin fut éloigné de plus d'une lieue, afin que je n'entrasse point dans Nice, que je laissai loin sur ma gauche. Je dis en riant au comte de Montroux, qu'il ne vouloit pas que je visse les fortifications de Nice, crainte que je ne vinsse bientôt en faire le siége. Montroux répondit du même ton, que c'étoit plutôt parce qu'il ne vouloit pas ni me donner le présent, ni les honneurs qui m'étoient dûs en tirant le canon.

A portée du comté de Nice, le marquis de Senantes, fils du marquis de Carail, gouverneur de Nice, vint avec un nombreux cortège d'officiers, me présenter les respects de son père et les siens, avec excuse de ce que la situation présente ne lui permettoit pas de venir lui-même. Montroux me demanda ensuite, si je trouverois bon que Senantes m'accompagnât jusques à l'échange; je dis que je n'avois nul ombrage de tant d'honnêtes gens.

Le même jour à une heure après-midi, nous arrivâmes au bord du Var. Le comte de Vernon y étoit déjà de l'autre côté. On procéda aussitôt aux échanges qui se firent en même temps à vue, quoiqu'à deux cents pas de distance. Les équipages marchoient les premiers, puis les domestiques, et enfin les ambassadeurs, moi entre les gardes du duc de Savoie, le comte de Vernon entre les mousquetaires. Montroux, ayant pris congé de moi avec beaucoup de respect et d'amitié, étoit allé attendre Vernon au bord de la rivière. Libois m'attendoit de l'autre côté. Les mousquetaires de V. M., en quittant Vernon, le saluèrent de l'épée ; les gardes du duc de Savoie oublièrent apparemment d'en user de même avec moi. Ils marchèrent pour leur retour en même temps que les mousquetaires firent la même chose. Je fus reçu par M. du Libois, qui me présenta l'Huillier, commandant d'Antibes, lequel, avec grand nombre d'officiers, m'avoient fait l'honneur de venir au-devant de moi d'Antibes. Je renvoyai avec passe-port de M. l'Huillier, après les avoir bien payés et au-delà, les soixante mulets et chevaux et vingt conducteurs qui avoient amené partie de mes domestiques et mes équipages. Depuis Coni, ces gens refusoient de passer le Var : Montroux les y obligea, sur la parole que je lui donnai par écrit, de les renvoyer en toute sûreté. Malgré mes instances, M. l'Huillier voulut qu'à Antibes, je fusse reçu au bruit des canons, les gardes sous les armes, les tambours battant aux champs.

A Antibes, je trouvai dix galères de V. M., commandées par M. le marquis de Roye et M. le marquis de Tourville, qui m'ont comblé d'honneur et de bonne chère, au point de me faire oublier les duretés de ma longue prison.

Pendant mon séjour à Antibes, il y arriva un courrier du marquis de Villamajor, ambassadeur d'Espagne en Piémont : il marchoit pour l'échange ; il étoit déjà à Nice, où le marquis de Carail le logeoit chez lui, l'ayant reçu au bruit du canon, et comme il avoit été par-tout ailleurs. Le courrier m'assura qu'en entrant en Nice, le peuple en foule crioit : Vive l'ambassadeur d'Espagne, et le diable emporte l'ambassadeur de France !

Voilà, Sire, comment s'est terminée, pendant sept mois et demi de prison, une ambassade de plus de quatre années. Je voudrois aux dépens de ma vie, y avoir mieux servi V. M., et avec un succès plus heureux. J'y ai toujours été très-attentif à mes devoirs : je n'ai pas dû faire moins, je n'ai pu faire davantage. Je sais que partie de ce que je viens d'écrire est si incroyable, qu'on refusera de le croire ; je sais que M. le duc de Savoie, qui m'a souvent fait répéter par mes geoliers que je n'étois pas en prison, persistera encore à le dire. Je n'ai point assez d'humilité pour croire, que ma parole soit balancée avec la sienne ; il pourra parler là-dessus avec la même audace dont, au mois de septembre dernier, il faisoit assurer V. M. et le roi d'Espagne, qu'il n'avoit et n'auroit aucun traité avec l'Empereur. Je sais même que ceux que mon attention à mes devoirs a prévenus contre moi, ne manqueront pas d'insinuer que je veux peindre ma prison plus dure qu'elle n'étoit en effet. A cela, Sire, je répondrai hardiment, que ma vie a toujours été irréprochable, que je n'ai jamais menti à personne. Commencerai-je par V. M., mon maître et mon Roi, dont la justice sauroit me châtier aussitôt que vos grandes lumières m'auroient trouvé en faute? Je vous prie donc, Sire, de croire que j'expose ici la vérité toute entière : je ne l'altère en rien ; j'oublie, au contraire, mille affreuses particularités de la force de celles que j'y énonce. Je sors de prison avec plus de cinquante domestiques, desquels cinq ou six Piémontais ou Savoyards, les autres vos sujets de différentes provinces. Dans ce nombre sont des bons et des mauvais, comme dans toutes les nombreuses maisons. Je m'en séparerai bientôt; mais ce ne sera qu'après avoir été auprès de V. M., vous supplier, Sire, qu'en les faisant tous interroger par différentes personnes, que je sois châtié s'ils déposent rien de contraire à tout ce que contient cette lettre.

A mon arrivée en France et jusqu'à présent, n'ayant point reçu d'ordre de V. M., je crois que je n'ai qu'à aller à vos piés rendre compte de ma conduite. Je le vais faire aussi diligemment que le permet l'état où je me trouve, et suis, de Votre Majesté, le très-humble et très-obéissant et très-fidèle sujet,

Phélippeaux.

ANNÉE 1703.

CHAPITRE VIII.

Le Roi envoie successivement le maréchal de Tessé pour commander en Savoie et en Lombardie, sous les ordres du duc de Vendôme. M. de Tessé, lié avec le prince de Condé, imagine de marier la fille de celui-ci, et qui épousa depuis M. de Vendôme, au duc de Mantoue. Singulière correspondance du prince de Condé et du Maréchal relativement à ce Duc, qui avoit d'étranges fantaisies à l'égard des femmes, et un sérail ou plutôt un harem gardé par des eunuques, à l'imitation des Turcs. Découverte bizarre faite par M. d'Argenson, lieutenant de police, d'une cargaison de femmes, que des eunuques conduisoient par Paris au duc de Mantone. Il vient en France, y épouse mademoiselle d'Elbeuf, qu'il rend fort malheureuse, et meurt. Dureté de madame de Maintenon envers cette princesse à son retour en France, où elle meurt elle-même.

La défection du duc de Savoie annonçoit peu de succès et même des obstacles aux armes de France et d'Espagne en Italie. Le Roi jugea qu'il ne pouvoit trop se hâter de mettre dans l'impossibilité de lui nuire, ce prince qui lui avoit déclaré la guerre le 7 octobre 1703. La Savoie étoit une conquête facile et nécessaire pour couvrir le Dauphiné; le maréchal de Tessé nommé le 17 octobre commandant de cette province et sur sa frontière, pénétra en Savoie avec huit bataillons et un régiment de dragons tirés du Languedoc, et marcha à Chambéri, d'où le marquis de Salles qui y commandoit pour le duc de Savoie, se retira avec ses milices dans la Tarentaise. Louis XIV songeoit dès-lors à faire assiéger Turin par le duc de Vendôme, que M. de Tessé auroit joint après avoir reçu des renforts ; mais le prince de Vaudémont, que le mauvais état de sa santé mettoit dans l'impuissance de continuer à servir militairement, le témoigna au Roi qui, le 29 novembre, nomma le maréchal pour commander en Lombardie sous les ordres du duc de Vendôme, et le duc de la Feuillade fut choisi pour remplacer en Savoie, M. de Tessé, qui eut ordre le 10 décembre, de régler avec le général en chef, le nombre et l'espèce des troupes qu'il étoit à propos de laisser dans cette province et en Dauphiné.

Le maréchal n'ayant aucune occasion de se signaler, ni pendant le reste de cette campagne, ni durant la plus grande partie de la suivante, nous remplirons du moins cet intervalle par une négociation, dont il se chargea pour obliger le prince de Condé avec lequel il avoit des liaisons. On en trouvera le détail dans les pièces suivantes, qui contiennent des particularités aussi singulières que propres à fournir des matériaux pour servir à l'histoire des bizarreries humaines. Il s'agit de celles qui caractérisoient Ferdinand-Charles, ou Charles IV, duc de Mantoue, né le 31 août 1652, marié le 7 avril 1671 à Anne-Isabelle de Gonzague-Guastalla, morte le 18 novembre 1703. On projettoit de faire succéder à la défunte, Marie-Anne de Bourbon, connue sous le nom de mademoiselle d'Enghien, fille du prince de Condé, Henri-Jule, et née en 1678.

LE PRINCE DE CONDÉ AU MARÉCHAL DE TESSÉ.

Versailles, le 8 décembre 1703.

Je crois, Monsieur, que vous aurez reçu ma lettre dans le même temps que j'ai reçu la vôtre ; car lorsque vous êtes parti, nous nous sommes écrit le même jour. Je vous assure que personne ne peut s'intéresser plus que moi à ce qui vous regarde, et ne peut souhaiter davantage de vous le témoigner. M. de Torci vient de m'apprendre la mort de madame de Mantoue, et il m'a dit, qu'il vous écriroit sur ce sujet ; ce sera conformément aux conversations que nous avons eues ensemble, auxquelles je n'ai rien à ajouter. Vous savez tous les intérêts qui peuvent être à discuter entre M. de Mantoue et moi, tant pour le présent que pour l'avenir. Le Montferrat en est un si considérable (1), qu'il mérite une extrême attention et prévoyance; quoique l'on dise qu'il n'en peut disposer. Vous m'avez donné trop de marques de votre amitié, pour que je puisse douter que vous ne soyez bien aise d'agir dans une chose dont vous avez commencé à me parler. Je vous prie, Monsieur, d'être bien persuadé de toute l'estime que j'ai pour votre amitié et pour votre mérite.

H. J. DE BOURBON.

LE MARÉCHAL DE TESSÉ AU PRINCE DE CONDÉ.

A Chambéri, ce 7 décembre 1703.

Monseigneur, je pars donc, puisque le Roi l'ordonne, pour la commission la moins desirable qui soit au monde. J'en connois les épines, les difficultés et l'importance. V. A. S. m'a comblé de tant de témoignages de bonté et de protection, que j'ai cru qu'elle agréeroit la liberté que je prends de lui en demander la

---

(1) On ignore le fondement de cette prétention, à laquelle il ne paroît pas qu'on ait donné aucune suite.

continuation. Dès que j'aurai mis au fait le duc de la Feuillade, je m'acheminerai par le mont Simplon.

Comme je vais avoir assez de relations avec M. le duc de Mantoue, dont V. A. S. n'ignore pas que la femme morte, lui donne de grands desirs de procéder à de secondes et plus heureuses noces, je recevrai vos ordres et vos instructions, s'il y a quelque chose que V. A. prévoye que je puisse faire, pour lui marquer ma reconnoissance et mon respect; trop heureux si par tous mes soins, je pouvois assez vous faire connoître combien j'ai l'honneur d'être et pour ma vie, &c.

LE PRINCE DE CONDÉ AU MARÉCHAL DE TESSÉ.

A Versailles, le 15 décembre 1703.

Je suis fort sensible, Monsieur, à la lettre que vous m'avez écrite du 7 de ce mois, et je vous prie de croire que je le serai toujours extrêmement aux marques de votre amitié, l'estimant et votre personne, comme je dois. Je puis vous dire que je suis assez au fait et même aux différens faits, des peines que vous aurez dans votre emploi, pour ne rien ignorer sur les mérites des succès. Je vous assure que personne ne sera plus attentif que moi à tout ce que je pourrai faire, pour que le public vous rende justice. Je vous remercie de la continuation de votre attention sur la même affaire dont vous m'avez donné les premiers avis. Je vous serai bien obligé d'y faire ce que vous pourrez, par les relations que vous aurez et les insinuations que vous jugerez à propos, sur quoi je ne puis mieux faire que de me remettre à vous. Je vous demande sur-tout de vos nouvelles, et de savoir les choses dont vos amis devront être instruits, et je vous prie, Monsieur, de m'écrire en billet, et d'être bien persuadé de toute mon attention pour tout ce qui vous regardera.

LE MARÉCHAL DE TESSÉ AU PRINCE DE CONDÉ.

A Milan, le 28 décembre 1703.

Je reçus, Monseigneur, quelques jours avant de partir de Chambéri la lettre du 8 que V. A. S. m'a fait l'honneur de m'écrire, et sans la fatiguer de nouvelles protestations de mon respect, de mon attachement et de ma sensible reconnoissance, je passe à l'article de votre lettre où vous me parlez de l'extraordinaire sérénissime Mantouan (1), le meilleur homme du monde, le plus fidèlement attaché aux intérêts du Roi et en même temps le plus singulier. Ce prince voluptueux est capable de tout faire par les principes imaginaires des plaisirs, dont la possession le dégoûte dans le moment. Si on lui dit qu'il y a à Naples ou en Sicile une belle courtisanne, il remue ciel et terre pour l'avoir. Que quelqu'un l'assure qu'à Céfalonie les femmes y sont plus belles, il y dépêchera un envoyé. Maintenant qu'il est question de femmes dont les engagemens doivent être un peu plus sérieux (2), son cœur est agité des mêmes mouvemens. Je ne sais par où on a pu lui mettre en tête madame d'Aremberg qu'il n'a jamais vue. Immédiatement après la mort de madame de Mantoue, il desira passionnément mademoiselle d'Elbeuf, sur ce qu'on lui avoit dit qu'elle étoit grande. Il en écrivit dans son premier mouvement au prince et à la princesse de Vaudémont, qui lui répliquèrent simplement, qu'ils ne savoient pas si madame d'Elbeuf n'avoit point quelqu'autre engagement pour sa fille, et que comme ils ne vouloient ni ne pouvoient

---

(1) Le duc de Mantoue.
(2) Il vouloit se remarier.

entrer en matière, sans en rendre compte à la Cour, ils recevroient pour se conduire, les ordres du Roi auquel ils les demanderoient. Depuis ce temps, d'autres partis ont été proposés à la traverse, et enfin ce Prince a fait décider dans son conseil, qu'il falloit s'en tenir à madame d'Aremberg, parce qu'elle étoit, disent-ils, grande veuve, point française, et en état de lui donner des successeurs. Il seroit trop long de dire à V. A., comme quoi peu à peu la cabale autrichienne a repris le dessus dans le gouvernement de cette Cour, depuis qu'on lui a fait chasser son ministre (1), attaché aux intérêts du Roi. C'est le même esprit qui lui fait desirer une femme, que je suis persuadé n'être pas convenable au bien des affaires présentes. J'ai cru, Monseigneur, devoir vous informer de tout ce détail. M. de Torci est à merveille au fait de tout cela, et l'envoyé de France a dépêché son secrétaire à la Cour, pour lui demander ses ordres, persuadé, comme je le suis, que madame d'Aremberg n'est point convenable pour être duchesse de Mantoue.

Pardon, Monseigneur, de toute cette inutile gazette, qui me donne au moins lieu de

---

(1) Le marquis de Baretti.

vous assurer de tout mon profond respect, et qu'homme au monde ne peut être plus que moi, &c.

Extrait d'une lettre du duc de Mantoue au comte Truzzi, son envoyé auprès du Roi (1).

Du 8 janvier 1704.

Quant au mariage, nous vous apprenons que nous ne ferons rien sans l'agrément de Sa Majesté Très-Chrétienne. Nous parlerons des cinq princesses déjà nommées : savoir, celle de Condé qui nous conviendroit beaucoup pour la noblesse du sang; mais sa petite stature étant toute contraire à notre goût, nous doutons que sa vue puisse nous plaire. Quant à celle d'Elbeuf, on nous l'indique comme belle et riche : nous connoissons sa noblesse et sa parenté. Nous apprenons sur celle d'Arschot, qu'il s'y trouve beauté, modestie, avec justesse d'esprit. Quant à la dot, nous savons qu'elle est mince, et nous avons les renseignemens sur la noblesse. Celle d'Armagnac, nous dit-on, est belle : elle a eu une éducation très-soignée; elle possède toutes les qualités convenables à une femme de son rang;

---

(1) L'original est en italien.

nous savons ses alliances, et sommes assurés qu'elle n'a pas une grande dot. Nous ne dirons rien de la princesse de Conti, veuve depuis long-temps, attendu que vous nous avez écrit, qu'elle ne pense pas à sortir de France. Nous vous répétons que jamais, non jamais, nous ne nous déciderons sans voir : c'est une grace qu'on ne nous peut refuser, et le Roi Très-Chrétien, qui est très-juste, ne nous refusera point, dans le desir que nous avons de nous mettre à ses piés, attendu que nous sommes pressés de lui expliquer de vive voix nos sentimens et le besoin urgent de sa royale protection. Pour nous servir d'une phrase, qui est plus juste qu'à la mode, nous vous dirons que plutôt que ne pas voir l'épouse que le ciel nous destinera pour le repos de notre personne et de notre esprit, nous choisirions une caverne et un désert. Nous vous répliquons encore, que jamais, non jamais, nous ne prendrons une femme sans le consentement et la protection de Sa Majesté. Il faut donc réunir ces deux points dans le cas de l'affaire importante qu'on traite maintenant.

Pour venir ensuite à notre nouveau mariage, vous aurez compris par ce que nous vous avons écrit, que nous attendons avec sollicitude les informations ultérieures dont nous vous avons chargé : nous attendons aussi les portraits, mais sans perdre de temps ; et comme notre résolution de venir en France est très-arrêtée, il faut commencer à en parler au marquis de Torci, et à convenir du traitement qui nous sera fait, persuadés que nous sommes, que tout ce que nous avons fait par notre alliance pour le service S. M. T. C. peut avoir mérité ; en premier lieu, que S. M. daigne consentir à nous laisser jouir de l'honneur de nous prosterner à ses piés, et de plus, qu'elle daigne nous accorder des distinctions plus grandes encore que celles qui furent accordées à notre très-Sérénissime père, d'heureuse mémoire. Agissez donc d'après nos vues, sans remettre de jour en jour, parce que le temps vole, et que notre mariage veut nécessairement être hâté.

A cet égard, nous savons bien qu'il ne peut jamais arriver, qu'on nous refuse une princesse qui seroit à notre gré, et qu'on nous en propose une autre qui ne seroit pas telle ; parce que, dans ce cas, nous renoncerions plutôt à nous remarier. Mais nous revenons à dire, que cela ne peut être, et que de même que nous avons de la noblesse à donner à une femme, quand même elle ne seroit pas de sang royal, et que nous avons encore, par la grace de Dieu, des États avec lesquels nous pouvons vivre sans une grosse dot ; ainsi, il ne nous reste qu'à penser à prendre pour épouse, une princesse qui soit bien élevée et tout à fait à notre goût, pour passer le reste de nos jours avec bonheur et contentement.

LE MARÉCHAL DE TESSÉ AU MARQUIS DE TORCI.

A Casal, le 19 janvier 1704.

Comme j'ai connoissance, pour ne pas dire copie, de la lettre que M. le duc de Mantoue écrit au Roi, à l'occasion du voyage qu'il a dessein de faire en France, et que sans l'avoir pu détourner de cette fantaisie, dont le premier coup d'œil peut paroître embarrassant pour S. M., je sais à-peu-près le fond de son cœur. J'ai cru qu'il convenoit que je prisse la liberté de vous en entretenir ; car je connois non-seulement ce Prince, pour l'avoir vu dans toutes les situations dont l'esprit humain peut être diversement agité ; mais je le connois encore par les liaisons secrètes et particulières que j'ai ou ai eues, avec tous les favoris ou favorites qui ont eu le plus de pouvoir sur lui. Les passions dominantes en lui, sont la peur et l'amour ; la première le détermine à desirer sortir de ses Etats, car où ira-t-il? Il ne croit pas être en sureté à Mantoue, d'où, pour éviter la poudre à canon, il avoit cru, se réfugiant à Casal, pouvoir vivre dans quelque repos. Présentement la guerre l'y suit, et dans la vue qu'il a de se marier, l'amour le convie de chercher une femme qu'il a la fantaisie de vouloir voir. Il ne faut donc pas croire, que si le Roi lui refuse de faire ce voyage, il ne soit au désespoir, et qu'après avoir sacrifié tout ce qu'il a pu pour le Roi, il ne regarde comme un chagrin mortel, si l'on lui refuse une satisfaction dans laquelle il croit trouver le fruit de ses susdites deux grandes passions : je pourrois y en joindre une troisième, c'est celle qu'il a de voir S. M.; après cela, je puis assurer le Roi, que c'est le Prince du monde le moins incommode, qui se soucie le moins du cérémonial, et qui s'accommodera le mieux de tout l'*incognito* qu'il plaira au Roi de régler.

LE MARÉCHAL DE TESSÉ AU ROI.

A Casal, le 19 janvier 1704.

Sire, M. le duc de Mantoue paroît se refroidir tous les jours de plus en plus au sujet de son mariage avec madame la duchesse d'Aremberg, et j'ose dire à V. M., que la peur que ce prince a eue, qu'elle ne se plaignît de la conduite secrète qu'il a tenue sur cette affaire, n'y contribue pas peu. C'est du moins ce qui me paroît davantage depuis le retour de mon courrier.

J'eus ces jours passés avec ce prince de longues conversations, dans lesquelles il me protesta qu'il ne se marieroit qu'au gré de V. M., se flattant cependant, qu'elle ne voudroit pas le forcer à prendre une personne qui ne seroit pas de son goût.

Il me dit qu'en France, il ne voyoit que trois sujets qui lui pussent convenir, supposé que V. M. voulût bien lui accorder un des trois : mademoiselle de Condé, mademoiselle d'Elbeuf et mademoiselle d'Armagnac, et hors de France madame la duchesse d'Aremberg. Il m'ajouta ensuite, que son dessein étoit de les aller voir, étant résolu de ne prendre que celle qui lui plairoit, auquel cas il en feroit alors la demande à V. M.

Je pourrois craindre, Sire, qu'il y eût quelque duplicité dans les desseins de ce prince, de la droiture duquel je dois toujours me défier. C'est la raison pour laquelle je supplie très-humblement V. M., de me prescrire ce que je dois lui insinuer, ou lui promettre de sa part en cette occasion ; car il ne seroit pas impossible, que comme il a su par ce que son envoyé lui a écrit en dernier lieu, que V. M. auroit vu avec beaucoup plus de satisfaction, qu'il eût jeté les yeux sur une princesse française que sur madame d'Aremberg, il ne seroit pas, dis-je, impossible que faisant semblant de vouloir se conformer entièrement aux sentimens de V. M., il n'ait envie de solliciter son agrément pour aller en France, et s'en retourner ensuite, sans en épouser aucune.

Je crus, Sire, devoir dans cette occasion, commencer à lui faire voir des difficultés à ce voyage; c'est pourquoi je demandai à ce Prince la permission de lui parler comme son serviteur et non comme ministre de V. M., ne pouvant, en cette dernière qualité, lui dire autre chose, sinon que je l'assurois, qu'elle ne le contraindroit jamais sur son mariage, et n'auroit sur cela d'autre satisfaction que la sienne.

Je lui dis donc, comme son serviteur, que mon sentiment étoit, que tant qu'il ne seroit pas entièrement résolu de se marier en France, il ne devoit pas songer à demander à V. M. d'y aller; puisque supposé qu'elle y consentît, ce qui me paroissoit difficile dans la conjoncture présente, et qu'après y avoir été, pas une des trois qu'il avoit nommées ne se trouvât de son goût, il s'exposeroit à leur faire un affront peu convenable à de telles princesses.

Ce prince me dit que j'avois raison, et me fit entendre, qu'il ne partiroit pas sans m'assurer d'en épouser une. Il me fit même connoître assez clairement, qu'il étoit moralement certain, que mademoiselle d'Elbeuf ne lui déplairoit pas, si V. M. vouloit bien y consentir. Enfin, Sire, j'ai tout lieu de croire, qu'il n'hésitera pas de la préférer à madame la duchesse d'Aremberg, pour peu que V. M. le veuille ; peut-être même pourroit-on venir à bout de lui en faire faire autant des deux autres, principalement si V. M. vouloit qu'on le pressât un peu sur cela, en lui donnant en même temps l'exclusion sur mademoiselle d'Elbeuf. Mais comme j'ignore quelles sont ses intentions, je me suis contenté de dire à ce prince, qu'à l'égard de mademoiselle d'Elbeuf, pour laquelle il étoit si fort empressé, je ne savois pas si elle étoit à marier, le bruit ayant couru qu'on l'avoit déjà promise ; mais que pour mademoiselle de Condé, il me sembloit que, supposé que V. M. voulût bien la lui accorder, rien ne lui pouvoit être plus honorable ni plus avantageux, eu égard à la grande différence qu'il y avoit entre son rang et celui des autres.

Enfin ce prince a résolu d'envoyer en France

et à Bruxelles un certain abbé Fantoni, qui a été son Envoyé à Vienne dans le temps qu'il se déclara pour les deux couronnes, et qu'il a fait venir exprès de Florence, pour lui aller chercher les portraits des trois princesses ci-dessus nommées, et de madame la duchesse d'Aremberg; après quoi il se déterminera sur ce qu'il aura à faire. J'ai cependant tâché de dissiper le mieux qu'il m'a été possible, la crainte que ce prince s'étoit faite d'une trop grande sujétion, s'il se marioit en France; ce qui m'a paru lui faire plaisir et très-capable de le déterminer de se marier au gré de V. M.

J'ajouterai encore à V. M., que M. le duc de Mantoue m'a dit, qu'il ne vouloit prendre d'épouse que de la main de V. M., et que s'il se résolvoit en faveur de madame la duchesse d'Aremberg, il se flattoit que V. M. voudroit bien la faire venir de Bruxelles à Paris, pour la lui donner. Je lui ai répondu, que quoique je fusse persuadé que V. M. lui laisseroit l'entière liberté d'épouser qui il lui plairoit, je doutois fort qu'elle fît venir cette princesse de Flandre pour cela, attendu qu'elle étoit sujette du roi d'Espagne.

LE MARÉCHAL DE TESSÉ AU MARQUIS DE TORCI.

23 janvier 1704.

Le docteur Formigha, premier médecin de M. de Mantoue, et en vérité quasi son premier ministre, car il a part à tout ce qu'il y a de plus particulier, arriva avant-hier, envoyé par son maître en poste auprès de moi, très-obligeamment, sur ce que sondit maître, qui m'écrivit la lettre du monde la plus empressée, avoit appris que j'étois malade, et ajoutoit que je pouvois avoir toute confiance à ce que ledit docteur Formigha me diroit de sa part. Ledit docteur Formigha me dit donc, que cette lettre pour le Roi dont j'avois reçu copie, dans laquelle il lui demandoit permission d'aller en France choisir lui-même une femme, et de laquelle je vous fis part dans ma lettre du 19, ne seroit peut-être pas rendue ; mais qu'il avoit pris la résolution d'envoyer le comte abbé Fantoni, gentilhomme de sa chambre, en France, pour voir et lui rendre compte des princesses qu'il avoit l'objet d'épouser ; que l'instruction dudit abbé n'étoit autre, que de lui en faire faire incessamment des por‑traits, et de lui envoyer la hauteur, attitude, taille, figure et autres détails; de s'adresser à vous, Monsieur, pour cela; qu'il vous prieroit, par les lettres dont ledit comte-abbé étoit chargé, de le présenter à S. M. Que le goût qu'il avoit eu pour madame d'Aremberg étoit passé; que cependant ledit Fantoni passeroit en Flandre pour la voir, et le jour que le docteur Formigha partit, avec le petit régal d'un petit diamant que je lui fis, dont je me serois fort bien passé, l'abbé Fantoni arriva, et part aujourd'hui pour se rendre à la Cour. Ce comte-abbé, avec lequel j'ai eu une grande conférence par ordre de son maître, est un grand Florentin, dont la fidélité italienne peut fort bien être compatible, dans la mission dont il est chargé, avec ses propres intérêts, et il ne m'a pas paru éloigné de vouloir rendre compte à son maître, conformément à ce que le Roi voudra; car il me dit non-seulement de sa part, mais de celle de sondit maître, que bien qu'il pût avoir, par le rapport qui lui seroit fait, des futures épouses, quelque goût pour l'une plus que pour l'autre, cependant M. de Mantoue étoit résolu de se sacrifier à la volonté du Roi.

J'ai cru, Monsieur, devoir vous rendre compte de ce détail. Le comte-abbé part aujourd'hui d'ici, et comme tout ce que je pourrois vous dire sur tout cela, ne seroit qu'une répétition de ce que contient ma lettre du 19, je ne vous en romprai pas la tête davantage.

LE MARÉCHAL DE TESSÉ AU MARQUIS DE TORCI.

30 janvier 1704.

J'ai reçu, Monsieur, la lettre du 13 que vous m'avez fait l'honneur de m'écrire, à laquelle étoit joint le chiffre qui m'a mis au fait de ce que contenoit celle du 17 du mois passé, et comme vous aurez vu par ma dernière du 23, l'état auquel il me paroissoit qu'étoient les sentimens de notre Sérénissime, je ne pense pas qu'il y ait rien présentement de changé. Voici seulement ce que l'on m'écrivit hier de Casal.

« Quatre escadrons des ennemis qui se pré-
» sentèrent à la vue de Casal, avoient com-
» mencé d'augmenter la peur et l'inquiétude
» du Sérénissime ; mais depuis que la tête de
» l'armée a paru à Villanova, et qu'ils se sont
» saisis de Morano, Balsola et Terranova, ça
» est toute autre chose ; il a voulu faire la
» ronde lui-même, et tout ce que ce prince
» nous a tenu de discours sur la guerre et sur
» sa situation, ne peut s'exprimer, non plus
» que la mauvaise satisfaction qu'il avoit, de

» ce que M. de Vendôme ne lui écrivoit, ni ne
» lui donnoit aucun avis. Tout cela a été un
» peu appaisé par l'arrivée de M. de Vendôme;
» mais dans ces entretemps, il a fait décamper
» la vénitienne (1), et jeudi la comtesse Calori
» partit avec vingt-cinq gardes pour Plaisance.
» Il est parti des bucentaures (2) entièrement
» chargés de bagages et de chanteuses. La
» Mattia est pareillement partie pour Valence,
» et plusieurs avec escorte et sont réfugiées chez
» l'évêque d'Acqui, avec des lettres pour qu'il
» les loge chez lui et qu'elles ne voyent per-
» sonne. Tout cela a été un beau débagage-
» ment. Ces dispositions font croire qu'il veut
» se tenir prêt pour décamper lui-même d'un
» jour à l'autre ».

J'ai cru, Monsieur, ne devoir rien changer
à tout ce beau récit; j'y ajoute seulement,
que si l'on a des vues pour mademoiselle
d'Enghien, je ne crois pas impossible, ni de
gagner l'abbé Fantoni, ni même M. Truzzi,
et cela pourroit mériter quelque attention de
la part de M. le prince (de Condé). Dans cela,
les petits présens font beaucoup. J'ai secrètement fait agir la susdite comtesse Calori,

---

(1) C'étoit une de ses maîtresses.
(2) Des barques.

laquelle est la maîtresse d'honneur ; car, *Altra cosa è servire a una dama, altra cosa dormire con essa* (1). Or il sert donc très-respectueusement la susdite comtesse Calori, dont il est éperduement amoureux, en tout bien et tout honneur ; car il ne lui a jamais baisé le bout du doigt. Je me suis servi d'elle et du docteur Formigha, pour lui ôter les fantaisies de la duchesse d'Aremberg : je crois y avoir réussi, et si mademoiselle d'Enghien avoit deux pouces de taille davantage, cette affaire, dont je ne désespère pas, pouvoit réussir. Je vous le répète même, que la comtesse Calori et la vieille marquise d'Elfian, sœur de Rivaroles, bonne française et ennemie mortelle de M. de Savoie, ont chacune de leur côté insinué, qu'une petite femme faisoit souvent de grands enfans. Voilà l'état présent des affaires de cette cour.

Que si M. de Mantoue fait son voyage de France, je suis toujours d'opinion, que le Roi fera de ce prince tout ce qu'il voudra, et qu'à l'égard de ceux qui l'approchent et qui le déterminent, un diamant de cent écus, une tabatière de vingt pistoles, une canne de six, une cornette

---

(1) C'est autre chose de servir une dame ou de coucher avec elle.

de cinquante écus à quelque Mattia, quelque chose d'un tiers plus cher à la comtesse Calori, une écritoire d'argent au docteur Formigha, j'ai l'usage que tous ces riens-là, en Italie, font des choses merveilleuses, et vous pouvez faire confidence de tous ces moyens à M. le Prince, qui ne sont pas même au-dessous de la connoissance du Roi, quand il vous ordonnera de les mettre en œuvre, en cas que cette petite cour du Sérénissime l'approche ; et de ce côté-ci, par les femmes qui y resteront, je ferai mander et écrire tout ce que l'on voudra.

LE MARÉCHAL DE TESSÉ AU MARQUIS DE TORCI.

A Milan, le 10 février 1704.

Cette conjoncture m'a fourni l'occasion de voir à Casal notre Sérénissime Mantouan. Quand je dis Sérénissime, ce n'est pas que son humeur soit autrement sereine, car je n'ai de ma vie vu un prince si agité ; mais pour abréger le récit d'une conversation de plus de deux heures, dont il m'honora, voici enfin ses dernières résolutions. Le retour d'un des courriers de M. de Vendôme lui apportera, oui ou non, la permission du Roi d'aller en France ; permission qu'il croyoit avoir, et m'avoit mandé avoir. M. de Gergi (1) vous pourra mander le fondement qu'elle avoit. Que s'il la reçoit, il part. Et parce que du temps de Charlemagne, la cour marchoit à cheval et à ses journées, ce prince prétend, sur ses roussins (2), aller de Casal à Charleville, où il recevra les ordres de Sa Majesté pour se rendre à ses piés. Que si la permission étoit refusée, ce prince dépêcheroit un courrier, pour supplier encore le Roi d'agréer cette permission qu'il lui demande; et supposé qu'elle lui fût encore refusée, il m'a dit qu'il étoit résolu de se faire faire un habit de pélerin, et le bourdon à la main, de se rendre à la cour. Comptez que je vous dis vrai, et qu'il le fera.

Quant aux mariages, il a toujours en tête les femmes gigantesques; mais j'en sais assez par ce qu'il ma dit, et par tout ce que je sais de cette cour, pour vous assurer qu'il épousera qui le Roi voudra, quand le Roi lui dira qu'il le desire.

Ce prince compte de ne mener avec lui que vingt-huit personnes. Si ma santé, qui est languissante, me permettoit aujourd'hui un peu plus de gaîté, je vous conterois des choses

---

(1) Résident de France auprès du duc de Mantoue.
(2) Ses chevaux.

merveilleuses de ce Prince, de ce qu'il m'a dit sur sa future, sur ses desseins, sur ses frayeurs, et sur mille autres choses, dont feroit un roman qui n'auroit que cela à faire.

Note du Prince de Condé sur le duc de Mantoue.

23 avril (1) 1704.

La femme (2) assure qu'il (3) n'est point déterminé ; qu'il lui a dit en Italie, qu'on lui propose cinq princesses ; qu'il croyoit que le Roi voudroit mademoiselle d'Enghien ; qu'il ne veut pas lui déplaire, mais qu'il l'a envoyée pour la voir, parce qu'on lui a dit qu'elle est monstrueuse.

Qu'on a fait dire que le Roi parleroit de mademoiselle d'Enghien, mais qu'il ne falloit pas qu'il s'étonnât pour cela, parce que le Roi ne pouvoit pas refuser de la proposer, quoiqu'il ne s'en souciât pas beaucoup ; qu'il n'avoit qu'à dire que mademoiselle d'Elbeuf lui plaisoit, et qu'il vouloit se retirer de ses maîtresses.

(1.) Cette date est de la main du prince de Condé.
(2) Envoyée par le Duc pour voir mademoiselle d'Enghien, et lui en rendre compte.
(3) Le duc de Mantoue.

Qu'il falloit faire voir mademoiselle d'Elbeuf à M. de Mantoue, devant qu'il eût vu le Roi.

On croit que c'est le prince Emmanuel (1) qui a dit tout cela. Il est sûr qu'il a dit qu'il (2) n'en bougeroit, qu'il est son parent et qu'il ne peut refuser de les voir. Que le duc d'Elbeuf et lui iroient au-devant de M. de Mantoue.

Emmanuel a dit chez M. Gougeon, que madame d'Elbeuf a parlé au Roi, et qu'elle lui a dit que s'il songeoit à marier mademoiselle d'Enghien à M. de Mantoue, qu'elle n'y songeroit point, et que le Roi a répondu qu'il ne le contraindroit pas. Il a dit aussi que mademoiselle d'Elbeuf étoit favorite de madame la duchesse de Bourgogne.

On fait une histoire, que M. d'Argenson (3) ayant été averti par le maître d'un hôtel garni, qu'il étoit arrivé chez lui trois femmes et deux hommes étrangers ; qu'ils logeoient et couchoient ensemble dans une même chambre, où ils se faisoient apporter les vivres qu'ils vouloient, qu'ils accommodoient eux-mêmes ;

---

(1) De Lorraine sans doute. On croit que c'étoit un frère de mademoiselle d'Elbeuf.
(2) Le duc de Mantoue.
(3) Lieutenant de police de Paris.

M. d'Argenson y alla un matin avant qu'ils fussent levés. Ayant frappé à la porte, on demanda qui étoit là et ce qu'on vouloit? M. d'Argenson ayant répondu qu'il vouloit entrer, un des hommes répondit fièrement; et ayant ensuite ouvert la porte, M. d'Argenson leur demanda qui ils étoient et ce qu'ils faisoient à Paris? Ils répondirent qu'ils n'avoient aucun compte à lui rendre là-dessus. M. d'Argenson ayant fait quelque menace de les faire mener en prison, ces gens-là en eurent peur, et envoyèrent chercher l'Envoyé de Mantoue, Mais M. d'Argenson ayant su que les femmes étoient des maîtresses de M. le duc de Mantoue, et que les hommes étoient des eunuques mis auprès d'elles pour les garder, il se retira; et sur-le-champ l'Envoyé de Mantoue alla à la cour; ensuite M. d'Argenson a reçu un ordre de ne rien dire à ces gens-là.

(1) *Nota.* Voyage de Ris (2).

---

(1) Tout ce qui suit est de la main du prince de Condé.

(2) Village à environ cinq lieues de Paris, sur la rive droite de la Seine, et sur le chemin de Fontainebleau. Il est vraisemblable que la femme envoyée par le duc de Mantoue pour voir mademoiselle d'Enghien se retira dans ce village, où le prince de Condé envoya la questionner en supposant qu'il n'y allât pas lui-même. La pièce qu'on vient de lire contient évidemment le détail de l'entretien.

La femme dit qu'il (1) est mal avec madame de Vaudémont.

Il faut qu'une princesse soit bien embarrassante pour sa famille, puisque nonobstant les détails qu'on vient de lire sur l'excessif libertinage du duc de Mantoue, le prince de Condé persistoit encore à desirer qu'il reçût la main de sa fille, mais heureusement pour elle ce mariage n'eut pas lieu; elle épousa en 1710, le duc de Vendôme, prince non moins singulier dans son genre que le Mantouan dans le sien, mais elle fut du moins affranchie des bizarreries et des dégoûts qu'elle eût certainement essuyés de la part du dernier (2). Il vint en France, et y épousa le 8 novembre 1704, Suzanne-Henriette, fille de Charles de Lorraine, duc d'Elbeuf. Il l'emmena ensuite en Italie, et ce mariage eut le résultat qu'on devoit en attendre; c'est-à-dire qu'il rendit malheureuse la duchesse de Mantoue. On peut se faire une juste idée de sa situation, par cette lettre qu'elle écrivit à madame de Maintenon en 1707 ou 1708.

---

(1) Le duc de Mantoue.
(2) La duchesse de Vendôme perdit son mari le 11 juin 1712, et mourut en 1718.

« Comme je me flatte, Madame, que vous me conservez toujours quelque part dans votre précieux souvenir, et que vous avez encore pour moi les mêmes bontés dont vous m'avez honorée dès mon enfance, j'ose vous ouvrir mon cœur dans le dernier secret, sur l'état où je me trouve, et sur le parti que mes malheurs me réduisent à prendre pour ma sûreté. Je vous supplie de rendre compte au Roi de ce que je vais avoir l'honneur de vous dire ; je ne puis être contente de ma conduite, qu'elle n'ait son approbation et la vôtre. Vous savez, Madame, mes infortunes, mais vous ne les connoissez pas dans toute leur étendue. Je ne sais si, sans les avoir éprouvées, il est possible de les imaginer, et j'ai de la peine moi-même à croire, ce que je vois de l'excès de la mauvaise volonté de M. le duc de Mantoue à mon égard ; elle est si terrible, que j'en dois tout craindre sans exception. Sa conduite a coûté la vie à la feue duchesse, après trente-trois ans de patience, sans qu'une vertu et un mérite admirés de tout le monde, y aient rien pu changer ; et si elle a duré si long-temps, mille raisons combattoient pour elle, qui ne sont pas pour moi. Elle étoit italienne, elle étoit entrée dans les affaires avec utilité pour lui, grace dont il ne m'a pas cru digne ; elle étoit attaquée d'un mal, qui faisoit attendre une fin plus prompte qu'elle n'a été ; et elle avoit de grands biens à léguer. Non-seulement il a continué avec moi les mauvais procédés commencés avec elle, mais il a donné en des énormités si affreuses, qu'il n'est pas permis d'en faire le détail. C'est peu d'avoir manqué à toutes les paroles qu'il m'avoit données sur son changement de vie, et à toutes les conventions de mon contrat de mariage : il y a presque autant de temps qu'il y en a que je suis mariée, que je ne reçois de lui que des marques d'éloignement, de haine, de mépris, de mauvaise volonté, sans compter celles des gens indignes qui l'obsèdent, et qui se disputeroient à l'envi, l'honneur de le débarrasser d'une femme qui l'incommode et pour laquelle il n'a que de l'aversion. C'est ce qui me fait prendre la résolution d'essayer par tous moyens, de me retirer dans un couvent en Lorraine, pour n'être point à charge à S. M., et pour ne lui faire aucun embarras ; sachant, à n'en pouvoir douter, que par-dessus toutes les différentes sortes d'oppressions dont M. le duc de Mantoue me menace, son dessein est, aussitôt qu'il sera à Venise, de me mettre dans un couvent à Padoue, où je serai en danger de finir tous mes malheurs par tous les différens attentats, qu'il est apparent qu'on pourroit faire sur ma réputation et sur ma vie.

» J'ose vous dire, Madame, que ma seule consolation est d'avoir tâché de rendre ma conduite si irrépréhensible, que lui-même ne me trouve d'autre défaut que celui d'être sa femme, d'être Française, d'être trop applaudie et compâtie de tout le monde, quoique je ne parle qu'à Dieu de mes malheurs, et que je les dissimule à tout ce qui n'y peut remédier.

» J'avois fort résolu, Madame, de pousser la patience jusqu'à la fin, mais je me vois, non-seulement inutile aux intérêts du Roi, mais plutôt regardée comme suspecte dès qu'il s'agit de quelque chose qui y a rapport; de plus, il n'est point question de succession ni de retour vers Dieu, ni vers moi, puisqu'il craint également l'un et l'autre, et qu'il n'en reste plus le moindre espoir dans tous ceux qui le connoissent le mieux, et qui sont plus capables de juger de ses discours et de ses sentimens. M. et madame la princesse de Vaudémont sont témoins de tout ce que j'ai l'honneur de vous dire, Madame. J'espère que quelque violent que soit mon état, et la résolution que je dois exécuter, hardie, la même providence qui m'a conduite ici malgré mes pressentimens et mes répugnances, m'étant sacrifiée comme une victime à l'obéissance de mes parens, cette même providence, dis-je, m'aidera à m'en tirer, de manière à être plainte sans être condamnée. J'espère encore de la bonté du Roi et de la vôtre, Madame, tout le secret que requiert une affaire aussi délicate. Que personne, au nom de Dieu, ne la puisse pénétrer, pas même madame ma mère, puisque ne sachant ni le temps ni la manière dont je pourrai exécuter mon projet, le moindre soupçon pourroit me coûter la vie, qui sera, je vous assure, Madame, toute remplie de la tendre vénération et du parfait attachement que j'ai toujours eu pour vous, &c.

» M. de Pompadour, qui aura l'honneur de vous rendre cette lettre, Madame, se chargera de m'envoyer votre réponse, si vous voulez bien la lui donner, sans lui rien dire de cette affaire dont il n'est point informé. Qu'elle soit prompte, je vous en conjure, Madame, car un jour de retardement seroit très-préjudiciable ».

La réponse de madame de Maintenon est perdue, mais la duchesse de Mantoue ne tarda pas d'être affranchie de ses craintes et d'une union mal assortie. Son mari, après avoir été mis au ban de l'Empire et dépouillé de ses Etats en 1706, après la bataille de Turin, par l'empereur Joseph 1er, son parent, mourut à Padoue le 5 juillet 1708, empoisonné, dit-on, par une femme qu'il aimoit et qui se laissa séduire par la cour de Vienne. La duchesse de Mantoue revint peu après en France, où les lettres de madame de Maintenon nous apprennent qu'elle essuya de violens dégoûts. *Madame de Mantoue*, écrivoit-elle le 28 mai 1709 au duc de Noailles, *est à Vincennes. Elle verra, je crois, le Roi dans ma chambre, quand son exil sera fini. On dit qu'elle est embellie et fort sage; du reste elle est princesse, Lorraine et inutile; on commence à la décrier.* Cette femme infortunée ne trouva dans madame de Maintenon, ni l'intérêt, ni l'appui dont elle avoit plu se flatter; elle tomba malade, et la vieille sultane manda le 1er août 1710 au duc de Noailles : *Madame la duchesse de Mantoue est dangereusement malade; elle ne feroit point mal de mourir, elle est embarrassée et embarrassante : avec cela a-t-on des raisons de vivre?* Il faut convenir que dans sa décrépitude madame de Maintenon n'étoit pas tendre; on a des preuves qu'elle le fut dans sa jeunesse, et on doute qu'alors elle eût pensé et écrit ce qu'on vient de lire. On est donc fondé à dire d'elle, qu'en devenant femme de bien, c'est-à-dire dévote, elle cessa totalement d'être bonne femme, en supposant qu'elle l'eût jamais été. Enfin, la malheureuse duchesse de Mantoue mourut à Paris le 19 décembre 1710, dans sa vingt-cinquième année.

Revenons au maréchal de Tessé. On a pressenti par sa lettre du 7 décembre 1703, au prince de Condé, que la commission d'aller remplacer le prince de Vaudémont à Milan et sur la Secchia, lui déplut ; il jugea sans doute que le chevalier de Vendôme, grand-prieur de France, qui servoit sous le duc son frère, en obtiendroit la préférence pour toutes les expéditions où il y auroit de la gloire à acquérir, et que pour lui, il ne joueroit qu'un rôle insignifiant. Il fallut néanmoins obéir aux ordres du Roi, instruire le duc de la Feuillade des mesures qu'il s'étoit proposé d'employer, après la prise de Chambéri, pour soumettre le reste de la Savoie, et partir ensuite pour l'Italie. La déclaration de Victor-Amédée contre la France, ne permettant pas au maréchal de prendre sa route par les Etats de ce Prince, il suivit celle du Valais et du Simplon, plus longue, mais plus sûre, et arriva à Milan vers le 24 décembre. Ce jour même, M. de

ANNÉE 1704.

Chamillart manda au duc de Vendôme, que l'affaire capitale étoit la fin de la guerre avec le duc de Savoie, et que pour la Secchia, il ne s'agissoit que d'empêcher les Allemands de pénétrer à la rive gauche, et que c'étoit sur ce plan que lui et M. de Tessé devoient agir. Il paroît que ce dernier se trouvoit entièrement libre d'occupations, car il écrivit de Crémone, le 31 décembre, à M. de Vendôme, pour proposer d'aller lui servir d'aide-de-camp. Revenu à Milan, il en partit le 2 janvier 1704, par ordre de ce général, pour régler l'investissement du château de Stradella, situé à la droite du Pô, au-dessous du confluent du Tessin, et préparer le mouvement des troupes destinées à se rendre à Tortone, pour disputer le passage de la Scrivia et du Tanaro aux Allemands, qui faisoient leur possible pour joindre le duc de Savoie, comme le duc de Vendôme faisoit le sien pour l'empêcher; mais tous ses efforts ne purent l'emporter sur les mesures du comte de Staremberg, commandant des Autrichiens pendant cette campagne, quoique le général français eût battu plusieurs de ses détachemens, et même l'arrière-garde de son armée. Le général allemand et ceux qu'il chargea d'exécuter ses ordres, déployèrent autant de conduite que de bravoure, et le succès couronna leurs tentatives. Le duc de Savoie, aussi considérablement renforcé, il n'étoit plus possible de le réduire promptement par les armes, et M. de Vendôme ne put lui faire d'autre mal que de prendre successivement quelques unes de ses places : entreprises auxquelles le maréchal de Tessé n'eut aucune part. La cour lui adressa, le 25, des ordres sur les objets qu'il auroit à remplir pendant la campagne suivante. Ils lui prescrivoient de revenir en Savoie, pour opérer dans cette partie contre Victor-Amédée, ayant à ses ordres le duc de la Feuillade, gouverneur et commandant particulier du Dauphiné, et gendre du ministre qui vouloit lui faire jouer un rôle, et avec qui M. de Tessé promit, par plusieurs de ses lettres, de vivre dans la meilleure intelligence.

On expédia en même temps, le 14 février, le pouvoir du grand-prieur de Vendôme et du maréchal, pour commander tous deux sous les ordres du Duc, le premier l'armée de Lombardie, et le second celle de Savoie. Enfin, M. de Tessé arriva vers le 25 février à Grenoble, bien instruit des intentions de M. de Vendôme sur les entreprises qu'il devoit former, et les mesures qu'il falloit prendre pour réussir dans le commencement de la campagne. Il les communiqua au duc de la

Feuillade; mais comme M. de Chamillart desiroit que son gendre (1) ne partageât avec personne le mérite de l'exécution, il paroît que, par le crédit du ministre, il ne tarda pas à être seul à la tête de l'armée de Savoie, et que le maréchal de Tessé, rappelé à la cour, y resta jusqu'au mois de septembre, qu'il fut destiné à commander en Espagne les armées de Louis xiv et de Philippe v.

---

(1) Louis d'Aubusson, duc de la Feuillade, né le 30 mars 1673, étoit fils du maréchal de la Feuillade, connu par l'attention la plus soutenue à ne jamais perdre l'occasion de flatter Louis xiv, et par la fastueuse statue qu'il lui fit élever au milieu de la place des Victoires, bâtie à ses dépens. Son fils avoit épousé la fille du ministre de la guerre Chamillart qui, en dépit de la nature, voulut en faire un général d'armée. Il lui procura des commandemens par son crédit, mais sans pouvoir lui donner les talens nécessaires pour les exercer : il montra une telle incapacité au siége de Turin, qu'il manqua en 1706, et qu'il fallut lever honteusement le 7 septembre, après la perte de la bataille de ce nom, qu'on ne l'employa plus. Il avoit de singulières bizarreries. On raconte qu'il ne vouloit coucher avec sa femme, qu'autant que son beau-père consentoit à lui donner de l'argent, et on ajoute, mais sans preuves, qu'il ne remplit jamais la promesse de le gagner loyalement. On le fit maréchal de France, on sait pourquoi, le 2 février 1724 : il mourut le 29 janvier 1725.

CHAPITRE IX.

Le Roi envoie en Espagne le maréchal de Tessé pour y commander ses armées et celles de Philippe v. Il prend, pour plaire à la Reine, le parti de la princesse des Ursins contre le duc de Grammont, ambassadeur de France. Le Maréchal adresse des nouvelles du siége de Gibraltar au prince de Condé, et lui écrit des lettres plaisantes sur sa situation et les opérations militaires. Philippe v l'envoie en personne devant Gibraltar et le fait Grand d'Espagne. Lettres et mémoires intéressans sur les affaires, les intrigues et la cour de Madrid, adressés par M. de Tessé à M. de Chamillart, à Louis xiv, à Philippe v et au prince de Condé. Il lève le siége de Gibraltar, pour aller défendre l'Estramadure contre les Portugais et leurs alliés. Il arrête leurs progrès et remporte sur eux divers avantages. Son opinion et détails sur la conspiration du marquis de Leganès contre Philippe v. Nouveaux succès du Maréchal contre les Portugais. Le soulèvement de la Catalogne et du royaume de Valence fait rappeler M. de Tessé à Madrid.

Le duc de Grammont, ambassadeur de France à la cour de Madrid, s'imagina qu'il y avoit été envoyé pour gouverner l'Espagne à son gré, et que tout devoit céder à sa volonté. Le duc de Berwick, qui commandoit l'armée combinée de Louis xiv et de Philippe v contre le Portugal, et qui avoit obtenu par sa bonne conduite et son habileté des succès marqués, ne crut pas devoir se laisser dicter ses opérations militaires, et refusa plusieurs fois d'exécuter ce qu'il n'approuvoit pas. Cette conduite déplut à l'ambassadeur. Secondé par les ennemis de M. de Berwick, il parvint à engager Philippe à prier le Roi son aïeul, de lui envoyer un autre général. La reine d'Espagne, espérant que si c'étoit le maréchal de Tessé, tout dévoué à la duchesse de Bourgogne, sa sœur, elle l'engageroit facilement à concourir au rappel de la princesse des Ursins, dont le roi de France avoit exigé l'éloignement; complaisance qu'elle ne pouvoit attendre de la part du duc de Berwick, *qui*, disoit-elle, *est un grand diable d'Anglais, sec, qui va toujours tout droit devant lui.* Elle pressa sa sœur d'agir en faveur du maréchal de Tessé, que le Roi, à la sollicitation de la princesse et de madame de Maintenon, nomma effectivement, le 4 octobre 1704, pour commander l'armée des deux couronnes en Espagne. Le monarque vouloit même qu'on le revêtît de la grandesse à son arrivée : desir que Philippe éluda d'abord, quoique pour peu de temps, mais il accorda à M. de Tessé l'emploi de commandant général des troupes d'Espagne, et lui fit expédier une patente semblable à celle qu'avoit obtenue autrefois don Juan d'Autriche.

Le Maréchal arriva à Madrid le 10 novembre 1704, ne témoigna pas plus de déférence que son prédécesseur au duc de Grammont, et se brouilla avec cet ambassadeur qui, se croyant intéressé à tenir éloignée la princesse des Ursins, rappelée en France, et dont le crédit auroit au moins rivalisé avec le sien s'il ne l'eût emporté, devint l'ennemi du Maréchal aussi-tôt qu'il eut découvert que celui-ci s'employoit, de concert avec la Reine, pour faire revenir madame des Ursins à Madrid. Il partit bientôt pour joindre l'armée sur les frontières de Portugal, où il jugea convenable de faire augmenter les fortifications de Ciudad-Rodrigo. Les alliés s'étoient emparés, le 3 août précédent, de la forteresse de Gibraltar. La cour de Madrid sentit alors qu'il lui importoit de ne pas laisser cette place au pouvoir de l'ennemi, et en fit entreprendre le siége au commencement d'octobre, par le marquis de Villadarias, secondé par une escadre française, sortie de Cadix, aux ordres de M. de Pointis. Cette entreprise présentoit de grandes difficultés, et, soit que le général espagnol ne sût pas les surmonter ou qu'il manquât de moyens, le roi d'Espagne, mécontent de la lenteur du siége, manda M. de Tessé pour examiner avec lui s'il falloit le continuer, ou le convertir en blocus. On a vu précédemment que le Maréchal étoit lié avec le prince de Condé ; et comme celui-ci aimoit les nouvelles, il lui envoyoit celles qu'un officier français, nommé Renau, probablement ingénieur, lui adressoit du camp de Gibraltar, et dont on n'a retrouvé que les deux lettres suivantes.

M. DE RENAU AU MARECHAL DE TESSÉ.

Au camp devant Gibraltar, le 2 janvier 1705.

Monseigneur, l'armée ennemie qui avoit appareillé d'ici avec les vaisseaux du dernier convoi pour passer en Ponant, a été obligée de revenir par un vent contraire : elle est encore mouillée dans cette rade, et n'attend que le vent favorable pour s'en aller ; elle avoit laissé ici seulement trois frégates, dont l'une est de cinquante pièces de canon : comme la place a reçu un secours considérable en troupes, elle s'éloignera d'ici sans peine, et ira prendre des vivres dont elle manque, à ce que plusieurs prisonniers nous ont dit, mais particulièrement M. le marquis de Figueroa, colonel espagnol, qui avoit été pris dans l'affaire de la montagne, qui rapporte aussi que les ennemis se trouvèrent dans un très-grand embarras, lorsqu'ils apprirent que les vaisseaux du Roi étoient sortis de Cadix pour les venir attaquer ici, parce qu'ils se voyoient obligés par-là d'abandonner la place, qu'ils comptoient perdue sans ce dernier secours : ils regardent comme un coup du ciel qu'il ait pu passer. Ils se croient présentement en sûreté ; cependant M. le marquis de Villadarias a résolu absolument de n'en point démordre, s'il nous vient assez de munitions, comme on nous le fait espérer.

On pourra à l'arrivée des grenadiers que l'on envoie, battre et mettre par le canon toutes les brèches en état d'être attaquées, et faire une forte tentative pour emporter la place ; on va travailler pour cela à augmenter la batterie nouvelle en y portant des canons, à mesure qu'on leur mettra des grains, et qu'ils seront en bon état; mais nous avons à craindre toujours de nouveaux secours, et la mer leur étant libre, il faut croire qu'ils ne négligeront rien pour cela; non plus que pour envoyer des munitions : nous ne voyons pas qu'ils en aient beaucoup reçues, particulièrement des bombes, parce qu'ils n'en tirent plus.

Pour nous, nous sommes si fort obligés de ménager les nôtres, que les ennemis s'émancipent peu à peu à mettre du canon à barbette sur le bastion, et même sur la courtine pour nous tirer la nuit seulement, en le retirant le jour ; cependant ils nous ont tiré quelques coups aujourd'hui pendant le jour.

Il y a huit jours qu'ils firent une petite tentative de sortie, on les repoussa, et on leur fit quelques prisonniers : hier ils en firent une plus grande, ils renversèrent et mirent le feu seulement à quelques gabions tout-à-fait à la tête ; ils voulurent pousser plus avant, mais ils furent repoussés par les troupes de la marine qui soutenoient ce poste, dont on se loue fort. La partie avancée de la garde de cavalerie commandée par un lieutenant, donna aussi dessus assez à propos par le bord de la mer; quelque mal-entendu a empêché que le gros n'ait donné de même, ce qui auroit bien fait, et après que les ennemis furent repoussés, on fit un fort grand feu de part et d'autre, et il y eut une vingtaine d'hommes de notre part tant tués que blessés. Les ennemis ont perdu aussi quelque monde, car ils en ont laissé dehors, et à juger par la première sortie qu'ils firent, on nous a rapporté qu'ils perdirent assez de monde : il ne se peut pas qu'ils n'en aient perdu au moins autant à celle-ci.

LE MÊME AU MÊME.

Au camp devant Gibraltar, le 5 janvier 1705.

Monseigneur, j'ai eu l'honneur de mander à V. E., par mes dernières, que les ennemis avoient reçu dans cette place, un secours de trois mille hommes, justement dans le temps qu'ils se trouvoient à l'extrémité par l'absence de leur armée navale, qui s'étoit éloignée pour éviter la nôtre; que par ce secours ils avoient autant de troupes que nous en avons, sur lesquelles nous puissions compter, parce que celles de la marine qui étoient au nombre de trois mille hommes, se trouvent réduites, par les maladies, à seize ou dix-sept cents. — Les Gardes Walones à huit ou neuf cents, et le régiment des Gardes Espagnoles à trois ou quatre cents, et enfin peut-être à deux mille hommes de plus de nouvelles troupes et de nouvelles recrues, sur lesquelles il n'y a pas beaucoup à compter, parce qu'il en déserte autant qu'il en vient : nous avons, de plus, sept ou huit cents chevaux; que nous nous trouvons obligés, par cette prolongation de siège, de ne plus continuer de battre en brèche, pour ménager nos munitions, et de ne nous pas trouver tout d'un coup sans en avoir, parce que ce n'est que par leur moyen que nous nous maintenons dans nos ouvrages, et que nous allons peu à peu de l'avant, à cause de la situation très-avantageuse de cette place, qui a des escarpemens et des hauteurs que nous ne saurions attaquer, et que nous ne pouvons que tenir en respect par le feu de mousqueterie et de nos batteries, placées uniquement exprès pour cela, sans quoi on ne pourroit pas tenir dans nos tranchées, qui sont toutes plongées, et les plus avancées vues à revers. Nous allons cependant toujours de l'avant, et nous commençons même à nous établir au-delà du marais qui est tout contre la place, de manière que j'espère que nous n'en serons plus chassés, si les ennemis nous donnent encore deux ou trois jours à travailler: de quoi j'augure beaucoup, parce que, à ce passage, il leur étoit facile de prendre des avantages sur nous, considérables, qu'ils n'ont point fait. Ils ont seulement tenté foiblement, et nos troupes, particulièrement celles de la marine, ont marqué beaucoup de fermeté et de vigueur.

Voilà, Monseigneur, l'état de nos affaires. On nous fait espérer des canons nouveaux et des munitions, et il nous en faut beaucoup; car, quoique les brêches seront bientôt faites, parce qu'elles sont fort avancées, cette place a un si grand front, sa situation si avantageuse, que ce n'est que par un fort grand feu d'artillerie que nous pourrons nous mettre en état de donner un assaut avec avantage; ainsi, si cette artillerie et ces munitions ne nous manquent point, j'espère qu'à l'arrivée du renfort que votre Excellence nous envoie, nous pourrions emporter la place. Ce qu'il y a contre nous, c'est la longueur du temps, pendant lequel les ennemis peuvent travailler à se retrancher par rapport aux brèches, et nos troupes diminuent toujours par la fatigue extraordinaire, n'ayant pas un jour de repos après une si longue fatigue et les mauvais temps qu'elles ont essuyés. L'armée navale des ennemis est ressortie hier avec un vent favorable, pour passer en Ponant chercher des vivres dont ils manquent; présentement le vent que nous avons ici leur est contraire : il est à souhaiter qu'ils l'aient de même, et qu'il dure longtemps, parce que cela pourroit retarder leurs affaires.

———

On assure (1) que le maréchal de Tessé fut d'avis, que si on ne reprenoit pas Gibraltar,

(1) *Voyez* les Mémoires politiques et militaires, par l'abbé Millot, tome III, pages 275 et 276.

Cadix et toute l'Andalousie tomberoient au pouvoir des Anglais; qu'un blocus ne mèneroit à rien, qu'il falloit donc continuer le siége, et qu'on y réussiroit avec le secours de l'escadre française, pourvu qu'on envoyât du canon, de la poudre et un renfort de troupes. Ce fut le parti auquel on se décida, et le Maréchal retourna à Salamanque, d'où il adressa cette lettre au prince de Condé.

14 janvier 1705.

Faute de meilleures choses, Monseigneur, V. A. S. trouvera ci-joint le dernier plan de Gibraltar que j'ai reçu. Il ne vous donnera pas une notion parfaite de l'état de ce siége, mais il servira à amuser quelques momens ceux à qui V. A. le donnera dans ses antichambres, et me donnera lieu de vous faire souvenir de mes respects. J'y joins même la lettre que le petit Renau m'écrit. Le marquis de Villadarias me mande du 4, qu'il attend avec grande impatience le secours de quatre mille cinq cents hommes que je lui ai envoyé, dont je compte que le tout arrivera du 15 au 20. Ce siége là, lequel a certainement été entrepris sans quasi aucuns moyens rapprochés, dérange bien nos affaires, qui le sont naturellement plus qu'on ne sauroit dire, par les lenteurs et les mauvaises mesures de tout ce qui s'appelle conseil en Espagne. J'avois supplié le Roi Catholique de me permettre de me rendre à ce siége ; il me l'a absolument défendu , et je pars ce matin pour m'avancer à Ciudad-Rodrigo , lequel est inférieur en bonté à Nanterre (1). C'est pourtant le boulevard de notre frontière. Il semble même que les Portugais veulent remuer prématurément. S'ils s'assemblent, je m'assemblerai.

Je supplie V. A. S. d'être bien persuadée de mon fidèle et respectueux attachement.

Le siége de Gibraltar, soutenu par le prince de Darmstadt, devenoit chaque jour plus difficile. Les Anglais avoient renouvelé leur alliance avec le roi de Maroc, qui leur fournissoit des vivres. Les Espagnols avoient poussé leurs approches jusques sur la hauteur où est construit le château ou pâté, dans lequel consistoit toute la force de la place : ils y donnèrent un assaut le 7 février, et se rendirent maîtres de la contrescarpe , mais ils en furent chassés presqu'aussitôt. L'entreprise n'avançant pas au gré du roi d'Espagne , il ordonna au

---

(1) Village près de Paris.

ANNÉE 1705.

maréchal de Tessé de se rendre au siége et d'en prendre le commandement. Celui-ci arriva le 10 février devant la place, d'où, peu de jours après, il peignit ainsi, au prince de Condé, la situation des choses.

Au camp devant Gibraltar, le 21 février 1705.

Monseigneur, j'ai reçu avec respect la lettre du 20 du mois passé, que V. A. S. m'a fait l'honneur de m'écrire, et je ne croyois pas avoir celui de lui donner des nouvelles du pié d'une des colonnes d'Hercule : nous voyons l'autre bien visiblement. M'y voilà donc, Monseigneur ; et ce siége, entrepris avec plus de fermeté, d'industrie et de valeur que de moyens, seroit fini il y a long-temps, si lesdits moyens avoient été arrangés; mais en Espagne, encore plus qu'ailleurs, on vit au jour la journée, et l'on ne met d'emplâtre aux maux qu'après qu'ils sont arrivés, sans les avoir voulu prévoir. J'ai trouvé ce siége plus avancé que je ne croyois, malgré deux secours arrivés et un troisième que j'ai eu le désagréable spectable d'y voir entrer, le tout par mer. Les Anglais nous montrent au moins qu'en tout temps on la peut tenir, car ils s'y promènent comme vos cygnes à Chantilli, dans votre rivière. Mais quand les brèches ont été quasi

praticables, et qu'il ne falloit plus que sept
à huit jours pour battre avec vivacité et écraser
ce qui restoit, la poudre a manqué; les canons,
éventés ou blessés, n'ont pu être rechangés;
la flotte du baron de Pointis, qui devoit arriver, et sans laquelle la prise de cette place
importante ne peut s'achever, tout d'un coup
tout cela a manqué; les vents n'ont pas voulu
que les convois préparés par moi arrivassent;
le canon n'a pu venir; Pointis n'a pu ou voulu
arriver; un troisième secours est entré; l'on
n'a pu battre en brêche; et par honneur
seulement pour la tranchée, l'on a tiré quelques coups par heure; ainsi les ennemis ont
eu le loisir de raccommoder et d'épaissir ce
qu'on leur avoit décharné; l'armée s'est anéantie. Voilà, Monseigneur, ce qui fait, comme
dit la comédie, *que notre fille est muette*. L'on
m'a ordonné de me rendre ici, où je devois
trouver vingt canons nouveaux et trois cents
milliers de poudre. Les premiers sont à Cadix,
sans en pouvoir sortir, la poudre vient de
Toulon, et je n'en ai encore nulle nouvelle. A
tout cela V. A. me dira : Mais les plus courtes
folies sont les meilleures, que ne levez-vous
le siége? Il y a une petite difficulté qui n'en
vaut pas la peine; c'est que toute l'artillerie
est venue par mer, et ne sauroit s'en retour-

ner ni être retirée que par mer. Ceci est un cul-de-sac entouré de montagnes à une lieue à l'entour, où nul chemin de charrois pour aller en arrière n'est praticable ; et, soit pour continuer le siége, soit pour le lever, il faut toujours une escadre, et elle ne peut ou ne veut venir. Je puis vous assurer, Monseigneur, que le carnaval que nous faisons ici est tout différent de celui de Marli, et que d'ailleurs toutes les mesures que l'on prend à Madrid pour de l'argent, pour des secours, pour des précautions, pour des subsistances, et tout le reste, est de la nature de ce qui se passe ici. Pardon, Monseigneur, de tout ce narré ; mais V. A. me l'a ordonné et permis.

Je n'ai point été surpris des agrémens que madame la princesse des Ursins a reçus : son mérite et sa personne sont approuvés de V. A. Je ne crois pas même que les crimes dont elle étoit accusée eussent des fondemens bien solides. Pour moi, je serois très-aise de la voir arriver et même gouverner : ce ne peut être trop tôt ; elle trouvera bien de la besogne gâtée. Quand j'arrivai à Madrid, j'ose avancer que je proposai avec vivacité de faire un détachement de nos Français pour envoyer ici : je fus rudement sifflé, car toutes les Cours sifflent. Deux mois après on me l'ordonna ; il n'étoit plus temps, et au 1ᵉʳ mars je me trouve sans Gibraltar et sans armée.

V. A. n'a-t-elle jamais entendu chanter une chanson, qui fut faite il y a cent ans sur MM. de Beuvron, qui étoient trois frères à la guerre : elle finit par,

> Se promenant dans le camp,
> Ils voudroient bien être à Caen.

Et moi aussi, Monseigneur, qui suis avec un respect proportionné à ma reconnoissance, etc.

On voit par cette lettre, que le Maréchal, flattant le goût du roi et de la reine d'Espagne pour la princesse des Ursins, ne perdoit aucune occasion d'en parler favorablement. Aussi le duc de Grammont, ennemi déclaré de cette femme célèbre, faisoit, de son côté, tous ses efforts pour nuire à ses partisans. *Tant que vous aurez dans cette Cour,* mandoit-il à Louis XIV, le 5 février, *un général qui voudra être l'homme de confiance de la Reine, et qui le sera en effet, vous aurez ici des cabales continuelles qui vous culbuteront tout, et dont vous ne sortirez jamais.* Le Maréchal sortit encore moins des embarras que présentoit le siége de Gibraltar, où il ne fut pas plus heureux que son prédécesseur, et qu'il fallut convertir en blocus, faute de troupes, d'artillerie et de munitions. L'escadre du baron de Pointis, attendue avec tant d'impatience, n'arriva le 16 mars devant la place, qu'après qu'un nouveau secours y fut entré. On l'accusa de négligence, tandis qu'il ne falloit que l'accuser de malheur. Brave et excellent marin, il ne pouvoit triompher des vents et de la lenteur des commissaires espagnols de Cadix. Ses vaisseaux, au nombre de dix-huit, sont dispersés par une violente tempête le 18, et jetés sur les côtes de Barbarie; comme ils en revenoient, ils sont attaqués et battus en détail, le 21, par une flotte anglaise très-supérieure, trois sont pris, deux coulés à fond, et les autres se sauvent. Les ennemis introduisent un secours considérable dans la place, et dès-lors il ne reste plus aux assiégeans aucune espérance de succès, par les fautes multipliées du Gouvernement espagnol, sur la connoissance desquelles cette lettre de M. de Tessé au prince de Condé, et les cinq pièces qui suivent, ne laissent rien à desirer, non plus que sur l'état de la cour de Madrid.

Au camp devant Gibraltar, le 11 avril 1705.

J'ai reçu, Monseigneur, avec un profond respect, la lettre du 18 du mois passé que V. A. S. m'a fait l'honneur de m'écrire. C'est d'elle que j'ai appris, qu'il ne faut plus être surpris de ce que l'on est encore surpris, et c'est sur ce pié-là que je vous supplie de ne l'être pas de me savoir encore ici. Peut-être pourtant que V. A. ne s'attend pas, qu'après tout ce que le petit Renau a ordre de lui dire, j'aie reçu un ordre positif de continuer ce siége avec quatorze cents Français, trois cents hommes des troupes de la marine, et quelques quartons d'Espagnols, qui font sept ou huit cents; ajoutez-y quatre cents chevaux, cinquante pièces de canon venues par la mer, et aucune voiture par terre, la flotte ennemie, dans cette baie, chargée de quatre bataillons, et une garnison de près de trois mille hommes. Il est demain Pâques, et jamais on ne l'a fait plus militairement. V. A. S. n'a-t-elle jamais ouï le conte du fils d'un fameux peintre, qui vouloit absolument suivre le métier de son père, et qui commença son apprentissage par rompre tous les chevalets, mêler toutes les couleurs et déchirer les toiles. C'est ce que le conseil de Madrid a fait, fait et veut faire. Je m'attends bien que le public trouvera fort mauvais que je ne répare pas tout cela; mais je défie tous les anges du ciel de servir Dieu, quand Dieu ne voudra pas être servi, ou qu'il ne s'en souciera pas; mais au moins, Monseigneur, dois-je éclaircir V. A., qu'excepté le jour d'une action où je pourrois avoir quelque part à la disposition des troupes, si j'en avois du reste, j'ai été et suis en Espagne comme une nulle dans un chiffre. Ce n'est pas que le Roi et la Reine ne veuillent le contraire, mais l'usage, la *gohille* (1) souterraine, l'indécision, ne prendre aucun parti ou le prendre tard; tout cela sont des fléaux qui combattent et qu'on veut qui combattent. J'ai dit au marquis de Maulevrier, qui n'a pu soutenir les premières chaleurs qui augmentoient son extinction de voix, et qui n'eût pu soutenir les secondes, de demander à V. A. S. une audience, dans laquelle il vous mettra mieux au fait que tout le verbiage dont je pourrois vous ennuyer. Je ne sais de qui c'est la faute, peut-être de personne, peut-être aussi de tout le monde; mais je sais que la guerre ne se mène point ainsi, non plus que les Etats. Je rends mille et mille

---

(1) L'intrigue.

très-humbles graces à V. A. de ce qu'elle a eu la bonté de dire de moi à madame des Ursins. Je la regarde comme le baume pour les plaies, et le retour d'Orri comme l'émétique. En vérité, Monseigneur, pour continuer à me servir de comparaisons, je ne sais si de la monarchie d'Espagne, il n'en faut point faire comme *tout* au brelan. Les grands joueurs font un *va-tout* qui ruine ou rétablit.

Je supplie V. A. S. de me continuer l'honneur de sa protection, et d'être bien persuadée de la fidélité de tous mes respects.

Mémoire du maréchal de Tessé, sur la cour et les affaires d'Espagne, porté par le marquis de Maulevrier à M. de Chamillart.

Au camp devant Gibraltar, le 11 avril 1705.

Le marquis de Maulevrier (1) devra entretenir M. de Chamillart de la totale indolence, indécision et incertitude du Roi, entièrement gouverné par la Reine qui, jeune encore et avec beaucoup d'esprit, n'a ni teinture des

---

(1) Jean-Baptiste Colbert, marquis de Maulevrier, avoit épousé le 15 janvier 1698, Henriette-Marthe de Froullai, avant-dernière fille du Maréchal. La marquise de Caylus raconte, (dans ses *Souvenirs*, pages 249 et 250 de l'édition

affaires, ni ne la prendra que par l'agrément de la personne qui sera auprès d'elle, en qui, soit homme, soit femme, elle est capable de donner sa confiance entière. L'esprit de la Reine et peut-être son cœur, seroient naturellement portés au plaisir et à faire vivre sa cour avec la communication que les femmes ont en France avec le monde, et comme cette princesse l'a vu en Piémont. Les Espagnols sont totalement contraires à cet usage, qu'elle établiroit malgré eux, si le Roi de son côté n'étoit plus particulier et moins communicable encore que les Espagnols; car excepté la chasse que le Roi aime, encore faut-il qu'il soit quasi seul, son tempérament le porte à vouloir se renfermer, et si l'étiquette n'étoit pas établie en Espagne, il l'établiroit.

L'enchantement du Roi pour la Reine est si grand, qu'il n'y a rien, de quelque nature que ce soit, qu'elle ne fût capable de lui faire faire.

Cette princesse élevée par son père, dans lequel elle a vu une haine et une aversion

---

d'Amsterdam de 1770,) qu'il fut ou feignit d'être amoureux de la duchesse de Bourgogne et de la reine d'Espagne, sa sœur; qu'il ne manquoit pas d'esprit, mais que c'étoit une espèce de fou, et qu'il se tua en se jetant par une fenêtre.

indicible pour la nation française, voudroit qu'il fût possible de se passer des Français. Ce n'est que par nécessité qu'elle les voit; cependant elle les satisfait de paroles et de manières flatteuses; elle craint, respecte infiniment le Roi, et souhaite son estime; elle hait naturellement la peine et l'application de suite, mais elle veut être informée, et trouveroit fort mauvais qu'aucune affaire se fît sans sa participation.

L'objet général des Espagnols, c'est de voir plutôt un bouleversement général que de se voir gouvernés par la France; ils s'y seroient soumis au commencement, mais l'on n'y reviendra plus. L'aversion implacable que la Reine a pris pour le duc de Grammont, vient de ce qu'elle a su par le Roi, qu'il lui avoit dit plusieurs choses qui tendoient à l'éloigner de la connoissance des affaires. Il lui a parlé au commencement de la princesse des Ursins, comme d'une personne qu'il n'étoit pas de son service ni de celui de la France, qui repassât en Espagne. La Reine sait par le Roi lui-même, que M. l'ambassadeur et le Père confesseur étoient unis pour empêcher le retour de cette favorite, qu'elle se croit nécessaire. Il faudroit être dans l'intérieur du palais pour connoître si c'est par quelque mouvement de plaisir, d'amusement ou d'affaires, que cette princesse a si passionnément souhaité ce retour, qu'il est certain qu'elle eût été capable de bouleverser plutôt tout le royaume, et d'en venir aux extrémités, si le Roi n'avoit consenti qu'elle repassât en Espagne.

Le président de Castille, qui tient une part principale dans les affaires, paroît avoir de bonnes intentions, pourvu que tout passe par le conseil de Castille, qui se regarde comme le tuteur, non-seulement du royaume, mais du Roi. J'ai vu des ordres et des lettres de lui particulières, à des corrégidors et juges, totalement contraires à ce qui avoit été réglé dans le Despacho (1), de sorte que par-là il combat quasi toujours ce que le Despacho dont il est, a réglé, et l'effet de ce qui est accordé trouve toujours des obstacles dans son exécution. Le roi d'Espagne ne sera jamais véritablement Roi, que l'autorité de ce conseil ne soit diminuée; rien n'est plus aisé quand le roi d'Espagne voudra parler, parce que les charges sont amovibles d'un moment à l'autre, sans que personne, pas même le déposé, en paroisse murmurer; mais le Roi naturellement timide et paresseux à parler, ne parle ni ne parlera.

---

(1) Conseil d'Etat.

Il pense juste, mais il vaudroit mieux qu'il pensât moins et qu'il parlât davantage.

M. de Mansera qui est du cabinet, est fort vieux et ne connoît qu'une routine ancienne; il ne tient lieu que de nombre dans le conseil. M. de Montalta peut avoir de bonnes intentions, encore n'en voudrois-je pas répondre ; il n'a jamais fait la guerre, il la hait, il ne l'entend point, et est incapable d'application. Le comte de Monterei a vu quelque chose en Flandre, et il a réussi ; il a dans l'esprit plus de manège que les autres, et pour la guerre n'en sait non plus le détail que si jamais il n'avoit été gouverneur de Flandre. Le marquis de Mejorada est honnête homme, riche, bien intentionné, n'a jamais servi, ne veut être responsable de rien, ni se charger de rien ; ce seroit un bon et fidèle commis sous ceux qui lui tailleroient et décideroient sa besogne, mais jamais de lui-même il ne se portera qu'à plaire à ces messieurs. Voilà donc avec l'ambassadeur de France ce qui compose le cabinet tant envié des autres, d'un jeune Roi qui ne songe uniquement qu'à sa femme, qui s'en occupe et qui vit dans des enchantemens d'une possession, qui ne lui est accordée que comme une faveur qu'il doit desirer, et que l'on lui fait souhaiter; de quatre ministres qui désunis entr'eux, sont toujours d'accord de s'opposer à tout ce qui peut établir l'autorité du Roi; du secrétaire d'Etat qui ne fait qu'obéir et n'a point de voix délibérative, et qui seroit bien fâché de l'avoir, parce qu'il seroit responsable et qu'il ne le veut point être. Rivas étoit plus capable de servir que tout ce qu'ils sont, mais le malheur qu'il avoit eu de se brouiller avec madame des Ursins, le rendit suspect à la Reine et insupportable; enfin ce conseil, dis-je, du Despacho est, avec les gens ci-dessus nommés, composé de l'ambassadeur de France, qui fait la principale figure dans le cabinet, mais dont l'avis est toujours traversé par les quatre autres; il va au fait et au bien du service, il fait entendre au Roi ce qu'il conviendroit de faire; le Roi n'en a point la force, le Despacho se passe en contrariétés, la pendule sonne, le Roi ne l'avance jamais pour commencer l'assemblée, il est ravi quand elle sonne pour la finir, et rien ne s'achève.

Quant à ce qui concerne le conseil de guerre, il est composé de gens qui n'y ont jamais été, qui ont lu de vieux livres qui en parlent, qui ont une aversion et un mépris indicible pour tout ce qui s'appelle guerre : ils voudroient des succès et ne voudroient rien faire pour les arranger. Jamais le Roi n'aura de troupes ni d'armées, de munitions, de frontières, de marine, d'armes, de magasins, de tout ce qui fait l'établissement et la grandeur des monarchies, tandis qu'il ne travaillera pas à ce qui la soutient, ou que ne voulant point y travailler, il n'aura point de premier ministre qui écrasant les autres, fasse en Espagne ce que le cardinal de Richelieu faisoit du temps du feu Roi, et ce que le cardinal Mazarin faisoit despotiquement pendant la minorité du Roi.

Le général des armées d'Espagne, est en Espagne comme le doge à Venise; il n'a que la représentation extérieure, et excepté le jour de l'action, il passe le reste de l'année à être traversé par le conseil, qui a toujours raison. Ce conseil se souvient que le duc d'Albe, après avoir conquis le Portugal, n'eut pas la permission de venir baiser la main du Roi son maître (1), et qu'il fut trop heureux de se retirer chez lui.

Le duc de Medina Celi, qui n'a part à aucune affaire, est un glorieux, vain de sa naissance; il seroit peut-être capable d'être premier ministre, et flatté de régner assez haut pour entreprendre de donner une nouvelle forme au Gouvernement; mais en même temps après

---

(1) Philippe II.

s'en être servi, il faudroit être certain, qu'au bout de deux ans l'on seroit en état de le faire pendre.

Dans le délabrement total de l'infanterie, le conseil a pris le parti de faire faire des recrues : c'est de l'argent et du temps perdu que la sorte dont ils s'y prennent. Ce sont les curés et les gens de justice qui font cette levée, dont les hommes emporteront les habits et les armes, et tandis qu'un officier ne sera pas responsable de sa compagnie, jamais l'on n'aura de troupes.

C'est le président de Castille qui nomme quasi tous les corrégidors ; de sorte que mis de sa main, ils lui rendent compte de tout, et rien ne se fait dans les villes que par eux ; c'est donc l'esprit du conseil de Castille qui règne en Espagne, et ce conseil, tuteur du Roi et du royaume, tient l'un et l'autre en tutelle.

Philippe II a commencé d'anéantir le métier de la guerre, et de le mettre entièrement au-dessous de celui de la robe : cela est au point que ceux qui ont le plus servi à la guerre, ou dans les vice-royautés, n'envisagent de récompenses ni d'établissement, que de revenir dans ce conseil, où l'on ne la fait plus, et où l'on passe sa vie à traverser ceux qui la font. Si les affaires ne prennent une autre forme, le soutien de l'Espagne entrepris, abîmera la France. Il n'importe à Madrid si c'est Philippe ou Charles qui soit Roi, pourvu qu'ils en aient un qui ne fasse que ce qu'ils voudront, et excepté une demi-douzaine de personnes tout au plus qui suivroient le Roi par honneur, s'il arrivoit un bouleversement général, je ne connois personne à Madrid qui n'allât baiser la main de l'archiduc.

Quelque attaché que le roi d'Espagne soit au Roi, son grand-père, ce prince ne laisse pas d'avoir ses opiniâtretés. Contrariez-le dans ce qu'il souhaite, il ne répond point, mais il ordonne le contraire de ce que l'on a bien conseillé : la Reine seule peut le faire changer du blanc au noir.

La seule chose qui rendit le duc de Berwick insupportable au Roi (1), c'est que le Roi (2) vouloit revenir trouver la Reine, et le duc de Berwick s'y opposa fortement, et pour concilier le service avec l'impatience du Roi, la princesse des Ursins avoit résolu de mener la Reine à Badajoz ou à Alcantara, quand elle reçut ordre de sortir d'Espagne.

(1) M. de Tessé étoit mal informé. Philippe v aimoit et estimoit le duc de Berwick, et il ne demanda son rappel que par foiblesse pour la Reine.

(2) Il étoit à l'armée.

Quant à ce qui regarde la campagne prochaine, tout le mieux qui puisse arriver, c'est
de n'être point obligé de la faire. Ce seront les
forces des ennemis qui décideront, et leur
situation du lieu où l'on la fera, et de la
manière dont on la conduira; car ne pouvant
par supériorité leur donner la loi, il faudra
bien la recevoir d'eux.

Le général croit avoir arrangé les vivres et
avoir un objet : point du tout, un caprice de
Madrid envoie des ordres positifs, et tout est
renversé.

J'ai promis au Roi de faire cette campagne,
je la ferai avec toutes sortes de peines, de
désagrémens et de variations, après quoi je le
supplie d'avance de mander au Roi son petit-
fils, de jeter les yeux sur un général espagnol;
car aux conditions où je me trouve, le Roi
mon maître peut me faire servir sur ses galères,
et je ramerai comme un forçat pour son service; mais un homme de bien et un honnête
homme ne peut servir dans ce pays-ci, dans
le désordre où sont toutes choses, et dans
lequel l'on veut à Madrid les maintenir.

Le Roi se soucie d'avoir une maison, des
gardes à cheval, des gardes à pié, que sa
maison soit vêtue, d'avoir un carrosse de toile
peinte ou de velours, d'avoir une cour, ou

de n'en avoir point, comme je me soucie d'avoir un laquais de plus ou de moins.

Le cardinal Portocarero sembleroit, par la part qu'il a eue au testament du feu Roi, devoir être employé et consulté; mais il n'est plus question de lui : c'est un homme rempli de bonnes intentions, qui ne peut être employé, parce qu'il ne le peut être qu'en premier : il ne peut souffrir aucun compagnon, et il n'est pas capable d'être en premier.

L'archevêque de Séville en seroit capable ; et si jamais le Roi prenoit un premier ministre, j'estime qu'il en seroit plus capable qu'aucun autre ; excepté qu'un prêtre cardinal en Espagne aura toujours des dépendances de Rome et du clergé, qui sont souvent contraires au bien de l'Etat.

Le comte d'Aguilar est un de ceux qui a le plus d'esprit. Il est fort uni avec Médina-Céli ; tous ces gens-là n'ont d'objet principal, que d'abaisser l'autorité du Roi, de faire qu'il n'ait point d'armée, et que n'en ayant point, il ne soit jamais le maître.

Le reste des grands n'ont nulle part aux affaires d'Etat; ils ont leurs intrigues et leurs cabales particulières; mais l'esprit universel est réuni à vouloir plutôt souffrir un bouleversement général, que de changer leurs usages.

Mettez-moi en Espagne un Roi qui veuille être le maître, parler, travailler et décider, ou qui choisissant un premier ministre, lui donne toute son autorité, et qui ne fasse que signer ce que ce premier ministre aura réglé, dans un an le Roi sera le maître, ou son premier ministre empoisonné ou lapidé. Il vaudroit encore mieux s'exposer à ce dernier parti, que de traîner, comme l'on fait actuellement, une corde qui étranglera, à moins que la paix ne soit prête à se faire ; car dans les principes que l'on suit en Espagne actuellement, de laisser tout en suspens, de faire et de défaire, de changer de ministre tous les six mois, de n'avoir jamais aucun fonds fixe pour la guerre, de laisser toujours les détails qui la regardent au conseil de guerre, dont aucun n'entend qu'à barbouiller du papier, c'est, comme l'on dit, battre l'eau, que de croire que la guerre puisse se soutenir, ni se faire à ces conditions-là.

Le peuple est fidèle et aime le Roi. L'armée payée sera fidèle ; mais elle ne l'est point, et le conseil ne veut point qu'elle le soit.

Il suffit qu'un homme paroisse être véritablement attaché au Roi et au soutien de sa couronne, tout se réunit dans le moment pour l'accabler.

Orri seul avoit commencé de saper par le fondement l'autorité des conseils, et en eût été capable, parce qu'il faisoit signer au Roi tout ce qu'il vouloit. Je ne sais si tout ce qu'il proposoit étoit faisable, et il faut se garder de la séduction de ses projets, qu'il établit quasi toujours sur des principes dont l'exécution est impossible ; mais s'il avoit réussi, le roi d'Espagne eût pu devenir un puissant monarque, et facilitoit tout au Roi. Il étoit soutenu par la Reine, à laquelle il étoit agréable, et cet homme-là eût été pendu, ou grand homme.

Tout ce que dessus est un raisonnement vague, qui n'aboutit qu'à faire connoître, que jamais les affaires d'un royaume n'ont été au point de confusion où se trouve l'Espagne, et qu'il en faut peut-être faire comme les joueurs au brelan font de leur argent : ils en font un *va-tout* qui les ruine ou remet leurs affaires.

LE MARÉCHAL DE TESSÉ A M. DE CHAMILLART.

Au camp devant Gibraltar, le 15 avril 1705.

Vous verrez, Monsieur, ce mémoire que j'envoie au roi d'Espagne ; car au fond ce sont ses affaires. Je serai bientôt tout seul : il n'y a pas ici quatre cents Espagnols de pié, ni quatre cents à cheval ; et après tout ce que j'ai mandé au roi d'Espagne des extrémités où il exposoit ceci, M. de Mejorada, par sa lettre reçue hier du 3, mande, qu'ayant rendu mes lettres au Roi, S. M. lui a dit de me mander, qu'elle n'avoit rien à m'ordonner, que ce que contenoit sa précédente dont je vous ai envoyé copie. Job, avec la grace efficace, ne soutiendroit pas ce que je vois. J'essaie d'aller mon chemin pour le bien du service ; mais au bout le bout.

J'ai l'honneur d'être à vous, Monsieur, au-delà des expressions.

AU ROI D'ESPAGNE.

Au camp devant Gibraltar, le 15 avril 1705.

SIRE, j'ai cru devoir envoyer à V. M. le mémoire ci-joint, que m'écrit un homme que je tiens à Lisbonne. Je supplie V. M. de le lire en particulier avec la Reine; car toutes vérités ne sont pas bonnes à dire, comme l'on dit toujours. L'homme qui me l'envoie voit de près ce qui se passe chez milord Gallowai, et il y a dans ce mémoire plusieurs choses que j'ai lieu de croire être vraies, et qui méritent les réflexions et les ordres de V. M.

J'attends vos ordres, Sire, avec une impatience dont je souhaite que V. M. recueille quelque fruit, et il faut ou qu'elle ne me fasse pas l'honneur de me croire, ou que ceux qu'elle croit soient aveugles; ce que je sais bien, c'est que la guerre ne se fait point aux conditions étonnantes que l'on la fait ici. Nous perdons du temps, des munitions, l'honneur de vos armes, l'occasion de mieux les employer, et le peu qui reste, lequel n'est pas aujourd'hui de huit cents hommes de vos troupes en état de servir, et enfin, Sire, l'humanité ne va que jusqu'à un certain point.

J'ai l'honneur d'être avec obéissance, fidélité, respect et reconnoissance, &c.

Mémoire sur les projets des ennemis, et relation d'un homme bien informé et bien intentionné, que j'entretiens auprès de milord Gallowai.

15 avril 1705.

Dans le conseil qui s'est tenu à Londres, devant la reine Anne, Marlborough et les chefs de l'amirauté, il fut proposé trois choses : l'une d'entrer avec cent vaisseaux dans la Méditerranée, et de brûler les vaisseaux du Roi à Toulon. La reine Anne et Marlborough proposèrent ce projet, et insistèrent qu'il étoit possible : les officiers de marine soutinrent l'impossibilité de cet objet, et que quand même cette action, qui ne pouvoit être complète, réussiroit, il faudroit être certain des vents d'Est pour revenir, et que c'étoit trop exposer les forces de l'Angleterre; ainsi Marlborough qui croyoit avoir imaginé ce grand projet, fut obligé d'acquiescer aux raisons des officiers de la mer. Le second projet fut de faire une entreprise sur Barcelone, et l'on lut un grand mémoire du prince de Darmstadt, qui contenoit les intelligences qu'il avoit en Catalogne, et l'amour des peuples pour lui et pour leurs priviléges; mais comme l'on convint qu'une entreprise en Catalogne étoit inutile, si l'on n'étoit certain d'avoir Barcelone, et que l'on convint aussi qu'au moyen d'une bonne garnison audit Barcelone, on ne réussiroit peut-être pas à ce projet, l'on se tint au projet suivant, dont voici le détail :

Que Cadix étoit dépourvu de tout, et principalement de boulets, de poudre et de vivres, et que quand même l'Espagne y pourroit mettre une grosse garnison, il n'étoit pas possible d'y mettre assez de vivres, ni tout ce qui est nécessaire pour une grosse défense; que depuis plus de cent ans il y avoit des familles entières et nombreuses d'Anglais et de Hollandais établies audit Cadix, que ces gens-là, pour ne point voir leurs biens et leurs maisons détruites, et souffrir les risques d'un siége, étoient capables de faire une révolte, et de prendre les armes contre le Gouverneur, peu accrédité et sans expérience; qu'en s'exposant à la perte de quatre ou cinq vaisseaux, l'on entreroit dans le Pontal, que l'on feroit une grosse descente par la rivière de Saint-Pierre, que si l'une des deux réussissoit, il ne seroit plus possible de secourir Cadix, et un officier-général dit : Qu'il se chargeoit d'escalader Cadix par le côté de la mer; qu'avec deux ou trois cents chaloupes, appliquant une échelle sur le mât de chacune, et les faisant partir toutes ensemble une belle nuit, et s'en allant à la muraille contre laquelle flotte la mer, il se chargeoit, les chaloupes arrivées à la muraille, et baissant le mât qui devient une échelle, d'entrer dans la ville; qu'il ne falloit pour cela que surprendre une sentinelle, n'y ayant de garde du côté de la mer que lesdites sentinelles, et assura que cela étoit possible et y réussiroit, dans le temps que l'on feroit une diversion par le Pontal et par la rivière de Saint-Pierre. La reine Anne dit sur cet article, que l'on lui mandoit, que le roi de Portugal (1) ne pouvoit revenir de sa maladie; que s'il n'étoit pas mort, il falloit le compter comme tel, parce qu'il ne pouvoit vivre, et qu'elle étoit certaine qu'alors la reine-douairière se laisseroit forcer par les peuples et les grands du royaume, à vouloir la neutralité; qu'en ce cas l'on ne sauroit où placer l'Archiduc (2); que le mettre à Gibraltar c'étoit un rocher qui ne lui donnoit aucun pié en Espagne, pour soutenir le titre de Roi qu'il avoit pris; qu'il falloit donc avoir un lieu considé-

---

(1) Pierre, frère d'Alphonse VI.
(2) Charles, depuis Empereur, et qui aidé alors des alliés, disputoit la couronne d'Espagne à Philippe V.

rable à le placer, en cas que les Portugais voulussent la susdite neutralité ; que la perte de Cadix entraîneroit celle de l'Andalousie ; que pendant qu'on agiroit contre Cadix, l'armée ne laisseroit pas d'agir pour diviser les forces, et l'on lut dans ce conseil un mémoire de l'Amirante(1), portant qu'il étoit bien informé que l'Espagne subiroit plutôt un bouleversement général que de s'inquiéter des moyens de le prévenir ; qu'il étoit bien informé de toutes les divisions et indécisions du conseil ; que le roi d'Espagne n'auroit point d'infanterie, et que de la sorte dont l'on s'y prenoit à Madrid, l'on n'auroit ni armée, ni argent ; qu'un soldat français ne s'écartoit pas de vingt pas, que les paysans espagnols ne l'assommassent ; que jamais les villes ne consentiroient en Espagne au logement des gens de guerre, et principalement des Français étrangers ; que depuis l'avénement à la couronne de Philippe v, les seigneurs n'avoient point reçu de graces, et qu'au contraire l'on leur avoit ôté leurs pensions ; que tout étoit en combustion

---

(1) De Castille, seigneur espagnol, qui s'étoit tourné contre Philippe v en faveur de l'Archiduc. Il fut jugé et condamné par contumace comme convaincu de haute trahison.

à Madrid, et que les Français eux-mêmes, par leur conduite, avoient mieux servi la maison d'Autriche, que les Espagnols les mieux affectionnés à l'Archiduc. L'Amirante ajoutoit à ce mémoire, qu'une marque certaine du grand crédit qu'il avoit dans le conseil et en Espagne, c'est que l'on n'avoit osé faire raser ses maisons, ni même punir ceux que l'on avoit arrêtés à Barcelone, et que ses amis les plus éclairés et ses parens étoient à Madrid, aussi bien et mieux traités qu'avant sa sortie d'Espagne. Ce mémoire de l'Amirante étoit rempli d'une infinité de choses dont on ne peut se souvenir, concluant qu'il étoit bien informé de la confusion où étoient les affaires à Madrid; qu'une marque du peu de concert entre les Espagnols et les Français, c'étoit que l'on avoit changé tous les ans les ambassadeurs de France et le ministère; et enfin le résultat de ce conseil fut, que le meilleur parti auquel on se tiendroit, seroit celui de l'entreprise de Cadix, de son siége par mer et par terre, sur le principe que l'Espagne n'auroit ni ne pourroit avoir d'armée, et que n'ayant que ce lieu-là où l'on pût déposer la personne de l'Archiduc, en cas que le roi de Portugal vînt à mourir, il falloit s'y tenir, et l'on travaille sur ce pié-là.

Mémoire du maréchal de Tessé sur Cadix.

L'on ne peut pas dire qu'il ne soit honteux pour la monarchie et pour ceux qui l'ont précédemment gouvernée, qu'une place de cette importance se trouve présentement dans l'abandon où se trouve Cadix : il y a des parties principales de la fortification qui sont insultables, et d'autres si négligées, que supposant que les ennemis aient un dessein formé d'entreprendre sur cette place, V. M. ne peut trop tôt profiter du temps qui reste jusqu'à celui que vos ennemis peuvent agir.

L'heureuse situation de Cadix la rend d'un difficile accès dans plusieurs endroits, et comme il faut de grandes forces de mer et de terre, pour que vos ennemis aient cet objet, dont l'entreprise doit être faite ou faillie avant le commencement d'octobre, il faut donc se précautionner pour ce temps-là de vivres et de munitions, pour défendre non-seulement le tout, mais certaines parties dont on parlera, et dont la moindre, si elle étoit perdue, entraîneroit la perte du tout ; car ce ne sera jamais ce qui s'appelle Cadix qui tombera, mais ce seront les parties extérieures dudit Cadix, qui en entraîneront la ruine. Par exemple, c'est par la perte de l'île de Léon, par celle de l'ouvrage appelé la Matagorda, du Pontal, par l'entrée des vaisseaux ennemis dans ledit Pontal, ou par la perte du pont de Suesso que tombera Cadix ; et raccommodant seulement audit Cadix certaines parties insultables, il faut, par préférence à tout, songer à soutenir et fortifier chacune des parties, dont la perte d'une seule entraîneroit indubitablement, comme je viens de le dire, la perte du tout.

Supposant donc des vivres dans Cadix pour cinq mois, à quoi il faut travailler sans relâche, il faut encore se mettre en tête que cette place et ses parties ne peuvent être soutenues qu'avec une infinité de canons : il y en a au moins trois cents pièces bien et nécessairement disposées. V. M. doit donc songer à la quantité de poudre nécessaire pour les servir, et quand l'on aura cinq cents milliers de poudre à Cadix, il en manquera plus de trois cents milliers pour la proportion raisonnable qu'il y faudroit, quelque économie qu'un gouverneur puisse en faire. Il faut donc avoir pour objet, qu'il ne faut jamais que Cadix soit sans huit cents milliers de poudre au moins, des boulets, des canonniers et ce qui est nécessaire pour bien servir cette nombreuse artillerie, qui seule peut défendre Cadix, dont la situation singulière ne réduit point comme les autres places à une ou deux attaques ; répétant qu'il est démonstratif, que la perte d'une des parties entraîne celle du total, et que si, par exemple, l'ennemi descendoit dans l'île de Léon, Cadix ne pourroit jamais être soutenu ; si l'on perdoit le pont de Suesso, *idem ;* si l'on perdoit le Pontal, les ennemis, sans attaquer Cadix, hiverneroient dans la baie et dans ledit Pontal; ainsi Cadix tomberoit indubitablement ; *idem,* de la prise de la Matagorda ; je dis donc qu'il faut conserver absolument chacune desdites parties.

Tout cela incontestablement supposé, V. M. n'a pas un moment de temps à perdre, pour ordonner ce qui suit.

Que l'on remette à Cadix tout ce que l'on pourra de poudre et de boulets, et croire que quatre et cinq cents milliers de poudre n'y seront qu'une proportion très-médiocre par rapport au besoin.

Il y a dix à douze mille boulets dans Cadix, la plupart à deux têtes ; il en restera du siége de Gibraltar environ cinq mille cinq cents. V. M. ne sauroit trop tôt donner ses ordres pour qu'ils soient diligemment portés audit Cadix, comme environ cent milliers de poudre qui restent encore dudit siége, et d'ailleurs en tirer tout ce que l'on pourra d'ailleurs.

ANNÉE 1705.

Il n'y a pas un moment de temps à perdre pour y remettre douze bons mortiers, et ce qui reste de bombes dudit Gibraltar. Vous n'avez que trois mille armes de rechange dans Cadix; s'il y en avoit trente mille, V. M. n'en auroit pas un magasin suffisant; il faut remettre toutes celles qui restent du siége de Gibraltar, et établir dans l'arsenal des ouvriers pour les raccommoder avec toute la diligence possible; et si vous avez des armes dans quelques magasins de Biscaye, ou de vos autres provinces d'Espagne, en envoyer incessamment audit Cadix.

Il y a très-peu de plomb. V. M. doit donner ses ordres pour que l'on y en porte ; je n'en dis point la quantité à V. M., mais elle ne sauroit trop y en envoyer, et il n'y en a quasi point.

Outre les vingt canonniers, tirés des vaisseaux, que je compte que le sieur de Combes amènera avec lui, V. M. a quatre ou cinq cents hommes, restes malheureux de vos armées navales qui n'existent plus; ces quatre à cinq cents hommes, que l'on nomme *de l'Armada*, sont fort bons, et serviront bien, si, distribués dans les batteries, V. M. ordonne que l'on les paye; car ils ne le sont point, meurent de faim, sont tout nus, et ne restent à Cadix que parce qu'ils ne savent où aller, et qu'ils espèrent qu'un jour ils seront peut-être payés de ce que très-légitimement vous leur devez. Tout cela, Sire, ramassé, payé et réuni sous l'autorité de celui qui commandera votre artillerie, suffira pour la bien servir ; mais V. M. doit ordonner qu'ils soient payés, et faire un fonds fixe pour cela.

L'importance du pont de Suesso est telle, que c'est la clé du secours de Cadix, qui ne peut jamais être secouru par terre que par ledit pont. Je suis convenu avec le gouverneur, qu'il y laisseroit la Robinière avec les deux bataillons français que j'ai ordonné que l'on y laissât présentement, en attendant que votre infanterie puisse être un peu raccommodée.

Je laisse le régiment de Bouville pareillement à Xérès, qui dans cinq heures de temps se porteroit par ledit pont de Suesso dans l'île de Léon ; et quand il y aura un magasin de paille et de *cevada* (1) fait, il faudra faire camper ledit régiment dans cette île, et augmenter ce camp qui doit être, y compris lesdits dragons, de huit cents chevaux, et de deux

---

(1) Mélange de paille hachée et d'orge dont on nourrit les chevaux en Espagne.

cents dans Cadix : ce camp pourvoira à bien des choses.

Outre les batteries déjà disposées, V. M. en doit ordonner de nouvelles, principalement deux dans la partie le long de la mer, qui va de la partie gauche du front de l'attaque du terre-plain au Pontal, parce qu'il y a un enfoncement, où l'on peut mettre pié à terre entre la place et le Pontal.

Nous sommes convenus, le marquis de Valdecanas et moi, que l'on mettroit des batteries de mortiers dans quelques endroits d'où, si la flotte s'approchoit pour soutenir les chaloupes, l'on pourroit certainement bombarder avec succès les vaisseaux.

C'est un grand malheur que l'ouvrage de la Matagorda soit trop petit, et je ne sais comment ceux qui l'ont commencé, ont eu un objet si médiocre pour une chose aussi importante ; car si l'on perdoit ce poste, que je répète très-petit et très-médiocre, les ennemis seroient maîtres du Pontal. En attendant que V. M. soit en état et ait le temps d'y faire faire un grand et bon ouvrage, elle doit ordonner que l'on achève ce qui y est commencé, et que l'on augmente le fossé aussi loin que l'on le pourra, le faisant aussi large et aussi profond qu'il sera possible.

Ledit ouvrage de la Matagorda, lequel regarde le Pontal qui, bien que petit est infiniment meilleur et plus grand que ladite Matagorda, est d'une si grande importance, que si les ennemis s'en rendoient maîtres, ou que malgré ce petit fort et celui du Pontal, ils entrassent dans ledit Pontal, les vaisseaux ennemis laissant Cadix, qui tomberoit sans être attaqué, entreroient et sortiroient dudit Pontal, comme de la Tamise, sans que Cadix leur pût nuire.

M. Renau fit faire, il y a deux ans, des batteries que l'on a négligées, et qui se peuvent incessamment réparer. Cet ouvrage à remettre en bon état, coûtera près de deux mille écus : V. M. doit ordonner que l'on y travaille.

Malgré toutes ces précautions, et le feu du Pontal, de la susdite batterie et de la Matagorda, il faut croire encore que les ennemis peuvent entrer dans le Pontal avec leurs vaisseaux, quand ils le voudront bien. L'on a coulé à fond deux carcasses de vaisseaux il y a quelques années, et l'on en tient encore deux préparées à faire pareillement couler à fond, pour embarrasser ce passage : cela ne suffit pas ; et supposant que les ennemis vinssent mouiller dans la baie, au lieu de deux bâtimens préparés à faire couler, il faut encore en tenir prêts cinq autres ; mais comme ceux que l'on prit à des particuliers, il y a deux ans, n'ont pas été payés, il faudra que V. M. ordonne au gouverneur de se servir de son autorité et de la vôtre, pour faire préparer tout prêts cinq bâtimens pour embarrasser le chenal; que si vos galères que j'ai pris la liberté de vous mander qui ne sont point en sûreté à Carthagène, et qu'il ne s'en est rien fallu qu'elles n'aient été brûlées, pouvoient venir à Cadix, elles ne pourroient jamais être mieux employées; et au moyen desdites galères, de deux vaisseaux armés, et d'une couple de brûlots à l'entrée du Pontal, cette entrée du Pontal seroit en sûreté, sans être obligé de faire enfoncer les vaisseaux dont je viens de parler à l'entrée dudit Pontal.

L'on a commencé un magasin à poudre à l'épreuve des bombes, dans l'ouvrage nommé de *los Martiros*. L'on n'a pu le finir faute de fonds, et il ne le sera point, si V. M. ne l'ordonne : il est de telle nécessité, que V. M doit commander qu'on le finisse.

Il y a un hermite établi dans l'ouvrage de Saint-Sébastien, lequel embarrasse fort, et n'est de nulle utilité ni édification pour le service de Dieu ni des particuliers. V. M. peut écrire à l'évêque de l'établir dans quelque maison, et ordonner que l'on rase cette maison et chapelle qui n'est pas grand'chose, ou qu'en la retranchant, l'on s'en serve pour placer des mousquetaires ; mais comme il y a dans le même lieu une bonne tour sur la plate-forme de laquelle on a placé du canon, il ne seroit que mieux de raser une bonne fois pour tout cet hermitage, inutile aussi bien que l'hermite.

Je ne sais si l'on a rendu compte à V. M. qu'il n'y a pas cent outils à remuer la terre. L'on en a commandé en Biscaye. V. M. ne sauroit trop tôt ordonner que l'on en transporte le plus que l'on pourra, et ordonner au marquis de Villadarias, de faire remettre incessamment tout ce qu'il en reste du siége de Gibraltar, et que l'on les raccommode jour et nuit.

Je ne trouve pas qu'il y ait un magasin de palissades assez considérable. L'autorité de vos gouverneurs et de tout ce qui s'appelle ceux qui font la guerre est si bornée et si combattue, qu'un gouverneur ne peut se faire obéir ; ainsi il a beau ordonner aux communautés d'apporter des palissades, des fascines, des pailles et d'autres choses, dont par-tout ailleurs, excepté en Espagne, l'on taxe les villages pour la diligence du service, rien de tout cela ne se fait ici. Il faut des ordres de

Madrid ; le temps se passe, et l'on ne fait rien.
Il est nécessaire que V. M. donne une autorité plus étendue à ceux qui sont chargés de son service, et qu'elle leur ordonne de se faire obéir, et les soutienne contre les réprimandes souterraines de son conseil.

Quant à la garnison, forts extérieurs, île de Léon, pont de Suesso, &c. y compris le camp que je suppose dans l'île de Léon, quatre mille hommes employés à tout cela n'est qu'un nombre quasi trop médiocre, et V. M. doit au moins se fixer à cette quantité de troupes.

Outre la solde de la garnison qui doit être régulière et même assez haute à Cadix, parce que tout y est fort cher, et les vivres plus qu'ailleurs, et pour laquelle il faut un fonds fixe dans cette place, il y faut encore un dépôt d'argent pour les travaux et détails inopinés. Il vient des coups de vent qui, dans vingt-quatre heures, portent des monts de sable dans des endroits que ce hasard rend accessibles, et, par exemple, à l'heure qu'il est, partie des ouvrages qui sont sur le gravier depuis la mer jusqu'aux ouvrages de la porte de terre, sont si remplis de sable, que dudit gravier l'on monte dans la ville par lesdits monts de sable. L'on travaille actuellement à remédier à ce dernier malheur, qui demande une attention et un travail quasi continuels, et V. M. n'y remédiera jamais, qu'en faisant un fonds fixe pour les réparations journalières et entretien de la fortification de cette importante place.

Le marquis de Leganès avoit commencé un bel ouvrage et bien utile, dont la meilleure partie est achevée du côté des Capucins. Les finances de V. M. ne sont pas en état que cela soit présentement perfectionné ; mais en attendant, elle doit ordonner que l'on palissade au moins, et que l'on ferme ce qui est totalement ouvert, depuis le bastion des Capucins jusqu'à la porte de terre ; car il faudra absolument que V. M. fasse faire quelque jour un bastion à ce que l'on appelle la tour de la grande Eglise ; mais en attendant, au moins faut-il que cette partie très-insultable soit mise dans quelque état de défense.

Il y a encore un endroit totalement insultable depuis ce que l'on appelle *le Candelarin* jusqu'au *Bonette*. L'on y travaille, et j'espère qu'avant un mois cette partie sera en état de défense.

Voilà, Sire, ce qui regarde principalement Cadix. Je ne dis rien aujourd'hui à V. M. des objets que vos ennemis peuvent entreprendre ; car supposant que les précautions pour la sûreté de Cadix soient bien prises, la tentation d'entreprendre sur Séville peut leur donner d'autres idées dont j'aurai l'honneur d'entretenir V. M., et j'envoie le sieur de Villars-Lugein visiter la rivière depuis Saint-Lucar jusqu'à Séville. Cet objet de la rivière de Séville n'est guère moins important que celui de Cadix, et vos ennemis y trouveront peut-être des facilités qu'il faut prévenir.

Quant aux subsistances de vivres pour Cadix, il ne suffit pas qu'il y en ait pour quatre mille hommes de garnison; il faut songer au peuple, et ne faire sortir les bourgeois qu'alors que l'on sera bien certain d'un siége; car si l'on les fait sortir, le commerce d'argent et de change, le plus grand d'Espagne, finira et ne se rétablira de long-temps.

Pour moi, si je commandois dans Cadix, et que j'eusse des vivres et une garnison raisonnable, j'aimerois mieux garder les bourgeois, que de les obliger à sortir. Cependant il faudra bien prendre ce dernier parti, si l'on n'a pas assez de vivres, et ordonner à chaque habitant de s'en pourvoir pour cinq mois dans sa famille, en donner à ceux qui n'en peuvent avoir, et ne faire enfin sortir que ceux que l'on ne pourra pas assister; car si ce tas de commerçans sort, le commerce et l'argent finiront.

L'article des galions et du commerce des Indes, chambre de la contractation de Séville, &c. est un chapitre dont j'ai pris quelques mémoires, et dont je ne parle point dans celui-ci, non plus que de la nécessité qu'il y aura que votre capitaine-général en Andalousie ait un corps du moins de mille ou douze cents chevaux, indépendant de la garnison de Cadix et île de Léon, pour se tenir à Sainte-Marie, et se porter, suivant les mouvemens des ennemis, où le bien de votre service le requerra. J'aurai l'honneur d'en rendre compte à V. M.

———

Louis xiv desiroit la levée du siège de Gibraltar, où périssoit inutilement un reste de forces dont les deux couronnes avoient le plus grand besoin ailleurs; mais Philippe v, naturellement opiniâtre, vouloit qu'on le continuât. Enfin, ses frontières étant fortement menacées du côté du Portugal, il manda au maréchal de Tessé d'abandonner la ruineuse attaque de Gibraltar; ce qu'il exécuta avec une extrême satisfaction le 23 avril, ne remportant que le mérite de s'être dévoué par obéissance, à une entreprise impossible avec des moyens aussi foibles que ceux qu'on lui

procura; mais dont il fut bien récompensé
par Philippe, qui lui accorda la grandesse par
un décret du 16 mars. On a vu par ce qui
précède que si, en bon courtisan, il cherchoit à plaire au roi et à la reine d'Espagne,
d'un autre côté il leur disoit la vérité,
et sur-tout ne laissoit ignorer à la cour de
France aucun des torts de celle de Madrid.
La lettre qu'il écrivit à Louis XIV, le lendemain
de son départ du camp de Gibraltar, en est
une nouvelle preuve. Cette pièce s'est trouvée
accompagnée de cette note du maréchal :

« Je m'embarquai par un assez gros temps
pour passer de Cadix au port Sainte-Marie, et
j'allai coucher à Xérès, d'où le lendemain, sur
le chemin de Séville, je rencontrai un courrier de France qui m'ordonnoit de lever le
siége de Gibraltar, si je n'en avois pas déjà
reçu l'ordre, et par le même courrier je répondis ce qui suit au roi de France ».

Séville, ce 24 avril 1705.

J'ai reçu, Sire, entre Xérès et Séville, la
lettre que V. M. m'a fait l'honneur de m'écrire.
J'admire sa constance et sa bonté; car quand
elle nous auroit tous bien grondés, à commencer par son petit-fils, elle n'auroit, je

crois, fait que ce que nous méritons tous, et jamais il n'y a eu, comme l'on dit, de charrue si mal attelée, que celle de cette monarchie, où tout se passe sans ordre, sans précautions, sans décisions, sans fonds, sans objets, et en un mot, sans tout ce qui soutient les Etats. Si l'on vouloit perdre celui-ci, l'on ne s'y prendroit pas autrement que l'on fait.

Je m'en vais donc à Madrid, puisque vous me le commandez, et que de son côté le Roi, votre petit-fils, me l'ordonne. J'ose assurer V. M. que je n'y porte ni humeur, ni rien d'approchant. Vous aurez vu par différentes lettres dont M. de Chamillart vous aura rendu compte, l'étrange situation où tout ce qui s'appelle guerre, troupes, argent, magasins et précautions, se trouve. Dieu veuille que l'arrivée d'Orri puisse mettre l'emplâtre nécessaire à tant de choses, et qu'il y ait enfin quelqu'un auprès du roi d'Espagne, qui porte dans ses ordres un mouvement de décision! Il y a plus de trois mois que rien, de quelque nature que ce soit, n'a été expédié dans la secrétairerie d'Etat de la guerre. Le duc de Grammont y a perdu ses poumons, et j'y perds ma patience.

Nous avons manqué Gibraltar, faute d'ordre et de précautions, de moyens arrangés et de tout ce que V. M. sait mieux que moi et que personne, être nécessaire. Le malheur de vos vaisseaux n'est arrivé, que parce qu'ils ne savent à Madrid, ni la conséquence, ni la possibilité de ce qu'ils ordonnent : l'on défait un jour ce que l'on fait l'autre.

L'esprit général des Espagnols les plus zélés, c'est de ne rien prévoir, et de croire que l'on est disculpé des malheurs pour avoir cédé à la force. Le roi d'Espagne même semble vouloir quelquefois, que le hasard rende ce que la précaution la plus réglée donne lieu d'espérer, et ses ordres précis ont parfois un air d'opiniâtreté qui peut infiniment nuire à son service. Je rends compte de tout cela dans mes lettres, plus au long, à M. de Chamillart. Je ne réponds pas de déterminer Madrid à la levée des milices, ni à bien d'autres choses que je vois et connois utiles. J'avois cru que la Reine voudroit entrer dans les affaires et les connoître ; elle me l'avoit promis, et peut en devenir très-capable ; mais V. M. connoît ce que c'est qu'une jeune princesse, quelque parfaite qu'elle puisse être.

Quant au fonds que V. M. me recommande de régler pour la subsistance des troupes, l'on n'a jamais voulu m'y laisser rien voir que de l'impossibilité, et les troupes ne sont ni payées, ni recrutées : en un mot, Sire, tout ceci fait pitié. Je rendrai compte à V. M. de ce que j'aurai pu faire à Madrid, et je suivrai auprès du Roi Catholique ce que V. M. m'a souvent ordonné : c'est-à-dire de lui parler et de lui écrire franchement; car il m'est impossible de passer ma vie à dire des choses agréables, quand je ne les pense pas.

———

En arrivant à Madrid, le Maréchal y trouva un changement de scène qui ne pouvoit que lui plaire, puisqu'il le débarrassoit d'un ennemi dangereux. Le duc de Grammont étoit devenu si désagréable à la Reine, par la liberté avec laquelle il lui parla sur le compte de la princesse des Ursins, et par les obstacles qu'il avoit tenté d'apporter à son retour en Espagne, qu'il se vit forcé de demander son rappel. Louis XIV choisit pour le remplacer M. Amelot, président au parlement de Paris, homme d'esprit, d'un caractère doux et liant, dont M. de Tessé ne pouvoit craindre les prétentions et le despotisme. Le nouvel ambassadeur arriva dans le courant de mai, ramenant M. Orri, dont les talens en finance promettoient des ressources, et il fut suivi peu après par madame des Ursins, au retour de laquelle le roi de France avoit consenti. Le Maréchal n'attendit pas leur arrivée, et partit pour joindre l'armée en Estramadure. On avoit perdu devant Gibraltar un temps et des troupes qui eussent été mieux employés contre les Portugais et leurs alliés : ils avoient profité de cette faute pour faire des conquêtes, et il falloit s'opposer à leurs entreprises ultérieures avec une armée foible, en mauvais état, mal approvisionnée et qu'on ne pouvoit se dispenser de diviser pour se tenir sur la défensive. Pendant l'absence de M. de Tessé, le marquis de Bai, gentilhomme flamand, étoit resté en Estramadure, avec environ quinze mille tant Français qu'Espagnols, pour observer les alliés, dont les généraux Gallowai et Fagel débouchèrent par Elvas, à la tête d'un corps, tandis que le marquis de las Minas arriva avec un autre d'Almeida, par Penamacor, devant Salvatierra, que le commandant espagnol Lopez de Gallardo lui rend par trahison, le 2 mai ; mais Alonze Madriaga, marquis de Villa-Fuerte, se défend dans Valencia, avec acharnement. Attaqué le 3 mai, il soutient cinq assauts sur la brèche, se défend ensuite de rue en rue, et ne capitule le 9, que parce que trois blessures le mettent dans l'impossibilité de résister plus long-temps. Les ennemis marchent ensuite le 14 à Albuquerque, et qui se rend le 21, après sept jours de siége. Ils se portent de-là vers Badajos et s'établissent sur le bord de la Guadiana, dont un corps espagnol campé de l'autre côté de la rivière, leur dispute le passage, tandis que le marquis de Bai observe le marquis de las Minas sur le Tage. Il s'agissoit de se décider sur ce qu'on devoit entreprendre, mais les généraux ennemis ne pouvant s'accorder, perdirent beaucoup de temps.

Le maréchal de Tessé assemble son armée dans les premiers jours de mai, sur la rive droite du Tage, le passe le 17 avec vingt-deux escadrons, et va joindre le marquis de Bai qui, avec dix-sept, couvroit Badajos, dont le lord Gallowai vouloit faire le siége. Le marquis de Thoui étoit resté à Sarca, à droite du fleuve, avec la plus grande partie de l'armée, pour observer le marquis de las Minas, campé près de Salvatierra, et qui s'étant ébranlé le 21, força M. de Thoui à décamper, pour aller couvrir Ciudad-Rodrigo, qu'il jugea menacé; mais le général Portugais n'en prit pas le chemin et ne songeoit qu'à tomber sur Alcantara, dont la prise lui auroit donné la facilité de joindre le lord Gallowai, et de tomber à forces réunies sur M. de Tessé, que M. de Thoui qui se seroit trouvé coupé, n'auroit pu secourir. Le

Maréchal s'empresse de jeter du renfort dans Alcantara, et de faire construire à quatre lieues au-dessus de la ville, un pont sur le Tage, mais il reste sous Badajos, que les ennemis avoient résolu d'attaquer après la reddition d'Albuquerque. Le lord Gallowai s'approche le 4 juin de la place, à la tête de trente-quatre bataillons et de trente-six escadrons; alors le maréchal de Tessé passe la Guadiana en si bon ordre, que les ennemis n'osent l'attaquer, et campe le 5 entre Elvas et Badajos, que cette position ne permettoit pas d'investir. Alors les alliés s'en éloignent pour prendre des quartiers de rafraîchissemens pendant les grandes chaleurs, et les Français ainsi que les Espagnols en font de même. Le Maréchal n'avoit pu empêcher la perte de Salvatierra, d'Albuquerque et de Valencia, mais il sauva Alcantara et Badajos, et garantit l'intérieur de l'Espagne d'une invasion : il donne une juste idée de la situation de laquelle il venoit de sortir, par cette lettre qu'il adressa au prince de Condé le jour même du départ des ennemis :

Au camp près Badajos, le 17 juin 1705.

J'ai reçu, Monseigneur, avec respect et reconnoissance la lettre du 28 du mois passé, que V. A. S. m'a fait l'honneur de m'écrire, et je ne saurois assez lui répéter, combien je suis sensible à ses bontés et à l'honneur de sa protection.

Je vois bien que le marquis de Maulevrier l'aura mis au fait de bien des choses, qu'il faut avoir vues et voir pour les croire telles qu'elles sont, et j'avance hardiment que si tout le conseil d'Espagne étoit payé par celui d'Angleterre et de Lisbonne, il ne feroit pas autrement qu'il n'a fait. Je ne m'attends pourtant pas, Monseigneur, à l'indulgence des courtisans; mais en échange, je voudrois de tout mon cœur qu'ils fussent à ma place. Je me trouve bien vieux pour passer ma campagne en parti comme je fais.

J'ai trouvé, en arrivant d'Andalousie, Salvatierra pris par des milices, Valencia emporté et Albuquerque rendu. Les Gouverneurs, pour la plupart, ont fait leur devoir; car comme ils étoient mis de la main de ceux qui avoient intention qu'ils ouvrissent leurs portes, ils ont rempli leur obligation. Que faire donc? car les ennemis ont une armée et je n'en ai point. Alcantara où ils marchoient étoit insultable: j'y ai marché et je crois l'avoir préservé. J'ose dire que j'ai sauvé la Castille, par m'être séparé du marquis de Thoui que j'y ai laissé avec l'infanterie française, dix escadrons espagnols non payés, non bottés, peu sellés et moins bien armés. J'ai joint le marquis de Bai en Estramadure, où nous faisons une vie de bandits avec trente-neuf escadrons, voltigeant sur l'armée ennemie qui en a quarante et trente-six bataillons. Notre voisinage leur a coûté une extrême désertion, et nous avons essayé deux ou trois fois de les engager à un combat de cavalerie, dont ils n'ont pas voulu tâter. Ils ont enfin marché à Badajos insultable, où j'ai été obligé de jeter les grenadiers et trois bataillons qui revenoient du désastreux Gibraltar, manqué pour n'avoir jamais vu ensemble trente milliers de poudre, et par différens manèges. Je crois les ennemis déterminés à entrer dans leurs quartiers d'été.

Voilà, Monseigneur, le petit détail auquel les bontés de V. A. S. pour moi, m'engagent; car j'écrirois autant qu'a fait Saint Augustin, que je ne dirois pas encore assez, par combien de contre-temps faits et formés exprès, on a dégoûté les plus fidèles et découragé les plus zélés. J'ai été obligé de laisser à Cadix, c'est-à-dire à plus de cent lieues d'où je suis, deux bataillons français et un régiment de dragons, parce qu'il faut enfin aller au plus pressé, et que la léthargique Espagne n'a rien fait. Nous verrons ce que le nouveau règne ou gouvernement produira. Il ne peut être pis que le passé. La maladie et retardement de madame des Ursins me désole. Il y a des choses importantes qui ne peuvent aller en avant, tant qu'elle ne sera pas à Madrid.

Je supplie V. A. d'être bien persuadée de tout mon respect. J'aimerois mieux être auprès d'elle à Chantilli qu'en Estramadure. L'on parle à Madrid de conspirations. Le marquis de Léganès, que j'ai de la peine à croire capable de noirceur, mais que je savois mécontent, a été arrêté. J'en connois bien une douzaine d'autres qui le devroient être. Nous ferons, si je l'ose dire, le possible et un peu au-delà : Dieu fera le reste, mais d'ordinaire sa toute-puissance s'emploie pour les plus forts, et si cela est, nous n'avons pas beau jeu.

J'ai l'honneur d'être à V. A. S., avec un respectueux et reconnoissant attachement qui ne finira qu'avec ma vie.

―――――

La conspiration dont parle le Maréchal étoit plus sérieuse qu'il ne paroissoit le croire, et on a lieu de soupçonner que la cour d'Espagne eut de fortes raisons, pour ne pas laisser transpirer toutes ses découvertes à cet égard. Il résulte de nos recherches, que M. Amelot reçut divers avis, que le marquis de Léganès, grand-maître de l'artillerie, gouverneur du palais de Buen-Retiro, devoit, par la facilité que ce dernier emploi lui donnoit, fournir les moyens à un certain nombre d'Allemands, d'Anglais et de Hollandais, (venus à Madrid comme déserteurs ou comme prisonniers de guerre, avec tout l'extérieur de la misère, et qui alloient souvent chez M. de Léganès, sous prétexte d'y recevoir des charités), d'enlever le Roi et la Reine le 11 juin, jour de la fête du Saint-Sacrement, pour les conduire à Lisbonne, et les tuer en supposant qu'on rencontrât des obstacles. On ajoute, que les mesures avoient été prises à Madrid, à Grenade, à Cadix et dans les autres villes où les alliés avoient des intelligences, pour faire le même jour main-basse sur tous les Français; enfin, que l'Archiduc étoit attendu à Madrid, pour y être proclamé roi par l'influence des conjurés, et que c'étoit pour favoriser ce projet, que l'armée qui soutenoit le parti de ce prince, avoit tenté de percer par l'Estramadure, et que des escadres ennemies n'avoient cessé de se montrer sur les côtes. Quoi qu'il en soit, presque tous les mémoires du temps accusent le marquis de Léganès d'avoir été un des chefs du complot. Ils conviennent qu'il n'en existoit pas de preuves évidentes, mais que les indices étoient assez forts pour n'être pas négligés. En but à des soupçons très-graves, dès 1702, il fut envoyé en France, où on ne lui dissimula ni les griefs accumulés contre lui, ni les preuves qu'on croyoit avoir de ses intelligences avec les ennemis de Philippe v. Il répondit à tout avec tant de force, qu'on resta en suspens à son sujet, qu'on fut même tenté de le garder en qualité d'ambassadeur d'Espagne : mesure que la réflexion démontra dangereuse. Enfin, on lui permit de retourner à Madrid, parce que les Espagnols, assez généralement persuadés de son innocence, étoient révoltés qu'on le retînt exilé. On voit qu'il avoit toujours été suspect, d'autant qu'il refusa de prêter le serment de fidélité, et témoigna de l'indifférence, quand on lui fit sentir les fâcheuses impressions que produisoit son refus. Il eut même l'imprudence de dire devant témoins, que c'étoit une terrible chose de vouloir qu'il s'exposât à tirer l'épée contre la maison d'Autriche, à laquelle la sienne étoit redevable de tant de bienfaits. Il n'imitoit pas le comte d'Abrantes, autre Grand d'Espagne, qui en sortant du Conseil ou Junte, où l'on venoit de décider d'envoyer en France le testament par lequel Charles II appeloit le duc d'Anjou au trône, vint ironiquement, les bras ouverts au comte de Harrach, ambassadeur de l'Empereur, et qui attendoit avec inquiétude le résultat de la délibération ; il ne douta pas, voyant ce geste, que l'Archiduc ne fût roi, mais le malin Espagnol l'atterra lorsqu'il lui dit en l'embrassant : *Je viens prendre congé de l'auguste maison d'Autriche* (1). On résolut de s'assurer de la personne du marquis de Léganès : il fut conduit à Pampelune, et de-là transféré en France. On n'a publié sur son compte que ce qu'on vient de lire, mais il existoit sans doute contre lui des faits encore plus graves ; car, outre que Louis XIV approuve dans ses lettres, Philippe V de l'avoir fait arrêter, la princesse des Ursins, initiée dans tous les secrets de la cour de Madrid, écrivoit de Burgos, le 12 août 1706, à madame de Maintenon :

« M. de Torci (2) me mande que le marquis de Léganès a obtenu la permission d'aller demeurer à Vincennes. Au nom de Dieu ! Madame, qu'on ne regarde point cet homme-là

---

(1) *Vengo a dispedirme de la augusta casa de Austria.*
(2) Ministre des affaires étrangères.

comme un innocent : je le tiens très-criminel ;
et si l'on n'en a point trouvé des preuves dans
ses papiers, c'est qu'ils ont été inventoriés par
des hommes entièrement dévoués aux ennemis ». Coupable ou non, le marquis de Léganès resta en France et y mourut en 1711.

En attendant que la cessation des chaleurs
permît d'ouvrir la campagne d'automne, le
maréchal de Tessé se rendit à Madrid, d'où il
retourna en Estramadure à la fin d'août, sur
la nouvelle que les alliés se disposoient à opérer. Leur armée consistoit en trente-neuf bataillons et en cinquante escadrons, montant
à cinq mille chevaux ; ils avoient fait à Elvas
et à Olivença des préparatifs qui indiquoient
assez clairement le projet d'assiéger Badajos :
c'étoit effectivement leur intention, et de
pousser vivement la guerre en Estramadure,
afin d'empêcher qu'on n'en tirât des troupes
pour s'opposer aux progrès de l'Archiduc dans
la Catalogne, qui s'étoit révoltée en sa faveur.
M. de Tessé commença à rassembler ses troupes
le premier septembre ; mais, outre que le défaut de subsistances l'empêchoit de s'approcher
de Badajos, la prudence ne lui permettoit pas
de dégarnir la frontière de Castille et les bords
du Tage, dont les places étoient ouvertes et

sans défense, jusqu'à ce que les ennemis se fussent déterminés à une entreprise quelconque. Au surplus, le soleil étoit encore si brûlant, qu'ils restèrent dans l'inaction pendant tout le mois de septembre. Le premier octobre ils se réunirent dans un camp dont la droite étoit près d'Elvas; le 2 ils investirent Badajos, et ouvrirent la tranchée la nuit du 5 au 6.

La place, fortifiée à l'antique et mal entretenue, ne pouvoit résister long-temps. Le Maréchal le sentoit; mais il étoit impossible de la secourir avant l'arrivée des renforts qu'il attendoit; cependant, pour donner courage aux assiégés, et inquiéter d'autant les ennemis, il vint camper à trois lieues au-dessus de Badajos, sur la rive gauche de la Guadiana, sa droite appuyée à la rivière, et son centre couvert par la petite ville de Talavera; position qui empêcha, dit-on, les assiégeans d'assaillir les brèches de la place, dans la crainte que, tandis qu'ils y seroient occupés, M. de Tessé ne vînt les attaquer par derrière. Sur l'avis que lui donna le comte de la Puebla, qui défendoit Badajos, que les brèches s'élargissoient tous les jours, et qu'il avoit sujet de redouter incessamment un assaut, que la foiblesse de la garnison ne lui permettroit peut-être pas de repousser, le Maréchal qui venoit de recevoir des renforts, se voyant à la tête de dix-sept bataillons et de vingt-trois escadrons français, indépendamment de vingt-neuf escadrons espagnols, résolut de tenter le secours de Badajos, mais sans s'exposer à une bataille que l'infériorité de ses forces ne lui permettoit pas de hasarder. Il renvoie le 13 octobre ses bagages à Mérida, profite de la nuit suivante du 13 au 14, qui fut pluvieuse et obscure, traverse la Guadiana à gué, et, après une marche pénible, passe la Chevora, petite rivière qui se jette dans la Guadiana au-dessus de Badajos, et arrive le 14 à la vue d'un petit camp ennemi, établi pour resserrer un fort dépendant de la place, bâti sur la rive droite de la Guadiana. Les alliés, surpris à la vue d'une armée qu'ils n'attendoient pas, tirent d'abord quelques coups de canon; mais considérant ensuite qu'ils vont être attaqués par des forces très-supérieures, ils passent précipitamment la rivière, rejoignent, sur la rive gauche, le gros de leurs troupes qui la bordent aussitôt, et dirigent contre le Maréchal un assez grand feu de canon. Pour lui, il jette promptement dans Badajos un secours de mille hommes, et se borne à observer les ennemis, qui voulant enfin profiter de leur supériorité, traversent la Guadiana aux nombreux

gués qu'ils ont sur leur front. Alors M. de
Tessé, sagement décidé à ne pas tenter le sort
d'un combat, repasse à la rive gauche de la
Chevora, derrière laquelle il se range en bataille.
Les alliés occupent aussitôt une position
parallèle sur la rive droite, et il s'établit, de
part et d'autre, une canonnade très-vive. Un
boulet emporte un bras au lord Gallowai, qui
étoit l'ame de l'armée ennemie, que cet acci-
dent paralyse. Les généraux las Minas et Fagel,
tout en désespérant de prendre Badajos, fei-
gnent cependant de vouloir continuer le siége
et en venir à une action ; mais la nuit du 14
au 15 ils retirent des batteries une partie de
leur artillerie, et restent toute la journée du 15
en présence du Maréchal. La nuit suivante
du 15 au 16, ils continuent à déblayer les
tranchées, et emploient la journée en manœu-
vres et en dispositions perdues, puisque M. de
Tessé n'avoit garde de quitter son poste, se
bornant à se resserrer ou à s'étendre le long
de la Chevora, selon que les mouvemens des
alliés l'exigeoient ; enfin, la nuit du 16 au 17
leur artillerie et leurs bagages filent vers Olivença, et eux-mêmes se mettent, avant le
jour, en marche dans un profond silence,
repassent la Guadiana au-dessous de Badajos,
et vont occuper une position avantageuse à

une lieue de la place. Le Maréchal, qui n'avoit pas soupçonné leur départ, les fait poursuivre ; mais on ne put atteindre que quelques traîneurs, et il s'en console, en considérant que son objet est rempli par la levée du siége, qui lui fit beaucoup d'honneur. On blâma, avec raison, les alliés d'avoir différé l'assaut, et laissé passer la Guadiana et la Chevora sans s'y opposer. Après plusieurs campemens et décampemens, dont le détail n'offre rien d'instructif, ils s'établirent le 20 octobre à Elvas, et ne tardèrent pas à envoyer leurs troupes en quartier d'hiver. Le Maréchal, qui étoit resté campé près de Badajos', dispersa aussi les siennes de manière à empêcher les partis ennemis de pénétrer en Castille. Il s'étoit trouvé pendant cette campagne, dans des situations très-alarmantes. Il mandoit le 4 novembre à M. Amelot : « Que quelques heures plus tard Badajos étoit pris, et que la garnison en eût été bien aise, parce que les troupes espagnoles n'étoient point payées, et que les officiers étoient mécontens jusqu'à la rage ; que les ordres étoient mal donnés et encore plus mal exécutés, et qu'un esprit de plainte se répandoit par-tout ». M. de Tessé ne faisoit pas lui-même exception à la règle, quand il écrivoit le 8 décembre à M. de Chamillart : « La Reine et la princesse des Ursins sont comme en France nos généraux courtisans qui, pétris de bonnes intentions, préfèrent la vie tranquille au travail, et ravis de ne se mêler de rien, ont les agrémens de la fortune, sans en essuyer les événemens et les bourasques ». Exposant ensuite l'état de l'armée, il donne des louanges à quelques Français, entre autres au docteur Goiffon, *auquel*, disoit-il, *on devroit dresser une statue ; le plus grand médecin, le plus homme de bien, je ne dis pas qui soit à la Cour, mais excepté la Cour, qui soit en France.* Après cette singulière exception, le Maréchal témoigne le desir d'avoir des officiers français, pour les mettre dans les places, parce qu'il ne voudroit pas confier à aucun Espagnol, quelque brave qu'il fût, la défense d'un clocher ; *attendu*, ajoute-t-il, *qu'ils veulent tous se battre en duel ou en particulier ; mais en corps pour la patrie, ils n'ont point cela dans la tête et ne l'auront jamais.*

Le comte de Péterborough, général des troupes que l'Angleterre fournissoit à l'archiduc Charles, pour disputer la couronne d'Espagne à Philippe v, avoit pris Barcelone le 9 octobre, succès qui consolida la révolte de la Catalogne, que l'on fomentoit depuis long-temps, et qui entraîna la soumission de Girone et successivement de plusieurs autres places, et de toute la province, où les affaires du Roi furent entièrement désespérées. L'esprit de sédition agitoit aussi le royaume de Valence, où des rebelles commençoient à lever l'étendard ; il falloit à-la-fois songer à les soumettre et à préserver l'Aragon des mêmes troubles : on ne le pouvoit qu'avec des troupes ; on en manquoit, et on recourut à celles d'Estramadure, que le maréchal de Tessé reçut ordre de diriger presqu'en totalité sur l'Aragon. Il laissa, pour observer les Portugais, le marquis de Bai, avec la cavalerie et les milices espagnoles, mit toutes les troupes françaises en marche le 12 novembre, et partit le même jour pour Madrid où il étoit appelé.

CHAPITRE X.

Le maréchal de Tessé se rend en Aragon pour contenir cette province et se préparer au siége de Barcelone, que Philippe v vient faire en personne. On est obligé de le lever. M. de Tessé ramène l'armée en France. Dégoûts que cette campagne lui occasionne, et cruelles satires auxquelles elle l'expose.

Les cours de Versailles et de Madrid résolurent de faire, en 1706, un assez grand effort pour soumettre la Catalogne, et étouffer l'esprit de révolte qui agitoit diverses provinces d'Espagne. Il falloit pour atteindre ces deux objets entrer de bonne heure en campagne, et de part et d'autre on ordonna beaucoup de préparatifs. Pour favoriser et rendre plus efficaces les opérations des armées de terre, Louis XIV fit armer à Toulon une flotte, dont le commandement fut donné au comte de Toulouse, grand-amiral de France, et sous lui au maréchal de Cœuvres-Etrées. Philippe v, décidé à se mettre lui-même à la tête de son armée, fit approuver sa détermination par le Roi son aïeul. De leur côté, les alliés tirèrent des troupes de Portugal et les envoyèrent en Catalogne et dans le royaume de Valence, où les rebelles commandés par don François d'Avila, leur ouvrirent les portes de plusieurs places. Le roi d'Espagne y envoya provisoirement quelques troupes, et ensuite un plus grand nombre, aux ordres du comte de las Torres qui remporta divers avantages sur les révoltés, fit brûler un assez grand nombre de villes et de villages pour punir leur rebellion, désarma une partie du pays, et finit par bloquer étroitement Valence.

Pendant ce temps, le maréchal de Tessé partit de Madrid pour aller assembler l'armée en Aragon, arriva le 21 janvier à Saragosse, avec le projet de couper toute communication entre l'Aragon, la Catalogne et Valence, afin que les rebelles ne pussent communiquer entr'eux, ni se secourir mutuellement, et d'empêcher ainsi les soulèvemens de s'étendre. Pour exécuter ce plan, il falloit partager les troupes en deux corps, pour occuper les deux bords de l'Ebre, et c'est à quoi le Maréchal étoit occupé, lorsqu'il vit ses mesures retardées par un incident imprévu. Un régiment de cavalerie conduisant des paysans qui avoient tué deux soldats français, arrive à Saragosse le 26 janvier : la cour de justice les demande au commandant qui refuse de les livrer ; alors la populace, au nombre de trois ou quatre mille hommes, prend les armes. Le Vice-Roi accourt, se fait remettre les prisonniers, et l'émotion se calme. Le 28, un régiment d'infanterie française se présente pour entrer dans la ville. Le capitaine des bourgeois qui étoit de garde, fait fermer la porte. Le maréchal de Tessé, accompagné du vice-roi, va la faire ouvrir, et le régiment entre la baïonnette au bout du fusil; mais à peine est-il engagé dans les rues, que les habitans tirent dessus par les fenêtres, et le désordre devient général; les équipages du régiment sont pillés, trois domestiques de M. de Tessé, ainsi que plusieurs officiers et soldats sont tués, et un plus grand nombre encore blessés. Le Maréchal, réfugié chez le vice-roi, qui eut beaucoup de peine à empêcher que ses bagages ne devinssent la proie des mutins, vouloit faire avancer l'armée pour saccager la ville; mais la noblesse et les jurats s'entremirent pour appaiser le tumulte qui n'eut pas d'autre suite. On prit la sage précaution de faire fortifier le palais de l'inquisition, et de le convertir en citadelle, pour contenir désormais le peuple. M. de Tessé, dégoûté du séjour de Saragosse, se rendit à Pina, à la gauche de l'Ebre, et à huit ou dix lieues au-dessous de la ville, pour vaquer plus tranquillement à ses arrangemens militaires.

Il arriva encore une aventure fâcheuse à

Gurrea, à neuf lieues au-delà de Saragosse. Deux bataillons français qui y étoient logés, étant sortis de la ville pour continuer leur route vers la Catalogne, restèrent en bataille près de la porte, en attendant que tous les officiers et soldats eussent joint. On s'apperçut qu'il manquoit un lieutenant, que le commandant envoya chercher par un détachement: on le trouva poignardé dans son lit. Les troupes rentrent dans la ville, rasent la maison où le meurtre avoit été commis, et s'établissent à discrétion chez les habitans, au secours desquels les paysans des environs accourent en grand nombre ; mais les Français vont au-devant d'eux et les mettent en fuite, après en avoir tué quelques-uns. Le maréchal de Tessé approuva la conduite des deux bataillons. Tous ces excès annonçoient, outre une extrême fermentation dans les esprits, excitée par les partisans de l'Archiduc, de l'aversion pour les Français, et peu d'affection pour Philippe v.

Il étoit impossible qu'un général qui se trouvoit dans un semblable ordre de choses, fût content de sa situation. La disette d'argent, d'artillerie, de munitions et de troupes, jetoit M. de Tessé dans une cruelle perplexité, qui perce dans sa correspondance avec la cour de Versailles, pendant les mois de janvier et de février : elle n'offre qu'un exposé de craintes et d'inquiétudes. Il représentoit les projets formés à Madrid comme des visions de gens qui se noyent, *et qui croyant se reprendre où ils peuvent, ne font que se noyer.* Il supposoit toute *l'Espagne mécontente et disposée à changer de domination.* Il pensoit qu'on devoit se rendre maître de Girone et de Valence, avant de tenter le siége de Barcelone, sans quoi Philippe v, en cas de malheur, n'auroit de retraite que sur la frontière de Roussillon, et ne pourroit rentrer en Espagne que par la Navarre et Pampelune. *Regardez l'Espagne,* écrivoit-il à M. de Chamillart, *comme un pays où il faut quasi une armée dans chaque province, et vous ne vous tromperez pas.* On peut juger que dans ses lettres à madame de Maintenon, M. de Tessé ne lui avoit pas représenté les affaires d'Espagne sous un plus bel aspect, d'après cette réponse où elle cherche à l'encourager :

A Saint-Cyr, le 10 février 1706.

« Vous ne pouvez aspirer, monsieur le Maréchal, à être oublié; vous êtes sur le théâtre, vous jouez un grand personnage, vous le jouez avec de grands talens, toute l'Europe est intéressée et attentive à ce que vous faites. Il est bien sûr que vous êtes chargé des affaires les plus tristes, mais il est bien sûr aussi que vous ferez de votre mieux, qu'on ne vous jugera point sur le succès, et qu'on vous tiendra compte de votre zèle. Je comprends que madame la princesse des Ursins n'est pas plus à son aise que vous, et je n'envie pas plus la place de favorite que celle de l'ambassadeur. Votre seul bonheur est votre union ; vous mandez tous à-peu-près la même chose, et vous n'embarrassez point le Roi à démêler la vérité comme autrefois ; c'est beaucoup, et quelque délabrées que soient les affaires, nous espérons tout de votre capacité et de votre esprit fécond en expédiens. Il y a bien long-temps que nous ne voyons plus madame de Maulevrier : c'est une perte pour elle et pour nous. J'ai reçu une lettre de M. l'abbé de Tessé, digne du fils de la politesse même, et je me suis bien réjouie du mariage de M. votre fils aîné. Je ne sais si l'on dit en Espagne, comme dans les autres pays étrangers, que le Roi n'a plus de santé. Je puis vous assurer qu'il n'en eut jamais davantage, et qu'il n'a pas même la moindre incommodité. Je ne vous le dis point par politique, mais uniquement à cause de l'attachement que vous avez pour lui. Notre princesse (1) devient tous les jours plus

---

(1) La duchesse de Bourgogne.

aimable, et seroit parfaite s'il n'y avoit point de lansquenet (1). Je n'ai plus de santé : il y a quatre ans que j'ai une petite fièvre presque continue. Je suis si affoiblie que je ne puis presque plus écrire de ma main. Je n'en manque pas à Saint-Cyr, mais je crains bien d'en avoir choisi une très-mauvaise. Croyez, monsieur le Maréchal, qu'en quelque état que je sois, je ne changerai jamais pour vous ».

Le maréchal de Tessé attendant des ordres de France, n'agissoit pas et ne croyoit pas pouvoir agir. Le roi d'Espagne le voyant persuadé qu'il falloit d'abord soumettre le royaume de Valence, où le lord Peterborough avoit amené des troupes de Catalogne, résolut d'y marcher lui-même, et manda le 13 février à M. de Tessé de se préparer à l'y joindre ; mais celui-ci reçut peu de jours après une dépêche datée aussi du 13 février, par laquelle Louis XIV dérangeoit les projets de son petit-fils, et expliquoit ses intentions en ces termes :

« Je suis persuadé que le parti le plus sage et le plus sûr, est celui que vous proposez, et que dans une guerre ordinaire, il faudroit s'assurer

---

(1) Elle aimoit trop ce jeu et y perdoit beaucoup d'argent.

de l'Aragon et de Valence, tandis que par la prise de Girone on assureroit une communication libre avec le Roussillon; mais dans la conjoncture présente, tout cela ne décide rien : l'Archiduc resteroit à Barcelone. L'Angleterre et la Hollande lui préparent un puissant secours, avec lequel, si vous lui en donnez le temps, il pourra se remettre en campagne et occuper toutes mes troupes, pendant que les Portugais pénétreront dans l'Estramadure et la Castille, sans trouver de résistance. Légal (1) a ordre de disposer toutes choses pour entrer en Catalogne les premiers jours de mars. Je vous ordonne de le joindre, en quelque état que soient les affaires de Valence et d'Aragon. Les vivres et les munitions arriveront bientôt par mer. Quand même la flotte commandée par le comte de Toulouse seroit obligée de se retirer, s'il en arrive une des ennemis beaucoup plus nombreuse, sa retraite ni les troupes que les ennemis jetteront dans Barcelone, ne vous empêcheroient pas de prendre cette place, dont la garnison doit être fort affoiblie par celles de Girone, Lerida, Tortose, &c. ».

---

(1) Lieutenant-général des armées du Roi, qui amenoit en Roussillon vingt-un bataillons et cinq escadrons pour concourir au siège de Barcelone.

Cette dépêche contient des raisonnemens justes, mais il en est d'autres que Louis XIV ne fondoit que sur des espérances vagues, comme par exemple celui de prendre Barcelone, quand même la flotte seroit obligée de se retirer devant une supérieure. Le maréchal de Tessé manda le 25 février au ministre de la guerre : *Je regarde le parti qu'on prend comme l'émétique des affaires d'Espagne.* En conséquence des ordres du Roi, qui changeoient toutes les mesures précédemment prises, M. de Tessé se tint prêt pour administrer le remède, conformément aux intentions de Louis.

Tandis qu'une armée française se préparoit à entrer en Catalogne par le Roussillon, et que le maréchal de Tessé se préparoit à y pénétrer par l'Aragon, l'Archiduc, de son côté, ordonnoit à tous les Catalans de se pourvoir d'armes, et assembloit ses troupes en deux corps : l'un du côté de Girone, pour faire face à ce qui viendroit du Roussillon ; l'autre à Lérida et Tortose, pour observer M. de Tessé, dont les détachemens éprouvèrent une forte résistance de la part de plusieurs postes, desquels il falloit s'emparer, soit pour empêcher les miquelets de passer de Catalogne dans le royaume de Valence, soit pour ouvrir le chemin de la Catalogne à Philippe v, qu'il alla attendre à Alcaniz, où le Monarque, parti de Madrid le 22 février, arriva le 8 mars : il accorda le même jour, au Maréchal, un décret qui l'autorisoit à se démettre de la grandesse d'Espagne, en faveur du comte de Tessé, son fils aîné. Le Roi se rendit le 12 à Caspé, y attendit jusqu'au 16, qu'on eût jeté un pont sur l'Ebre, et s'avança le 17 à Fraga, où toutes les troupes dispersées sur la frontière d'Aragon, avoient ordre de se réunir. Il fallut quatre jours pour leur faire passer la Sègre, sur un seul pont de bateaux amené par terre et établi au-dessous de Lérida, en face de la tour de Ségra, où le roi d'Espagne arriva le 23, et trouva l'armée campée. On avoit délibéré si l'on commenceroit par s'emparer de Monçon, Lérida et Tortose, pour s'assurer une retraite facile, si l'on échouoit devant Barcelone. C'étoit l'avis du maréchal de Tessé ; mais les Espagnols, auxquels il paroissoit impossible qu'on fût obligé de lever le siége de Barcelone, soutinrent que le succès de l'entreprise dépendoit de la promptitude de l'exécution, afin de prévenir l'arrivée des secours, et qu'alors les autres places tomberoient d'elles-mêmes : cette opinion prévalut, et le 24 on prit le chemin de Barcelone. La marche présenta de grandes difficultés, parce que les paysans, qu'on avoit fort animés contre le Roi et les Castillans, brûlèrent les provisions et le fourrage qui pouvoient servir à l'armée, prirent les armes contre elle, ou s'enfuirent dans les montagnes avec leurs bestiaux. Le prince de Darmstadt, conduisant la garnison de Lérida, harceloit l'armée en queue, tandis que le comte de Cifuentes, grand d'Espagne, dévoué à l'Archiduc, se présentoit en tête avec ses montagnards ou tomboit sur ses flancs.

Les préparatifs ordonnés en France furent plus longs que Louis XIV ne l'avoit cru ; le mois de mars y fut employé presque en totalité, et il en résulta le retardement du siége de Barcelone. Cependant la flotte du comte de Toulouse précéda les troupes : elle étoit au nombre de quarante vaisseaux, huit frégates, dix galères, cinq galiotes à bombes, et un grand nombre de bâtimens de transport. La marche de l'armée du roi d'Espagne et celle de la division aux ordres du marquis de Légal, furent si bien combinées, que ces deux corps arrivèrent chacun de son côté le 3 avril devant Barcelone, où le duc de Noailles, commandant en Roussillon, arriva lui-même pour servir au siége. Soit que le maréchal de Tessé se fût exagéré la difficulté de cette jonction et de la marche qu'elle exigeoit, et qu'il cherchât à excuser ses propres inquiétudes, soit que moins guerrier que courtisan, il voulût flatter Louis xiv, il manda le 5 avril à M. de Chamillart : « Si l'on tenoit un consistoire pour décider de l'infaillibilité du Roi, comme l'on en a tenu pour celle du Pape, je déciderois pour celle de S. M. Ses ordres ont confondu toute la science humaine ; et tout homme qui auroit prévu tout ce qui nous devoit arriver vraisemblablement, n'auroit certainement pas entrepris ce que ses commandemens nous ont fait exécuter ». Malheureusement on ne tarda pas à se convaincre qu'il y a loin de l'entreprise au succès, et le 8 mai le Maréchal, oubliant sa lettre du 5, en écrivit une nouvelle, pour se plaindre qu'on manquoit encore de beaucoup de choses, sur-tout d'argent, et s'exprimoit en homme qui prévoit et craint un événement fâcheux.

Trente-six bataillons français, quatre espagnols, trente escadrons de la premiere nation, et six de la seconde, se trouvèrent réunis devant Barcelone, où l'on commença, le 4, le débarquement des divers approvisionnemens. L'Archiduc étoit dans la place avec neuf bataillons de troupes réglées, mais très-foibles, deux régimens de dragons, et huit ou dix mille, tant miquelets qu'habitans armés, fort zélés pour ses intérêts. Barcelone étoit en mauvais état, et on pouvoit se flatter de le reprendre en moins de temps qu'il n'en avoit fallu aux alliés. L'Archiduc voulut d'abord sortir et se mettre en sûreté, mais le peuple s'assembla tumultueusement pour l'en empêcher. Alors quelqu'homme habile qui connoissoit bien le caractère catalan, suggéra une fraude pieuse, propre à enflammer l'enthousiasme des fanatiques défenseurs du Prince. Celui-ci déclare à la multitude, qu'avant de la satisfaire et de se déterminer, il convient de consulter la Vierge. Il prend un chapelet, entre dans une église, et en sort bientôt après d'un air satisfait, et, affectant le ton d'un inspiré, il déclare que la Vierge, accompagnée de deux anges, lui est apparue, et l'a assuré que les fidèles Catalans ne l'abandonneront jamais, et qu'il doit rester dans Barcelone, où il n'a rien à craindre. On crie au miracle, et les exhortations des prêtres et des moines soutiennent le courage de cette imbécile populace, dont les femmes servirent avec autant de courage que les hommes (1). *Ce n'est point une fable,* ajoutoit le maréchal de Tessé dans une lettre du 25 avril à M. de Cha-

―――――――――――――――――――
(1) Lettre du maréchal de Tessé à M. de Chamillart, du 11 avril.

millart, après lui avoir raconté ce qu'on vient de lire ; *on croit cela à Barcelone comme je crois mon Credo.* M. de Tessé auroit pu embellir son récit d'un fait encore plus bizarre, rapporté par le marquis de Saint-Philippe (1). Les prêtres et les moines de Barcelone avoient presque tous pris les armes contre Philippe v, et donnoient aux habitans l'exemple du courage ; mais parmi ces héros monastiques, on remarqua sur-tout les Capucins, qui eurent la singulière coquetterie de nouer leur barbe avec des rubans de diverses couleurs, avant de marcher au combat, où ils se montroient les plus acharnés. Les Catalans vouloient se sacrifier pour l'Archiduc, pourvu qu'il partageât leur sort ; mais Philippe, avec plus de qualités que le Prince autrichien, n'inspiroit pas la même ardeur pour sa cause. Son caractère froid et taciturne l'empêchoit de gagner les cœurs. *Il ne parlera jamais*, (écrivoit M. de Tessé au ministre de la guerre) ; *faites bien, faites mal, c'est la même chose ; il pense, mais c'est comme s'il ne pensoit pas ; et, passé cette campagne, fiez-vous à moi, qu'à la tête de ses armées, sa présence est plus préjudiciable à son service que s'il restoit à Madrid.*

Lapara, ingénieur distingué, et lieutenant-

---
(1) Mémoires du marquis de Saint-Philippe, t. ii, p. 61.

général des armées françaises, étoit chargé de diriger le siége, qu'on résolut de commencer par l'attaque de Montjoui. Il fit ouvrir, la nuit du 5 au 6 avril, la tranchée, et prit le mauvais parti de la pousser entre la ville et le fort de Montjoui, prétendant couper la communication qui existoit entre eux; mais le grand feu qu'on essuya des deux côtés obligea d'abandonner le travail, qu'on dirigea alors contre le Montjoui seul : ce fut une seconde faute, car ce fort, séparé de la ville, seroit tombé avec elle, et sa prise ne pouvoit influer sur la soumission de la place; au surplus, le canon ne put être en batterie que le 12; la forteresse résista plus long-temps qu'on ne l'avoit cru, et fit perdre environ vingt jours, plus que suffisans pour forcer Barcelone à capituler. M. de Lapara fut tué le 15, et après sa mort les choses n'allèrent pas mieux. Le 21, on donna sans succès un assaut meurtrier au Montjoui, qu'on ne put forcer en totalité, et on n'en fut maître que le 26 au matin, la garnison s'étant retirée la nuit précédente dans la ville, où la perte de Montjoui répandit d'abord la terreur, au point qu'on assure que, dès le 25, que les généraux ordonnèrent cette retraite, l'Archiduc, de l'avis des comtes de Lichtenstein et de Péterborough, songeoit à profiter de l'obscurité de la nuit pour s'évader, mais que la surveillance du peuple mit une seconde fois obstacle à sa fuite.

On ouvrit le 24 au soir la tranchée devant la place, et dès le lendemain on la battit en brèche; mais les officiers d'artillerie, divisés entre eux, firent la faute de placer trop loin les batteries, qui ne firent presque aucun effet, et il fallut ensuite les rapprocher; ce qui consomma encore du temps en pure perte. Il étoit cependant bien précieux, et pressoit d'autant plus, que si on assiégeoit l'Archiduc d'un côté, on l'étoit de l'autre par les miquelets, que le bouillant comte de Cifuentes tenoit dans une action continuelle. Plusieurs pièces de canon des assiégeans crevèrent; leurs artilleurs, sans cesse en querelle, étoient en trop petit nombre; cependant il y avoit trois brèches praticables au corps de la place, lorsque le comte de Toulouse avertit que l'approche d'une flotte ennemie, supérieure à la sienne, l'obligeoit de partir le 8 mai pour retourner à Toulon. L'opinion commune fut alors qu'un assaut mettroit Barcelone au pouvoir de Philippe v; mais le maréchal de Tessé trouva l'expédient trop dangereux en raison de l'incertitude du succès. Il représenta que l'armée n'étoit que d'environ 15,000 hommes, que tous les passages étoient fermés, et que si on étoit repoussé avec perte, la personne du Roi seroit en fort grand danger, parce qu'il ne resteroit pas des forces suffisantes pour réprimer la fureur d'une province révoltée; qu'en supposant même qu'on prît la ville, il ne convenoit pas que le Roi s'y renfermât, parce qu'elle seroit immédiatement bloquée par les rebelles, et sans doute affamée; d'autant que la retraite de la flotte française et la supériorité de celle de l'ennemi priveroient des ressources qu'on pourroit, dans une autre conjoncture, espérer par mer; qu'enfin il ne pouvoit consentir à ordonner l'assaut, que quand il verroit le Roi en sûreté à Perpignan, parce qu'alors, si on échouoit, le malheur, quoique grand, seroit réparable.

On taxa M. de Tessé de timidité; ce qui étoit injuste, car son courage n'étoit pas équivoque; mais peut-être que, par trop de circonspection et de calcul, il convenoit moins qu'un autre à cette entreprise, qui n'exigeoit que de la vigueur : quoi qu'il en soit, il représenta de nouveau le 10, au roi d'Espagne, que le départ de la flotte rendoit indispensable la levée du siége. Il le convainquit, non sans peine, que la flotte ennemie lui coupoit ses dernières ressources, que la chance alloit tourner contre lui de la manière la plus fâcheuse, et jeter ses affaires dans la plus violente crise ; que les assiégés, combattant en désespérés, redoubloient leurs sorties, et les miquelets leurs importunes escarmouches, au moment même où les assiégeans, devenus assiégés à leur tour, trop peu nombreux dès le commencement de l'entreprise, l'étoient encore moins par les pertes qu'ils avoient essuyées, et celles qu'ils éprouvoient chaque jour ; d'autant que les miquelets massacroient tout ce qui s'écartoit du camp, où les fatigues qui alloient devenir continuelles, produiroient immanquablement beaucoup de maladies. Philippe, qui vouloit obstinément continuer le siége, ne céda à l'avis contraire que sur la représentation que ce seroit sacrifier en pure perte les troupes françaises. On lui démontra ensuite, qu'il ne pouvoit regagner Madrid par la Catalogne, dont les peuples révoltés tenoient la campagne et occupoient les places ; que la retraite étoit très-difficile, quelque chemin qu'on prît, parce qu'il falloit s'attendre à être continuellement harcelé par une nuée de Miquelets ; mais que celui de Perpignan étoit encore le moins dangereux, et que quand on seroit en sûreté sur la frontière de France, on examineroit ce qu'il conviendroit de faire. La nuit du 11 au 12 mai l'armée décampa à la sourdine, et se mit en marche, abandonnant d'immenses approvisionnemens, son artillerie, à la vérité en mauvais état, et ses malades, que le généreux lord Péterborough fit soigner avec beaucoup d'humanité, sur la demande que lui en fit le maréchal de Tessé.

On avoit pris la précaution, en quittant les environs de Barcelone, de se pourvoir de pain pour sept jours; mais la marche fut plus lente qu'on n'avoit calculé, et d'autant plus pénible que le pays qu'on traversa, n'offrit aucune ressource, et qu'on fut continuellement assailli par les miquelets, ce qui obligeoit les troupes de se tenir ensemble et en ordre. L'armée campa le 12 mai à Moncada, le 13 à la Roca, et continua à s'avancer vers le Ter dont elle n'atteignit les bords que le 17, et se dirigea ensuite sur Pratz de Mollo qu'elle gagna sans perte. Depuis trois jours, M. de Noailles étoit parvenu, par une négociation, à la débarrasser des fatigantes escarmouches des miquelets.

Philippe v quitta les troupes sur la frontière de France et arriva à Perpignan le 22. Les Espagnols prétendent (1), que le maréchal de Tessé voulut lui persuader, sur-tout quand il

---

(1) Mémoires du marquis de Saint-Philippe, tome II, page 28.

fut à Perpignan, d'y attendre les événemens, ou plutôt de profiter de l'occasion pour faire une course à Versailles, et se concerter avec le Roi son aïeul. Les Espagnols supposèrent que l'intention du Maréchal étoit d'attirer Philippe, dans l'espérance qu'on lui persuaderoit, à la Cour de Louis XIV, de consentir au projet de paix que les alliés avoient proposé. Ils demandoient que Philippe se contentât des Deux-Siciles, du Milanais et de la Sardaigne, que l'Espagne et les Indes fussent cédées à l'Archiduc, et les Pays-Bas, soit à l'Empereur soit à l'électeur de Bavière, en échange de son électorat qui passeroit sous la domination de la Cour de Vienne. On assure que Louis XIV et le Dauphin désapprouvoient ce projet, mais que le duc de Bourgogne le trouvoit d'autant plus avantageux, qu'il auroit terminé une guerre ruineuse, qui épuisoit la France pour les seuls intérêts de son frère, auxquels il devoit préférer ceux de la couronne qu'il étoit destiné à porter un jour. Le marquis de Saint-Philippe ajoute, que le maréchal de Tessé, dévoué au duc et à la duchesse de Bourgogne, ne négligea rien pour attirer Philippe en un lieu où on le feroit consentir à l'accommodement proposé; mais que ce jeune Prince éclairé par les conseils de quelques fidèles serviteurs, sentit le piége, observa, que s'il alloit à Versailles, cette démarche auroit de grands inconvéniens et seroit mal interprétée en Espagne, où ses ennemis ne manqueroient pas de la représenter comme une abdication, et que ceux qui lui étoient encore attachés en grand nombre, l'abandonneroient malgré la présence de la Reine; qu'il falloit donc qu'il tâchât de la rejoindre, pour se remontrer à ses peuples, réchauffer leur zèle et leur courage, et tenter de nouveau la fortune qui lui offriroit peut-être des ressources salutaires. Que ce parti étoit évidemment le meilleur, et qu'au reste, il ne consentiroit jamais à aucune mesure qui pût faire préjuger une abdication, parce qu'il étoit fermement résolu à régner ou à périr en Espagne. On croit aussi que Philippe pût se refuser à l'invitation du Maréchal par un motif qu'il dissimula avec prudence, et qui consistoit à ne pas risquer d'être, quoique très-involontairement, le sujet d'une fâcheuse mésintelligence entre son aïeul et son frère, dont il vouloit d'ailleurs conserver l'amitié. Au surplus, tout ceci n'est que conjectural, et il n'existe aucune preuve des vues qu'on suppose au maréchal de Tessé qui ne les eut peut-être jamais. Quoi qu'il en soit, Philippe se trouva fort embarrassé : il manquoit d'argent, et on eut beaucoup de peine à lui procurer environ quatre-vingt-dix mille livres, dont M. de Tessé fournit trente mille, et le duc de Noailles emprunta le reste à Perpignan, sur son crédit. Le Roi annonça alors l'intention de faire le tour des Pyrénées, pour rentrer en Espagne par la Navarre, et de voyager à cheval et fort rapidement. Le Maréchal, accablé de chagrin du mauvais succès de la campagne, et avec une santé languissante, ne pouvant aller avec le Roi, le duc de Noailles se chargea de ce soin. Philippe, accompagné d'une suite très-peu nombreuse, arriva le premier juin à Pampelune, s'avança dès le lendemain sur le chemin de Madrid, et, grace aux talens du maréchal de Berwick, qu'il avoit redemandé à Louis xiv, ses affaires prirent en peu de temps, une tournure plus heureuse, quoique l'Archiduc fût proclamé Roi dans Madrid; mais il ne put s'y maintenir.

La campagne de 1706, encore plus fâcheuse pour Louis xiv que pour le Roi son petit-fils, n'offrit au premier qu'un tissu de disgraces. Le maréchal de Tessé les commence en levant le siége de Barcelone, le 12 mai. Le 23, le maréchal de Villeroi se fait battre à Ramillies, et cette fatale victoire, remportée par le duc de Marlborough, livre aux alliés les Pays-Bas;

enfin le 7 septembre, l'armée française, vaincue devant Turin par le duc et le prince Eugène de Savoie, par la faute du maréchal de Marcin et sur-tout du duc de la Feuillade qui commandoit sous lui et sous le duc d'Orléans, cette défaite produit la levée du siége de Turin avec la perte du Piémont et du Milanais. Le public, mécontent de ces malheurs, n'épargna pas plus Louis XIV que les généraux qui les avoient éprouvés ; on rappela même les revers précédens, et le maréchal de Tessé ne fut pas moins maltraité que ses compagnons d'infortune, quoiqu'on l'excusât à Versailles et en Espagne même, ainsi qu'on le voit par ce fragment d'une lettre de madame de Maintenon, et par la réponse de la princesse des Ursins. La première mandoit à celle-ci, le 4 juillet, relativement au siége de Barcelone :

« Le maréchal de Tessé a fait de son mieux dans une entreprise qui n'étoit pas de son goût ; il a été malheureux, il est bien juste de le consoler ». A quoi madame des Ursins répondit, de Burgos le 15 juillet : « Je plains M.{le maréchal de Tessé, et il mérite vos bontés. Ce n'est point par sa faute assurément, qu'on a commencé le siége de Barcelone un mois trop tard, et on ne sauroit lui attribuer les autres inconvéniens qui ont fait échouer cette entreprise. On lui reproche de nous avoir fait sortir de Madrid, en ramenant les troupes par la France; mais il pouvoit arriver pis, s'il avoit trouvé les rivières débordées par l'Aragon ».

On formeroit un assez gros volume des chansons et des satires qui coururent alors; mais on rapportera seulement celles plus particulièrement dirigées contre le maréchal de Tessé.

Conseils à Louis XIV.

Si vous voulez faire bonne justice,
Prenez le bien de vos trois grands héros :
Tessé, Tallard, Villeroi ; leurs services
Méritent bien qu'on les traite en marauds.

Tessé, poltron (1), vous a perdu l'Espagne;
Tallard, sans yeux (2), perd les deux électeurs (3);
Et Villeroi, pour ouvrir la campagne,
Perd la Flandre (4). Ah Dieux! les bons auteurs!

---

(1) Nous avons rapporté un assez grand nombre de faits qui prouvent que le maréchal de Tessé étoit très-brave, et que cette accusation de poltronnerie est calomnieuse.

(2) M. de Tallard avoit la vue très-basse.

(3) L'électeur de Bavière et celui de Cologne, son frère.

(4) A la bataille de Ramillies.

ANNÉE 1706.

Air : *Du Confiteor.*

Rends-moi, Varus, mes légions,
S'écrioit autrefois Auguste.
Rends-moi, Tallard, mes bataillons (1),
Dit Louis, à titre plus juste.
— Demandez-les à Villeroi (2),
Il en a plus perdu que moi.

Ce que Tallard a commencé
Dans la campagne d'Allemagne (3),
Le grand maréchal de Tessé
Vient de l'achever en Espagne (4);
Et Villeroi, le fanfaron,
Couronne l'œuvre à Tirlemont (5).

Courage, mon cher Feuilladin (6),
Tu seras maréchal de France :
Car tu suis le même chemin
Que nos généraux d'importance ;

---

(1) Le 13 avril 1704, il avoit été battu à Hochstet, où une grande partie de l'armée fut faite prisonnière de guerre; il le fut lui-même.

(2) Il avoit perdu la bataille de Ramillies le 23 mai 1706.

(3) En 1704.

(4) En levant le siége de Barcelone.

(5) Le village de Ramillies est peu éloigné de Tirlemont.

(6) Le duc de la Feuillade qui conduisit mal le siége de Turin et le leva après la perte de la bataille de ce nom, le 7 septembre 1706.

Villeroi, Tallard et Tessé,
Sont-ils pas bien récompensés (1)?

Air : *Des folies d'Espagne.*

De Ramilli, bénissons la défaite !
Heureux Français, ne prenez point d'effroi ;
Si vous perdez beaucoup dans la retraite,
Nos ennemis ont perdu Villeroi.

Philippe-Auguste (2), en manquant Barcelone,
Vous gagnez tout : l'Archiduc est chassé ;
Pour disputer contre vous la couronne,
Vous n'aurez plus le secours de Tessé.

Faites des vœux, trop aveugle Angleterre,
Quand vous perdez vos plus fermes remparts :
Que ferez-vous le reste de la guerre,
Sans les Tessé, les Boufflers, les Tallard ?

La pièce suivante qu'on a gardée pour la dernière, est la plus amère de toutes pour Louis xiv, par la piquante ironie qui la caractérise.

---

(1) Tous ces généraux malheureux reçurent des graces de Louis xiv, après leurs revers.

(2) Epithète dérisoire désignant Philippe v, obligé de lever le siége de Barcelone.

ANNÉE 1706.

A LOUIS XIV.

Vous avez effacé, grand Roi, toute la gloire
  Des héros de l'antiquité ;
  Et toute la postérité
A de quoi s'occuper en lisant votre histoire ;
Mais Villeroi, Tallard, la Feuillade et Tessé,
En Espagne, en Piémont, en Allemagne, en Flandre,
Ont fait plus que César et le grand Alexandre :
  Ils vous ont effacé.

CHAPITRE XI.

Le duc de Savoie vient assiéger Toulon. Le maréchal de Tessé, commandant de l'armée française en Provence, fait échouer l'entreprise, et oblige le Duc de se retirer avec perte. Diverses anecdotes et couplets satiriques. Le comte de Médavi traite M. de Tessé comme il avoit traité lui-même M. de Catinat. Le Maréchal laisse prendre Suse par les ennemis et ne sert plus à la guerre.

Les troupes françaises et espagnoles ayant évacué la Lombardie, en vertu d'une convention signée à Milan, le 13 mars 1707, par les commissaires du prince Eugène de Savoie, et le comte de Médavi qui commandoit les Français dans cette contrée, le duc de Savoie conçut l'espoir de pénétrer dans les provinces méridionales du royaume, et d'y faire des conquêtes. Le prince Eugène consentit facilement à concourir, avec les troupes de l'Empereur, à l'exécution de ce projet, au succès duquel ses talens militaires pouvoient contribuer essentiellement. Le Duc résolut de pénétrer par le comté de Nice, de passer le Var, d'entrer en Provence et d'assiéger Toulon par terre, tandis qu'une flotte combinée d'Angleterre et de Hollande, le bloqueroit par mer, et en favoriseroit l'attaque, soit par un bombardement, soit en fournissant à l'armée des subsistances qu'il étoit impossible de trouver dans le pays. Victor-Amédée se ménagea des intelligences en France; et comme il lui importoit de multiplier les diversions et les embarras de Louis xiv, il songea à rallumer les troubles des Cévennes, éteints d'abord en 1704, par le maréchal de Villars, et enfin par le duc de Berwick, en 1705.

Si la levée du siége de Barcelone avoit nui, dans l'opinion publique, à la réputation militaire du maréchal de Tessé, elle n'avoit pas influé sur l'estime du Roi pour ce général, qu'il nomma, le 31 janvier 1707, pour commander l'armée de Dauphiné et sur la frontière des Alpes, où il étoit vraisemblable que les ennemis, encouragés par leurs victoires précédentes, dirigeroient leurs principales entreprises. On ignoroit encore leurs projets; mais le Maréchal ne se dissimulant pas ce qu'ils pouvoient tenter, et voulant sans doute se disculper d'avance des mauvais succès, se plaignit de la médiocrité des forces qu'on mettoit à sa disposition. Ces propos rapportés à M. de Chamillart, il crut devoir, par une lettre du 15 février, en faire des reproches à M. de Tessé, et l'engager à changer de langage :

celui-ci, en arrivant à Grenoble le 28, répondit, qu'il regrettoit que les discours qu'on lui prêtoit eussent produit de mauvais effets, mais qu'il n'y avoit aucune part. Deux ou trois mois après, une nouvelle discussion du même genre, eut lieu entre le général et le ministre : il étoit de mauvais augure de commencer la campagne par des commérages. Le Maréchal s'établit à Briançon ; et quand les troupes qui étoient en Italie eurent repassé les Alpes, en vertu de la convention du 13 mars, il se trouva à la tête de soixante-dix-huit bataillons et de trente-huit escadrons, tant cavalerie que dragons, qu'il disposa le mieux qu'il put, pour couvrir le pays et déconcerter les vues qu'on supposoit aux ennemis, mais qu'on ne pénétroit pas encore. Le maréchal de Berwick n'avoit pas encore imaginé son excellent projet de la défense des Alpes (1), et on la regardoit encore, sinon comme impossible, du moins comme très-difficile. Le Roi, inquiet de l'avenir, tira de sa retraite de Saint-Gratien le maréchal de Catinat, pour le consulter ; et ce vertueux guerrier proposa, pendant toute cette campagne, de sages mesures qui furent pour la plupart très-utiles au maréchal de Tessé, qui

---

(1) Il ne le rédigea qu'en novembre 1709.

au surplus occupa les postes réputés les plus avantageux, en fit même encore fortifier plusieurs autres, et former des retranchemens ou des abattis dans les passages praticables pour les troupes. Le principal embarras étoit de savoir par où les alliés tenteroient de pénétrer en France, et dans cette incertitude, on prit les mêmes précautions tout le long des Alpes; et on y ajouta bientôt celle de faire voiturer dans les villes les grains et les fourrages de la campagne, et d'ordonner de détruire ce qu'on ne pourroit enlever, aussitôt que les ennemis paroîtroient, afin que la disette devînt un obstacle à leurs progrès.

Une maladie survenue au duc de Savoie, et un gros détachement que les Autrichiens firent de leur armée pour s'emparer du royaume de Naples, retardèrent l'ouverture de la campagne; mais vers la fin de mai, les alliés formèrent trois camps principaux: l'un à Ivrée, l'autre à Rivoli en avant de Turin, et le troisième à Demont, près de Coni; disposition qui menaçoit à-la-fois la Savoie, Suse et Fenestrelles, ou le Dauphiné, et enfin Barcelonette et la partie du Var, ou la Provence. M. de Tessé indiqua le rassemblement de son armée sur la rivière de Cluson, en arrière de Pignerol. Il étoit d'autant plus embarrassé, que les différens partis qu'il avoit à prendre pouvoient tourner contre lui. S'il dégarnissoit la Savoie, les forces du camp d'Ivrée pouvoient y marcher; s'il ne laissoit pas des forces considérables vers Pignerol, les camps d'Ivrée et de Rivoli se jetoient en Dauphiné; s'il tiroit des troupes de la vallée de Barcelonette pour les envoyer sur le Var, les ennemis rassemblés à Demont, entrant par Barcelonette, coupoient sa ligne de défense par le centre de la Provence, où ils pénétroient. M. de Tessé, convaincu par ce calcul, que la partie qu'il affoibliroit mal-à-propos seroit sur-le-champ entamée par les alliés, résolut de ne dégarnir aucun point de sa ligne, qu'à proportion qu'ils affoibliroient les camps qui s'y trouvoient opposés. Insensiblement le gros des troupes d'Ivrée et de Rivoli se porta à Demont et Coni; d'un autre côté, le duc de Savoie faisoit répandre des billets (1) par lesquels il promettoit aux Dauphinois de les traiter avec beaucoup de clémence, et d'ôter tous les impôts; mesure qui paroissoit indiquer l'intention de pénétrer dans cette province.

Une flotte combinée d'Angleterre et de Hol-

---

(1) Lettre du maréchal de Tessé à M. de Chamillart, du 29 mai.

lande, forte de trente gros vaisseaux, vingt-six frégates et quarante-six bâtimens de transport, arriva vers le milieu de juin à Final, où elle embarqua neuf bataillons allemands, avec beaucoup d'artillerie et de munitions : préparatifs qui menaçoient également l'Espagne, Naples et les côtes de Provence, sans qu'il fût possible de conjecturer où l'orage tomberoit ; et ce ne fut que quand cette flotte s'approcha de Nice, qu'on jugea qu'elle avoit pour objet l'attaque d'Antibes, de Toulon ou de Marseille. Le prince Eugène étoit arrivé le 13 juin à Turin, pour prendre avec le duc de Savoie les derniers arrangemens sur le plan de campagne, dont l'exécution ne pouvoit tarder. On faisoit courir le bruit que Victor-Amédée avoit résolu de percer par Barcelonette ou le val d'Aost, et l'on savoit que les camps des ennemis étoient totalement formés le 20 juin. M. de Tessé, encore incertain du projet des ennemis, mit d'abord en sûreté la Savoie et le Dauphiné ; mais ne vouloit pas s'ébranler qu'il ne fût assuré des mouvemens des alliés. Le comte de Grignan, commandant en Provence, manda le 22 à la cour, qu'on l'assuroit de bonne part qu'ils étoient résolus au siége de Toulon ; il fallut alors que le Maréchal songeât sérieusement à la conservation de la

Provence, où il ne se trouvoit que dix bataillons très-foibles et quelques escadrons. Il jugea impossible d'en prévenir les alliés sur le Var, et à plus forte raison de défendre le passage. Le Maréchal indiqua trop qu'il redoutoit les événemens, et le bruit s'en répandit jusqu'en Espagne, au point que la princesse des Ursins, oubliant qu'en 1705 et 1706 il avoit montré beaucoup de zèle pour ses intérêts, crut pouvoir lui donner un coup de griffe, et manda le 7 juillet, à madame de Maintenon : *On n'aime pas à voir à la tête d'une armée, celui qui la commande craindre si fort les ennemis.*

Le prince Eugène parti de Turin pour Coni, le 1er juillet, y fut suivi le 2, par Victor-Amédée, animé du double desir de recevoir un subside considérable en argent qui étoit sur la flotte anglaise, pour lui être délivré quand le siége de Toulon seroit commencé, et de porter à la France, par la prise de la place, un coup qui auroit pour cette couronne des suites affreuses, si la fortune n'y mettoit obstacle : effectivement la reddition de Toulon mettoit à la disposition des ennemis de Louis XIV, outre une artillerie immense, une cinquantaine de vaisseaux, composant alors la meilleure partie de sa marine, dont la perte ruinoit le commerce du Levant, enfin assuroit la conquête d'une province d'autant plus importante, qu'elle en exposoit plusieurs autres, sur lesquelles elle donnoit des débouchés, à être envahies. Le maréchal de Tessé tire alors ses troupes des postes où elles n'étoient plus nécessaires, détache promptement treize bataillons avec ordre de forcer de marche pour se rendre à Toulon, charge le marquis de Saint-Pater, lieutenant-général, d'en aller prendre le commandement; et de se concerter pour défendre la place, avec le marquis de Langeron, commandant de la marine, dont les troupes servirent avec celles de terre, et qui se chargea de veiller à tout ce qui concernoit l'arsenal, le port et la flotte.

M. de Tessé mande au comte de Médavi qui étoit en Savoie, de diriger sans délai, sur Sisteron, dix bataillons, et prend lui-même le chemin de Toulon, ordonnant sur sa route toutes les mesures qui dépendent de lui pour accélérer la marche des troupes, seul moyen de sauver la Provence. Il arrive le 10 juillet à Toulon, dont les fortifications, du côté de terre, étoient si mauvaises et si négligées, qu'elles ne pouvoient soutenir au plus que cinq ou six jours de siége; d'ailleurs la place est commandée par les hauteurs voisines, d'où l'on voit le pié des remparts qui n'étoient couverts par aucun ouvrage extérieur. M. de Tessé ordonne de creuser les fossés, de réparer les contrescarpes et de terrasser les parties de murailles qui en ont besoin. Dès le 5, M. de Saint-Pater avoit commencé à fortifier le poste de Sainte-Catherine ; mais cette précaution n'étoit pas à beaucoup près suffisante, et le Maréchal convaincu par l'inspection des lieux, que le salut de Toulon ne pouvoit s'obtenir que par une vigoureuse résistance et à force d'hommes, il envoie de nouveaux ordres aux troupes d'accélérer leur marche, et reconnoît l'emplacement d'un camp divisé en trois quartiers, et que six mille pionniers travaillent à retrancher avec la plus grande activité. Le premier quartier appuyoit au glacis de la place, et s'étendoit sur la montagne de Sainte-Anne ; le second étoit renfermé entre Saint-Antoine et la ville ; et le troisième partant de la gauche du précédent, enveloppoit le château de Messici et aboutissoit à un des côtés de la petite rade ; de manière que ces camps garnis de troupes, on ne pourroit plus approcher de Toulon que par le chemin de la Valette, en laissant sur la droite la hauteur de Sainte-Catherine. Les camps retranchés flanquoient la ville qui les flanquoit eux-mêmes. On établit aussi environ trois cents pièces de canon, tant sur les remparts que dans le camp retranché, et aux lieux susceptibles d'en contenir ou les plus propres à empêcher l'abord de la ville. Les vaisseaux furent retirés entre elle et le fort Royal, pour les garantir autant qu'il étoit possible d'un bombardement, dont on tenta d'ailleurs de prévenir l'effet par d'autres mesures. On disposa des bâtimens plats, des galiottes à bombes et des brûlots pour défendre l'entrée de la rade, en même temps que les galères de Marseille eurent ordre de croiser le long de la côte, afin d'empêcher les descentes partielles qu'on auroit pu y tenter avec de petits bâtimens.

Toulon se trouvoit heureusement assez bien pourvu de munitions et de subsistances, pour que l'on ne pût craindre que les troupes que l'on jugeroit à propos d'y porter, en manquassent. Les gardes-côtes occupèrent leurs postes et les milices furent rassemblées : M. de Tessé vouloit qu'elles gardassent les défilés des vaux d'Olioules, afin que les ennemis s'y trouvassent retardés et ne pussent devancer les troupes qui marchoient au secours de Toulon ; mais la disette d'argent étoit si grande, que comme on ne put payer les milices, elles se dissipèrent, et le marquis de Chalmazel mandoit nettement au ministre de la guerre (1), *qu'on manquoit de travailleurs, qu'il n'avoit jamais vu une nation si rétive que les Provençaux, et qu'on devoit en attendre peu de secours.* Plus de neuf mille habitans de Marseille et environ sept mille paysans des environs prirent les armes ; mais d'après ce qu'on vient de lire, ce zèle pouvoit s'amortir facilement. Les ordres nécessaires donnés à Toulon, tant au-dedans qu'au-dehors, le maréchal de Tessé se rendit, le 11 juillet, à Aix, pour régler la répartition des troupes à mesure qu'elles arriveroient, et il manda le 12 et le 13, au Roi, qu'il ne falloit pas songer à la défense du Var qui étoit impossible, qu'il avoit ordonné de brûler les moissons à mesure que les ennemis avanceroient, et qu'au surplus il sauveroit Toulon et la flotte, si ses troupes pouvoient arriver avant eux devant la place. Cette espérance ayant été divulguée, un ennemi du Maréchal lui décocha l'épigramme qui suit :

Air : *Voici le jour solemnel de Noel.*

Contre Savoie est-ce assez
De Tessé ?
Le favori de Bellone !

---

(1) Le 20 juillet.

ANNÉE 1707.

Il répond au Roi, dit-on,
De Toulon,
Comme il fit de Barcelone (1).

Le marquis de Sailli, lieutenant-général, étoit sur le Var avec neuf bataillons et quelques escadrons de cavalerie et de dragons, ne faisant pas huit cents chevaux. Trop foible pour empêcher le passage du fleuve, il ne songea qu'à le chicaner. Il jeta deux bataillons dans Antibes, quelques renforts dans Montalban et Monaco, et se posta le moins désavantageusement qu'il pût le long de la rive droite du Var. Toutes les troupes destinées à l'entreprise de Provence, s'étant réunies près de Coni au nombre de quarante mille hommes, dont vingt-huit mille d'infanterie, commencèrent le 5 juillet, à passer le col de Tende, et arrivèrent le 10, près de Nice, qu'ils laissèrent sur leur gauche. Le duc de Savoie accompagné du prince Eugène, alla le même jour reconnoître le Var, vers lequel l'armée eut ordre de s'avancer. Ils découvrirent bientôt que les Français n'avoient pu élever des retranchemens par-tout où ils eussent été nécessaires, et manquoient de troupes pour

---

(1) Il faut se rappeler qu'il en avoit levé le siége la nuit du 11 au 12 mai 1706.

défendre tous les gués ; d'ailleurs la flotte ennemie, commandée par l'amiral anglais Schowel, opéra une diversion en faisant entrer dans l'embouchure du fleuve plusieurs bâtimens plats, chargés de soldats et soutenus par des frégates qui canonnèrent à revers les postes du marquis de Sailli, et tandis que son attention se portoit sur les points les plus menacés, les alliés ayant formé trois principales attaques, surprirent le 11 juillet, le passage à un gué qui n'étoit pas gardé, et forcèrent ainsi les Français à se retirer : ils le firent en bon ordre, observant les ennemis à une ou deux marches de distance, et formant dans les chemins, à mesure qu'ils se reploioient sur Toulon, des coupures ou des obstacles qui retardèrent ensuite beaucoup les mouvemens du duc de Savoie. M. de Sailli arriva le 22 à Toulon, où ses troupes devinrent un renfort très-utile.

Le 12, le duc de Savoie fit occuper Saint-Laurent, marquer auprès un camp pour son armée, et jeter un pont sur le Var, afin de faciliter le passage de l'artillerie, des bagages et du reste des troupes. Les alliés se mirent en marche le 15, longeant d'abord le rivage de la mer, et se dirigeant par Cannes, n'arrivèrent que le 18 à Fréjus ; enfin, après avoir beaucoup souffert de la chaleur et de la disette, quoiqu'ils enlevassent tout ce qui étoit à leur bienséance, ils parvinrent, très-fatigués, le 25 à Cuers, à quelques lieues de Toulon, en même temps que le marquis de Guébriant, lieutenant-général, entroit dans le camp retranché avec dix bataillons : il y avoit été précédé le 23 par dix-neuf autres, aux ordres de M. de Dillon, aussi lieutenant-général, mais le commandement en chef fut dévolu au premier, par droit d'ancienneté. On attendoit encore d'autres troupes ; le maréchal de Tessé avoit demandé des renforts au Roi, qui tira de Flandre et d'ailleurs plusieurs bataillons, auxquels on fit prendre la route de Provence : quelques-uns étoient déjà à Lyon, et un détachement considérable de l'armée de Roussillon, commandée par le duc de Noailles, alloit se mettre en marche pour secourir Toulon. D'un autre côté, M. de Tessé avoit mandé au comte de Médavi, de lui envoyer une partie des troupes qui lui restoient en Savoie. Celui-ci n'y laisse que neuf bataillons et un régiment de dragons, part lui-même à la tête du reste et s'avance sur Sisteron. Ce général (1), très-brave, très-actif, n'étoit

---

(1) Jacques-Léonor Rouxel de Grancei, né le 31 mai 1655, lieutenant-général le 29 janvier 1702, chevalier des

pas moins ambitieux ; il parvint à une sorte de célébrité par le gain de la bataille de Castiglione, où il défit le prince de Hesse, depuis roi de Suède, le 9 septembre 1706, deux jours après la fatale déroute des Français devant Turin. Si ce revers ne put être effacé par la victoire de M. de Médavi, celle-ci consola un peu Louis XIV, qui la même année nomma le vainqueur chevalier de ses ordres. On a vu qu'en 1701 le comte de Tessé qui avoit des obligations au maréchal de Catinat, espérant le remplacer, blâmoit sa conduite dans sa correspondance avec la cour; en 1707, M. de Médavi, sans doute dirigé par les mêmes motifs que M. de Tessé, à qui il ne devoit aucune reconnoissance, lui rendit la pareille en écrivant contre lui au ministre de la guerre. Il débuta par une lettre du 9 juillet, où il se plaignit qu'on dégarnissoit trop la Savoie; dans une autre lettre du 17 juillet, il prétendoit qu'avec plus de prévoyance il auroit pu défendre le passage du Var, et couvrir ainsi Toulon de loin, mais qu'en adoptant l'opinion mal fondée de M. de Tessé, sur la prétendue impossibilité d'arrêter l'ennemi derrière ce fleuve, le Roi s'étoit laissé tromper,

---

ordres le 23 octobre 1706, maréchal de France le 2 février 1724, mort le 6 novembre 1725.

et avoit au surplus trop de complaisance pour l'avis de ses généraux. Le 6 août, M. de Médavi écrivit encore, qu'il craignoit que les acclamations des Provençaux à son arrivée, et l'estime qu'ils lui témoignoient, n'excitassent la jalousie du Maréchal, qui ne fut pas seulement attaqué ainsi ouvertement auprès du Roi, à qui on adressa en outre des lettres anonymes sur la situation des affaires.

Après avoir donné ses ordres à Aix, où l'on établit une garde bourgeoise, formée de tous les citoyens, sans distinction, en état de porter les armes, M. de Tessé se rendit à Marseille, y fit travailler à de nouveaux ouvrages, et alla ensuite jusqu'à Sisteron au-devant des troupes. Il se proposoit de faire construire au-dessous de la ville un pont sur la Durance, pour faciliter les mesures qu'il jugeoit propres à empêcher les ennemis de pénétrer en Dauphiné ou en Languedoc, et communiquer plus aisément avec Toulon par Riez, où il se rendit le 20, avec l'intention, disoit-il dans sa lettre de la veille à M. de Chamillart, d'aller au-devant des ennemis à la tête d'un corps d'observation, qu'il alloit former avec les troupes qui étoient en chemin, dans l'objet d'inquiéter le duc de Savoie, de le resserrer, et de couvrir Aix et Marseille, ainsi que le reste de la Provence.

Victor-Amédée s'avance le 26 juillet de Cuers à la Valette, à une demi-lieue de Toulon, en même temps que la flotte mouille le long de la côte, afin d'y débarquer l'artillerie, les munitions et les subsistances nécessaires pour le siége et pour l'armée, dont la droite appuyoit à la Valette, et la gauche à la mer, vers la tour de Sainte-Marguerite. Le 27, les ennemis occupent une position plus rapprochée de Toulon que la précédente : ils étendent leur droite jusqu'à Sainte-Catherine, leur gauche en avant du château de l'Egoutier, et couvrent leur front d'une ligne garnie par intervalle de batteries de canons et de mortiers, et à la faveur de laquelle leur communication avec la flotte ne pouvoit plus être interrompue que par les accidens de la mer. Le siége de Toulon paroissant alors très-prochain, le marquis de Saint-Pater qui n'étoit pas moins vigilant que courageux, fit chasser de la ville les mendians et autres gens sans aveu, parmi lesquels un ennemi trouve facilement des espions; il ordonna aussi de dépaver les rues, pour rendre moins dangereux l'effet des bombes.

On a dit plus haut que le duc de Savoie s'étoit procuré des intelligences en France; mais il paroît qu'on n'y découvrit qu'un seul de ses principaux agens, nommé Grizoles, marchand de Nîmes, qui fut arrêté, et sur lequel on trouva des lettres qui prouvoient sa trahison, entr'autres une du prince lui-même, qui l'assuroit *qu'il seroit vers le 22 aux portes de Toulon, et l'exhortoit à prendre ses mesures pour lui tenir parole.* Grizoles fut roué. Victor-Amédée s'étoit proposé de rallumer la guerre civile des Cévennes, et pour y réussir plus facilement, il menoit avec lui Cavalier (1), ci-devant chef des Camisars, et le faisoit manger à sa table (2); mais les Camisars qui étoient désarmés, ne pouvoient rien faire si on ne leur rendoit des armes. Le Duc avoit réussi à en faire arriver jusqu'à Beaucaire, où elles furent saisies dans des ballots de marchandises.

Le 28, les ennemis tinrent un conseil pour régler leurs opérations. L'amiral Schowel qui devoit y concourir, fut appelé à la délibération. Plusieurs généraux, et sur-tout le prince Eugène, observèrent, que la conquête de la Provence en général, et le siége de Toulon en

---

(1) Le maréchal de Villars rapporte dans ses Mémoires, tome 1, page 313, que c'étoit un paysan du plus bas étage, qui n'avoit pas vingt-deux ans, (en 1704,) petit, sans aucun extérieur, mais d'une fermeté et d'un bon sens surprenans.

(2) Lettre du comte de Grignan à M. de Chamillart, du 27 juillet.

particulier, présentoient de plus grandes difficultés que celles auxquelles on s'étoit attendu; que non-seulement le peuple ne se soulevoit pas, ainsi qu'on l'avoit espéré, mais qu'il montroit de l'aversion pour les troupes des alliés, qui s'étoient attiré sa haine par le pillage et les désordres qu'elles s'étoient permis pendant leur marche; qu'elles s'affoiblissoient aussi par une nombreuse désertion, et manquoient de plusieurs articles de subsistances, dont on est toujours privé quand on n'a pas l'affection des habitans d'un pays; que d'ailleurs les retards éprouvés dans la marche depuis Coni, avoient donné le temps de mettre Toulon en état de défense, et empêché de prévenir l'arrivée d'un corps de troupes françaises à portée de la place; que maintenant qu'il s'y trouvoit, le siége deviendroit long et d'autant plus problématique, qu'on ne pouvoit ni investir les hauteurs voisines de la ville, ni couper la communication de celle-ci aux troupes déjà nombreuses qui les défendoient; que Louis xiv enverroit certainement en Provence des renforts qui ne tarderoient pas à rendre l'armée du maréchal de Tessé, sinon supérieure, du moins égale à celle des alliés; qu'alors la retraite vers le Var pourroit devenir d'autant plus difficile, que la nécessité d'arriver promptement devant Toulon, avoit fait prendre le parti de laisser derrière, dans le comté de Nice, des places où il y avoit garnison française ; qu'on pouvoit juger par les embarras éprouvés dans la marche qu'on venoit de faire, ceux auxquels on seroit exposé s'il falloit rétrograder à la vue d'une armée ennemie ; que comme on n'avoit pas de magasins, on ne devoit compter désormais pour la subsistance et les autres approvisionnemens de l'armée que sur la flotte, qu'un coup de vent pouvoit disperser : qu'alors on seroit sans ressources ; enfin, que le siége paroissoit si incertain, qu'il sembloit prudent d'y renoncer et de se retirer, tandis qu'on le pouvoit encore sans honte et sans perte considérable. Ces réflexions, quoique très-sages et conformes aux principes de la guerre, déplurent au duc de Savoie, naturellement entier et opiniâtre. Il dit avec humeur, qu'il n'étoit pas venu pour ne rien faire, qu'il savoit la guerre, comptoit sur la fortune, et se chargeoit de l'événement. Dans cet ordre de choses, son mauvais caractère ne pouvoit que contribuer à en rendre l'issue fâcheuse pour lui. Il avoit fait annoncer aux Provençaux qu'ils seroient traités avec douceur ; il avoit compté de leur part sur une révolution qui n'échoua peut-être que par sa faute ; mais quand il vit qu'ils ne se portoient pas à la révolte contre leur souverain légitime, son insatiable avarice reprit le dessus; il les soumit à des contributions exorbitantes, tandis que s'il eût adopté le cri : *Liberté et plus d'impôts*, il se seroit peut-être opéré en sa faveur un soulèvement en Provence et en Languedoc, où la persécution des calvinistes avoit laissé beaucoup d'élémens de troubles; d'ailleurs, loin de faire observer à ses troupes une sévère discipline, si convenable à son intérêt et à la circonstance, il toléroit de leur part les excès que se permet toujours une soldatesque qu'on ne réprime pas. Le pillage, les vexations les plus odieuses et des brigandages révoltans, furent commis par les alliés, qui saccagèrent même quelques villages; dès-lors les paysans irrités ne firent plus de quartier aux maraudeurs ou soldats qui s'écartoient. L'animosité de Victor-Amédée contre la France et les Français perçoit, nonobstant sa dissimulation, et il laissoit éclater sa haine en faisant couper des oliviers et commettre mille dévastations de ce genre, sans autre motif que de nuire. Son avarice se manifesta sur-tout d'une manière très-marquée; au lieu d'abandonner le sel à la multitude, et de gagner ainsi son affection, il s'en réserva le prix dans toute la partie de la Provence dont il étoit le maître. Sa lésine s'exerça même envers ses propres troupes, auxquelles il fit vendre à son profit, le vin qu'on trouva en abondance dans diverses maisons aux environs de son camp, et donna ainsi l'exemple dégoûtant d'un souverain cabaretier. Aussi la désertion devint-elle considérable dans son armée, sur-tout de la part des Français qui, depuis la bataille de Turin, avoient pris en très-grand nombre parti à son service, de gré ou de force.

Le duc de Savoie, persuadé qu'il ne pouvoit attaquer Toulon avec succès, sans occuper au moins une des hauteurs qui le dominent, résolut de s'emparer de la montagne de Sainte-Catherine, appelée aussi le poste de la Croix-Faron. Il la fit attaquer le 29 à la pointe du jour, par trois mille hommes, qui se présentèrent au moment où une nouvelle garde venoit relever l'ancienne ; de manière que le poste se trouvant doublé, ils furent reçus très-vigoureusement, et repoussés avec perte par le brigadier comte de Tessé, fils du Maréchal. Le marquis de Guébriant, qui étoit accouru aux premiers coups de fusil, faisant avancer encore des troupes et du canon, les ennemis ne jugèrent pas à propos de s'opiniâtrer à leur entreprise, et se retirèrent ; mais le 30 à la pointe du jour, ils recommencèrent l'attaque avec plus de six mille hommes. La hauteur de Sainte-Catherine étant dominée par d'autres élévations, les ennemis y établirent quelques pièces de canon et deux mortiers. Alors M. le Guerchois, brigadier, qui avoit remplacé le comte de Tessé, craignant d'être enveloppé et coupé, abandonna le poste, après avoir ruiné les retranchemens et fait enclouer quatre pièces de canon qu'il ne put emmener. L'attaque de la veille et celle-ci coûtèrent aux alliés environ quatre cents hommes; néanmoins on accusa M. le Guerchois de n'avoir pas fait son devoir, et on eût probablement sévi contre lui, si le maréchal de Tessé ne l'avoit justifié aux yeux du Roi.

Le duc de Savoie ordonna de réparer les chemins, pour faciliter les mouvemens d'artillerie, et d'élever, tant sur la montagne de Sainte-Catherine qu'ailleurs, des retranchemens destinés à couvrir ses batteries. On en construisit trois, l'une sur la hauteur de Sainte-Catherine, et les deux autres du côté de la mer, pour tâcher d'éteindre le feu de deux vaisseaux, dont les boulets portoient dans les retranchemens et tuoient beaucoup de monde. On découvrit le 3 août, que les ennemis construisoient une grande ligne sur l'éminence de

Sainte-Catherine, et continuoient d'autres travaux, qu'on chercha à interrompre par un très-grand feu de la ville et des retranchemens, et on réussit à y produire beaucoup de dommages. Les alliés étoient occupés à les réparer, la nuit du 3 au 4, lorsque le marquis de Guébriant fit déboucher vers la hauteur de Sainte-Catherine, deux mille hommes sur les travailleurs qu'ils mirent en fuite, de même que les troupes qui les soutenoient, ruinèrent une partie des ouvrages, et ne se retirèrent qu'à l'approche d'un corps ennemi très-supérieur.

Les alliés s'occupèrent les jours suivans à perfectionner leurs travaux, à augmenter leurs batteries, à faire grand feu sur la place, et à en essuyer un semblable de sa part; cependant ils commençoient à manquer de fourrage et de viande, et un assez grand nombre de soldats qui avoient mangé des fruits et des raisins à demi mûrs, se trouva attaqué de la dyssenterie. On sut par des déserteurs, que la farine que fournissoit la flotte, étoit la seule denrée qui fût encore en abondance dans le camp, mais que la disette des autres comestibles s'y faisoit sentir au point, que les soldats n'avoient souvent d'autre soupe que de la farine délayée dans de l'eau chaude. Néanmoins, comme le vice-légat d'Avignon, sans doute mal informé de la situation des choses, jugeoit que l'entreprise des alliés pouvoit encore réussir, il chercha à se les rendre favorables, en se montrant, d'après la politique d'usage à la cour de Rome, mal intentionné pour la France. Louis XIV méprisa ce procédé; mais le marquis de Torci, ministre des affaires étrangères, écrivit au vice-légat de manière à lui faire sentir, qu'il étoit facile au Roi de se venger.

Le maréchal de Tessé arriva le 6 août à Toulon, et après avoir tout visité, il se rendit le lendemain à Aubagne et Roquevaire, pour régler définitivement la répartition des renforts d'infanterie et de cavalerie qui étoient venus de divers côtés. Il restoit encore en Dauphiné, aux ordres de M. de Chamarante, lieutenant-général, un corps qui devoit prendre le chemin de Toulon, si le duc de Savoie faisoit venir des troupes de Piémont. Le 7 août, le comte de Médavi campoit à Gemenos, près d'Aubagne, d'où il marcha le 9 à Seillon, en arrière de Saint-Maximin, avec six bataillons et quarante-deux escadrons de cavalerie ou de dragons.

Cette position étoit d'autant plus avantageuse qu'elle couvroit le pays, rassuroit les habitans, et achevoit de resserrer les ennemis, au point qu'au bout de quelques jours ils se trouvèrent presque sans fourrages et sans autres subsistances, que celles qu'on tiroit de la flotte, parce que les détachemens du comte de Médavi imposoient aux leurs la nécessité de marcher très en force, à moins de s'exposer à être coupés ou battus; c'est pourquoi le duc de Savoie se vit forcé de détacher le 15, un corps considérable aux ordres du comte de Fels, pour observer M. de Médavi, et tâcher de réprimer les courses de ses partis. Quoique l'entreprise des alliés parût dès-lors totalement déconcertée, quelques hommes lâches ou peu clairvoyans, songeoient encore à se concilier la faveur du duc de Savoie, en cas d'événement. M. de Médavi découvrit et informa le 12 le ministre de la guerre, que le gouverneur de Brignolle avoit demandé à Victor-Amédée, une commission pour commander dans cette ville en son nom. On ignore si ce méprisable officier fut puni. Le 9, le maréchal de Tessé fit encore partir d'Aubagne différens corps de troupes pour s'approcher de Toulon. Quelques escadrons allèrent s'établir vers Olioules, pour fermer totalement le chemin de Marseille à l'ennemi, de concert avec les troupes du camp retranché, où le maréchal de Tessé arriva le 10 avec quinze ou dix-huit bataillons. Ce nouveau renfort ne permettoit plus aux ennemis de conserver la moindre espérance de réussir ; d'autant que le général français avoit alors à ses ordres, à portée de la place, cinquante-neuf bataillons et cinquante-huit escadrons de cavalerie ou de dragons, et que le Roi prenoit de son côté les mesures les plus efficaces, pour forcer les alliés à la retraite, par le rassemblement d'une armée supérieure à la leur. Il résolut, le 16 août, d'en donner le commandement au duc de Bourgogne, ayant sous lui son frère le duc de Berri. Il fit expédier en même temps un pouvoir au maréchal de Tessé, pour commander sous ces Princes ; mais soit que les lettres du comte de Médavi et d'autres eussent nui à ce général dans l'esprit du Monarque, soit que l'importance de la conjoncture fît croire qu'un homme d'un talent bien constaté, ne pouvoit qu'être très-utile, tant pour le conseil que pour l'exécution, Louis XIV décida que le maréchal duc de Berwick (1) accompagneroit ses petits-fils en Provence. Un courrier apporta le 19 ces

---

(1) Le 18 août, ce général avoit reçu ordre de quitter l'Espagne, où il commandoit l'armée sous le duc d'Orléans, et de se rendre en Provence, afin d'y servir dans l'armée du duc de Bourgogne, et de concerter avec le maréchal de Tessé les moyens de rechasser les ennemis,

arrangemens à M. de Tessé, qui en témoigna sur le champ au ministre une grande satisfaction, même de l'arrivée de M. de Berwick ; mais il dissimuloit certainement à cet égard, car peu de jours après, le dernier lui ayant adressé un paquet, contenant sans doute des avis sur les opérations, M. de Tessé le reçut assez désobligeamment, pour mériter que M. de Chamillart lui en fît des reproches.

On avoit eu le 12 une preuve évidente que les alliés eux-mêmes ne croyoient plus à la possibilité de prendre Toulon. Le prince Eugène ayant chargé le maréchal de Tessé de lui procurer un surtout de table, ce dernier lui mande, que les ouvriers de Lyon ne peuvent le finir avant un mois, et qu'il est nécessaire de savoir où il faudra l'adresser. Le Prince répond le 12, que les hommes formoient des projets que la Providence ne favorisoit pas toujours; qu'il ignoroit où il seroit dans un mois, mais qu'il le prioit de faire envoyer le surtout à Turin. Les alliés souffroient effectivement

---

dès que les secours qui arrivoient de tous côtés, même d'Espagne, d'où on tiroit douze bataillons et autant d'escadrons, seroient arrivés. M. de Berwick fit toute la diligence possible, apprit à Beziers la levée du siége de Toulon, reprit la route d'Espagne, et rejoignit le duc d'Orléans à Lerida.

beaucoup; les maladies augmentoient dans leurs troupes, et le nombre des déserteurs réfugiés au camp des Français excédoit quatre mille cinq cents hommes. Le maréchal de Tessé supposa que dans cet ordre de choses, une attaque un peu vigoureuse les détermineroit sans doute à lever le siége. Il se décida en conséquence à les chasser des hauteurs de Sainte-Catherine. L'action commença le 15 à la pointe du jour et dura jusqu'à trois heures après midi : le Maréchal la dirigea lui-même toute entière. Les ennemis perdirent douze ou quinze cents hommes et furent contraints de se retirer. On profita de leur déroute pour combler leurs lignes et détruire une partie de leurs travaux ; au surplus, on reconnut que le poste de Sainte-Catherine ne pouvoit se conserver, à moins de quatre ou cinq mille hommes auxquels, par la nature du terrain, il étoit bien difficile de porter journellement de l'eau, des vivres et des munitions : le Maréchal fit en conséquence retirer ses troupes. Le duc de Savoie, convaincu de son côté que le poste, quelque considérable qu'il fût, pouvoit toujours être respectivement insulté, renonça comme les Français à l'occuper.

Victor-Amédée, au désespoir de n'être pas plus avancé que le premier jour de son arrivée devant Toulon, décharge sa rage sur cette ville, et la fait bombarder violemment la nuit du 15 au 16, et tout le lendemain, non sans succès, mais avec moins de dommage qu'il ne s'en étoit flatté. Une bombe ayant crevé la citerne de la tour de Sainte-Marguerite, située au bord de la mer, derrière la gauche des assiégeans, la garnison manquant d'eau, fut obligée de se rendre prisonniere de guerre le 17, au nombre de cent hommes. Le même jour on établit une batterie sur la grande tour, pour empêcher la flotte ennemie d'approcher de la petite rade. Le 18, le fort de Saint-Louis, construit dans la grande rade, peu important en lui-même et à demi-ruiné par l'artillerie des alliés, fut abandonné à dix heures du soir en vertu d'un ordre du maréchal de Tessé, et la garnison rentra par mer à Toulon. Le duc de Savoie y envoya quelques mortiers qui ne cessèrent de jeter des bombes dans la place pendant la journée du 19. Le bruit commençant à se répandre que ce Prince se disposoit à lever le siége, le général français fit partir huit ou dix bataillons, et le lendemain 20, cinq autres pour aller joindre le comte de Médavi; il lui envoya aussi les dragons qui étoient à Olioules, et lui manda de se tenir en mesure, de serrer autant qu'il le pourroit les ennemis dans leur retraite. Il ordonna d'un autre côté, qu'on fît entrer un régiment de dragons dans Antibes. Depuis quelques jours, un vent contraire qui éloignoit la flotte de la côte, produisoit la disette dans le camp des alliés qui, informés de la prochaine arrivée du duc de Bourgogne avec des renforts considérables, sentirent enfin la nécessité de lever le siége, pour éviter leur ruine totale : ils commencèrent à faire embarquer leurs équipages et l'artillerie, ne laissèrent qu'une ou deux pièces à chaque batterie ; mais pour cacher leur intention, ils firent approcher le 20 quatre galiotes à bombes et des batteries volantes, qui tirèrent sur la place avec violence et un médiocre effet, par les précautions qu'on avoit prises. La nuit du 20 au 21, les malades et les blessés furent transportés sur la flotte, et la nuit du 21 au 22 l'armée décampa ; marchant avec toute la diligence possible à Cuers, où la difficulté des chemins ne lui permit d'arriver que le 22 au soir. Le lendemain ils continuèrent leur route avec la même précipitation, la flotte disparut le 23, et le duc de Bourgogne fut dispensé de venir en Provence. On trouva dans le camp ennemi treize pièces de canon, des boulets, des bombes, de la poudre, des outils, quelques tentes, et un grand nombre de cadavres qui exhaloient une puanteur insupportable. La route que suivirent les alliés, fut également semée de corps morts de maladie, ou tués par les paysans; le duc de Savoie ne manquoit pas aussi de faire de grandes dévastations, tant pour nuire que pour empêcher qu'on ne le poursuivît. C'est ainsi que se termina le siége de Toulon, qui ne produisit qu'un médiocre dégât dans la ville (1). Deux ou trois vaisseaux, qu'on disoit vieux et hors de service, que les bombes de l'ennemi brûlèrent ou coulèrent à fond, furent les seules pertes qu'éprouva la marine française.

Le 22, le Maréchal dépêcha son fils au Roi, pour l'informer du départ des ennemis. Le Monarque lui écrivit le 29 août, qu'il venoit de lui rendre le service le plus important qu'il pût recevoir alors, et afin de lui témoigner encore plus particulièrement sa reconnoissance, il nomma maréchal de camp, le 1er septembre, le comte de Tessé, quoiqu'il ne fût brigadier que depuis le 15 mai précédent. La rapidité de cet avancement ne fut pas généralement approuvée, et l'on tomba à ce sujet sur le père et sur le fils dans les couplets suivans :

---

(1) Vingt-quatre maisons furent brûlées et environ cent endommagées.

Air : *De tous les Capucins du monde.*

Ne craignons point pour la Provence,
Quand nous avons pour sa défense
Ce grand maréchal de Tessé ;
Vainement on lui tend des piéges :
Eh ! n'a-t-il pas appris assez
Comme l'on fait lever les siéges (1).

Tessé le fils, dans cette année,
Pourroit bien commander l'armée :
Le voilà maréchal-de-camp !
Vous le croyez un pauvre hère ;
Il en sait pourtant bien autant
Que le grand maréchal son père.

Air : *Du prévôt des marchands.*

Chamillart, pour sauver Toulon,
Se sert, dit-on, d'une chanson (2),
De Tessé, de la loterie (3) ;
Maintenant puisqu'il est sauvé,
Qu'il nous rende la loterie,
Et qu'il expulse le Tessé.

Le marquis de Langeron, qui cherchoit

---

(1) Ceux de Gibraltar en 1705 et de Barcelone en 1706.
(2) On ignore à quoi ceci fait allusion.
(3) Moyen de se procurer de l'argent dont on manquoit pour les travaux relatifs à la défense de Toulon, et qu'on eut beaucoup de peine à se procurer.

sans doute à plaire à M. de Pontchartrain, ministre de la marine, lui dépêcha, à l'insu de M. de Tessé, un courrier pour devancer le fils de celui-ci, afin qu'il ne pût être le premier à donner au Roi la nouvelle de la levée du siége de Toulon. Cette découverte donna lieu de la part du maréchal de Tessé à une longue et fastidieuse tracasserie, de laquelle le ministre Chamillart se mêla, et qui ne fut pas même encore terminée par une lettre d'excuse qu'on engagea M. de Langeron à écrire à M. de Tessé, qui continua à se plaindre de son procédé.

Si la retraite des ennemis ne fut pas exempte de difficultés, la poursuite n'en présentoit pas moins, quant aux subsistances ; car non-seulement ils épuisoient et ravageoient le pays, ils gâtoient encore les eaux en y jetant des cadavres, dont les routes étoient d'ailleurs infectées. Le maréchal de Tessé commença par faire plusieurs détachemens pour embarrasser et retarder la marche des alliés, mais il ne put les suivre avec le gros des troupes qui manquoient d'équipages, qu'on avoit été obligé d'envoyer sur les derrières à Arles, pour ménager les fourrages. On ne pouvoit tirer des vivres que de Toulon ; plus on s'éloignoit de la ville, moins on pouvoit subsister, et jusqu'à ce qu'on eût fait des établissemens de proche en proche, il ne falloit pas songer à poursuivre le duc de Savoie avec des forces considérables. Les ennemis du Maréchal, dédaignant de prendre ces obstacles en considération, prétendirent qu'il étoit le maître d'exterminer Victor-Amédée et son armée, pendant sa marche en Provence pour regagner ses Etats, et qu'il ne l'avoit laissé échapper que par une coupable complaisance pour la duchesse de Bourgogne, dont on sait qu'il étoit premier écuyer et fort protégé, et que cette Princesse, devenue française par son mariage, n'en étoit pas moins attachée au Duc son père, auquel, ajoute-t-on, mais sans alléguer aucune preuve, elle trouva moyen de rendre pendant cette guerre des services très-importans, au détriment de Louis XIV, qu'elle amusoit, sur qui elle avoit acquis une sorte d'empire, et qu'elle trompoit.

Les alliés marchoient avec tant de diligence le jour et la nuit, qu'ils firent en deux jours le chemin auquel ils en avoient employé cinq en venant à Toulon, arrivèrent à Fréjus, le 25 août, et on ne put les prévenir à l'important défilé de l'Esterel (1), parce qu'ils l'avoient envoyé occuper d'avance. Le prince Eugène

---

(1) Entre cette ville et Grasse.

faisoit l'arrière-garde avec les meilleures troupes. Le maréchal de Tessé, qui s'étoit mis en marche à la tête de quatre ou cinq mille hommes d'élite, après avoir ordonné au marquis de Guébriant de le suivre le plus promptement qu'il pourroit avec le reste de l'armée, arriva le 23 à Cuers, et remplaça ainsi successivement dans leurs camps les ennemis, qui eurent constamment sept ou huit heures d'avance sur lui. Ils prirent quelque repos à Fréjus, mais ils n'osèrent envoyer forcer Draguignan, qui avoit fermé ses portes à leurs détachemens, ni attaquer Grasse qui imita cet exemple à l'égard de leur armée. Ils envoyèrent seulement aux portes de la ville, qu'ils avoient eu l'intention de piller en passant, quelques troupes aux ordres du colonel Eben : elles demandèrent insolemment vingt mille francs de contribution, dix mille bouteilles de vin, et un couvent de religieuses à discrétion. Les habitans, encouragés par l'arrivée subite d'un détachement de dragons français, répondirent aux ennemis, qu'ils n'auroient ni argent, ni vin, que les religieuses les trouveroient trop fatigués, et que s'ils s'arrêtoient plus long-temps, ils risquoient que l'armée du maréchal de Tessé les dispensât de continuer leur pénible retraite. Ce général, qui avoit été joint par le comte de Médavi, arriva à Grasse le 29, et le 30 le duc de Savoie atteignit enfin Saint-Laurent, près du Var, que ses troupes commencèrent à passer, sous la protection de huit ou dix mille hommes qui se tinrent en bataille à la rive droite du fleuve, et le 1er septembre, toute l'armée se trouva rassemblée au-delà, et campée près de Nice. Elle abandonna ensuite le comté de ce nom, et repassa le col de Tende pour se réunir à Coni. L'expédition de Provence coûta aux alliés environ dix mille hommes, tant désertés que morts de maladie, et tués soit dans les combats devant Toulon, soit par les paysans qui égorgèrent tout ce qui s'écarta du gros. Comme tout finit en France par des vers et des chansons, le siége de Toulon ne fit pas exception à la règle. On en composa contre Victor-Amédée, en langage provençal, que la plupart des lecteurs n'entendroient pas, et un grand nombre d'autres en français, même des odes, qui pourroient ennuyer; c'est pourquoi on ne rapportera qu'un seul couplet, qui a le mérite de présenter en six vers l'extrait de toutes ces pièces, la plupart longues et dépourvues de sel. C'est le duc de Savoie qu'on fait parler :

Air : *De Léandre.*

De mon aveugle ambition
Voici la glorieuse suite.
Je comptois bien prendre Toulon,
Il m'a fallu prendre la fuite ;
Je devois cueillir des lauriers,
J'ai fait couper des oliviers.

Le maréchal de Tessé s'étoit porté vers le Var, avec sept à huit mille hommes, pour attaquer l'arrière-garde des ennemis ; mais n'ayant pu l'atteindre, il ne songea plus qu'à séparer son armée, et à prévenir les nouvelles entreprises que pouvoit former le duc de Savoie : il envoya treize bataillons aux ordres de M. de Dillon dans la vallée de Barcelonette, en laissa tant en Provence que dans le comté de Nice, vingt-trois commandés par le marquis de Sailli, chargea le comte de Médavi d'en conduire douze en Savoie, où on a vu qu'il en avoit laissé quelques-uns. Onze autres bataillons furent destinés pour le haut Dauphiné ; quarante escadrons se rendirent à Arles, Tarascon et Barbantanne, pour y consommer des amas de fourrages descendus par le Rhône; dix-huit autres escadrons marchèrent au camp de Sablon, entre Valence et Vienne, enfin le Maréchal se rendit à Briançon pour observer les mouvemens des ennemis, qui s'étoient portés de Coni du côté de Saluce et ensuite de Pignerol, où ils étoient rassemblés le 16 septembre, au même nombre ou à-peu-près qu'à leur entrée en Provence, parce qu'ils furent renforcés des troupes restées en Piémont ou dans les Alpes pendant cette expédition.

La comtesse de Soissons, nièce du cardinal Mazarin, surintendante de la maison de la Reine, autrefois comblée de distinctions par Louis xiv, enfin mère du prince Eugène de Savoie qui, (attribuant sans doute à ses intrigues, à son mauvais caractère et à ses fautes, les traitemens fâcheux qu'elle et ses enfans avoient éprouvés en France, d'où ils s'étoient vus forcés de sortir), lui témoignoit si peu d'égards, qu'elle résolut au mois de septembre, de faire une tentative pour qu'on lui laissât finir sa carrière dans le royaume : le maréchal de Tessé informa le Roi le 18 septembre, qu'il arrivoit à Briançon, et trouvoit sur cette frontière madame de Soissons, dans la situation la plus triste ; mais Louis, déjà informé du retour de cette femme dangereuse, dépêcha le 21, à M. de Tessé, un courrier, avec l'ordre de lui enjoindre de rentrer en Piémont, parce qu'il ne vouloit pas qu'elle revint jamais dans son royaume; mesure qui prouve la gravité des torts de madame de Soissons envers le Monarque, ou sur d'autres objets, et sans lesquels il n'eût pas été dans ses principes de traiter aussi sévèrement une femme qu'il avoit aimée. Elle se retira à Bruxelles, où elle mourut le 9 octobre 1708, dans un état qui approchoit, dit-on, de l'indigence.

Le 17 septembre, les alliés commencèrent à s'ébranler: une partie de leurs forces resta aux environs de Pignerol, et le surplus, commandé par le prince Eugène, se porta vers Vegliano. Ces dispositions menaçoient à-la-fois la Perouse et Suze, dont le duc de Savoie vouloit s'emparer, avant l'arrivée des troupes françaises qui revenoient de Toulon. Il n'y en avoit pas alors assez à Suze, pour occuper les hauteurs et les retranchemens que le maréchal de Tessé y avoit fait construire; il fallut donc évacuer la ville et se borner à défendre la citadelle, où il resta environ trois cent cinquante hommes bien approvisionnés. Le général français, en arrivant au col de Fenestrelles, le 22 septembre, trouva les alliés maîtres de la ville de Suze, et la forteresse investie de la veille. Le 26, le duc de Savoie s'approcha de la Perouse, où M. de Tessé accourut aussitôt, pour donner les ordres relatifs à la sûreté de ce poste. Il se rendit ensuite à Exilles, pour tenter de secourir la citadelle de Suze, devant laquelle le prince Eugène ouvrit la tranchée la nuit du 25 au 26, et établit le lendemain ses batteries, qui commencèrent à tirer le 27. Les ennemis étoient postés sur les sommités voisines de Suze, de manière que le maréchal ne pouvoit plus en approcher que par les hauteurs du col de la Fenestre, qui dominent celles dont on vient de parler : il falloit d'ailleurs attendre l'arrivée de quinze bataillons, dont la marche avoit été retardée par des débordemens. Pendant ce temps les alliés pressèrent le siége, prirent d'assaut, le 28, le fort de Catinat, augmentèrent leurs batteries et leur feu, jetèrent des bombes dans la citadelle, ouvrirent une large brèche, et forcèrent par-là le commandant, nommé Masselin, qui ne se sentoit pas en état de repousser un assaut qu'il étoit au moment d'essuyer, à se rendre prisonnier de guerre le 3 octobre dans la soirée. Le comte de Médavi adressa le 6, à M. de Chamillart, une lettre, dans laquelle il attribuoit la perte de Suze à la faute de M. de Tessé qui, trompé par les démonstrations des alliés, avoit perdu du temps à vouloir soutenir mal-à-propos le poste de la Perouse. Quoi qu'il en soit, leur conquête étoit d'autant plus importante, qu'elle leur ouvroit l'entrée du Dauphiné. Le général français prit les meilleures mesures qu'il put pour la leur fermer, et pour couvrir les autres parties de la frontière; mais ces précautions n'eurent que peu d'utilité, car bientôt les deux armées se séparèrent et prirent leurs quartiers d'hiver. Soit que le maréchal de Tessé fût dégoûté du commandement, par les contradictions et les critiques qu'il avoit essuyées pendant la campagne, qui fut cependant son action de guerre la plus brillante, soit que ses ennemis eussent détruit dans l'esprit de Louis XIV l'opinion qu'il avoit eue des talens militaires de ce général, en alléguant contre lui la facilité avec laquelle le duc de Savoie sortit de Provence et la perte de Suze, il ne reparut plus à la tête des armées.

CHAPITRE XII.

Le maréchal de Tessé remet un mémoire sur les affaires d'Italie à Louis XIV, qui l'envoie en qualité d'ambassadeur extraordinaire, pour former dans cette contrée une ligue contre l'Empereur. Le Pape, intimidé par ce Monarque, cède à ses prétentions et cherche à tromper les ambassadeurs de France et d'Espagne. Le Maréchal découvre les artifices du pontife et les lui reproche dans deux lettres aussi fortes que singulières, et dans l'une desquelles il l'accuse de suivre moins les inspirations du Saint-Esprit que celles de Satan. M. de Tessé revient en France et perd sa femme.

Mémoire du maréchal de Tessé sur les affaires d'Italie, en août 1708.

Trois choses ont perdu l'Italie : 1°. la quantité de fautes que l'on a faites, dont la démonstration seroit aussi facile qu'ennuyeuse; 2°. le peu d'union entre les puissances d'Italie, y compris le Pape, lesquelles n'ont pu s'entendre, et se sont laissé mettre le couteau dans le cœur; et 3°. l'habileté du duc de Savoie qui, sourdement en liaison avec l'Empereur, l'a mieux servi au commencement de la guerre, en prenant des engagemens publics avec la France, que si, pour répéter les mêmes termes de ce Prince, *il avoit eu l'honneur de commander les armées de S. M. I.*

Il me semble qu'il faudroit présentement se servir de ces trois réflexions, et que l'on en pourroit faire quelque usage.

Quant aux fautes que l'on a faites, le peu de connoissance du pays et des génies, le peu d'apparence qu'il y avoit que les choses tourneroient subitement comme elles ont fait, la diversité d'opinions, et mille autres choses, donnent lieu de profiter du passé, et c'est ce qu'il faut essayer de faire.

Quant au peu d'union et d'intelligence entre les princes d'Italie, c'est le premier point difficile qu'il faut traiter.

Quand le Roi m'envoya à Venise (1), je trouvai la République en défiance du Pape. Je pris des mémoires, et nous travaillâmes, le prince de Vaudémont, le marquis Baretti (2), Montéléon (3) et moi, aux moyens de rajuster Rome avec la République. Nous étions prêts d'en venir à bout; et pour lors, quand Rome sembla y donner les mains, la République ne voulut plus, pour la liberté d'Italie, ce que

---

(1) En 1701.
(2) Ministre du duc de Mantoue.
(3) Envoyé d'Espagne à Mantoue.

le Pape desiroit. L'on retourna à Venise et puis à Rome, et après bien des allées et des venues, du papier et du temps perdus, quand on avoit gagné l'un, l'autre échappoit, et il ne se trouva aucun moyen de rien conclure. Les Impériaux se rendirent, par leur arrivée dans l'Etat de terre-ferme de la République, les maîtres de la prétendue neutralité, qui pencha entièrement, par nécessité ou par inclination, du côté de l'Empereur.

Il paroît présentement que les intérêts et les vues ont changé. Les Vénitiens éprouvent ce que je leur ai prédit, qu'un voisin puissant devient incessamment à charge, et bientôt après le maître. Le Pape (1) ressent la même chose encore plus pesamment. Tout ce qui vient de se passer à Ferrare, le passage des troupes impériales sur l'Etat ecclésiastique pour aller à Naples, S. S. elle-même, menacée et quasi assiégée, ou du moins insultée dans Rome, les affiches des créatures de la maison d'Autriche, et les significations de l'Empereur pour la suzeraineté et la souveraineté des portes de Rome, tout cela, et mille autres choses, sont des témoignages vivans, que le Pape et l'Eglise sont

---

(1) Clément XI. Jean-François Albano, élu pape le 23 novembre 1700, mort le 19 mars 1721.

menacés d'une oppression prochaine. Je conclus cet article par dire qu'il est donc temps ou jamais, que le Pape prenne un parti de fermeté; et si S. S. en est capable, ce parti de fermeté se réduit à faire une ligue offensive et défensive avec les Vénitiens. Le Pape peut s'engager à la levée et entretien de vingt mille hommes, et la République à celle de trente mille. J'estime que Gênes, piquée de ce qui vient d'être découvert par la prison d'Urbain Fiesque, et par l'agrandissement et voisinage du duc de Savoie, peut entrer dans la ligue proposée pour douze mille hommes. Je ne compte pour rien le Toscan (1), qui y entrera s'il veut, et s'il ne le veut pas, il ne sauroit éviter de fournir de l'argent à ceux qui feront la guerre pour la liberté de l'Italie. L'intérêt et l'inclination du duc de Parme le porteront à entrer pour quatre mille hommes dans le traité. A tout cela, il faudroit joindre sur la mer, ce que le Pape a de galères à celles qui restent de Naples, de Sicile, ou qui sont à Gênes, au duc de Turcis et au roi Catholique, et essayer de réunir tout cela, et les augmenter, si le Roi le juge à propos, de quelques-unes des siennes. Au moyen de ce corps de

---

(1) Le Grand-Duc.

galères, si la République de Gênes entre dans la ligue proposée, les flottes anglaises et hollandaises ne mettront plus le nez plus loin que Barcelone dans la Méditerranée ; il ne leur restera plus que Final ; et l'on peut aspirer, si le Pape déclare la guerre, à ne plus laisser de communication de l'Empereur à Naples, que par la mer Adriatique, de laquelle les Vénitiens sont maîtres. L'on peut même espérer que le peu d'Allemands qui sont dans le royaume de Naples, ne se trouvant plus recrutés, ne seroient pas trop les maîtres, et que ce peuple, de lui-même, feroit des efforts pour se remettre sous l'obéissance de son Roi légitime (1). Je ne parle point ici de la Sicile, que je suppose qui se soutiendra toute seule, si les puissances ci-dessus peuvent se soutenir et une fois s'unir; c'est-là le difficile, et c'est de cette liaison de tant de parties différentes, qu'il faut présentement parler pour essayer d'en faire l'union projetée.

Un traité ne se peut faire que secrètement ou publiquement ; le premier, d'ordinaire, est le plus sûr ; mais dans le fait dont il est question, je ne le crois pas possible : les Etats

---

(1) D'Espagne.

populaires ne se gouvernent pas comme les monarchiques; l'éclat seul du projet de celui-ci peut être utile aux affaires du Roi ; et comme il n'est pas croyable que l'on pût sourdement traiter de celui-ci, j'estime qu'il n'y faut pas penser de long-temps.

Je voudrois donc pour commencer, savoir précisément du Pape s'il a de l'argent pour faire la guerre, lever des troupes, les soudoyer, et s'il y est bien résolu. Je me défie fort de l'indécision et de la frayeur des prêtres; que si le Pape veut effectivement lever des troupes et s'affranchir véritablement du joug impérial, il n'est pas impossible de lui trouver des sujets qui se chargeront des levées qu'il voudra faire. La quantité de bandits, de déserteurs et de bandoliers (1) qui rôdent à Rome, dans l'Etat ecclésiastique, frontière d'Allemagne, et dans les armées même de l'Empereur et du duc de Savoie, gens inquiets, et dont les frontières sont abondantes : tout cela en fournira un nombre considérable. Avignon seul levera trois mille hommes. Les Suisses en ont promis quatre mille ; et pour les tirer de Suisse, les Vénitiens seuls en peuvent fournir le chemin; car, sans eux, cette levée pro-

---

(1) Brigands réunis.

mise ne peut gagner l'Etat ecclésiastique, à moins de passer par la France.

Je dis donc que si le Pape veut commencer par lever quinze mille hommes de pié et cinq mille chevaux, il peut les avoir au printemps, en y travaillant tout-à-l'heure. Cela supposé, et que les Génois, qui lèvent actuellement douze mille Corses, veuillent s'unir au Pape, c'est déjà un morceau d'armée qui, sur la simple défensive, obligeroit l'Empereur et M. le duc de Savoie à ne pas venir, comme ils font, se promener en-deçà des Alpes; et si M. de Parme entre, comme il le fera indubitablement, dans cette ligue de S. S. avec les Génois, l'on se trouveroit, par Plaisance, bientôt à cheval sur le Pô.

Il faudroit donc songer à former cette première ligue du Pape, des Génois et du duc de Parme, et que, pour cela, un homme de caractère et d'esprit, patient, sans humeur, et capable de négociation et d'arrangement de guerre, se rendît à Gênes; car tandis qu'un Italien, soit sujet du Pape, soit des Génois, se mêlera de cette affaire, le temps se passera en cérémoniaux et en préambules, le traité de ligue en demeurera à la préface, et rien de vif ni de décisif n'agira. Ce quelqu'un n'est pas bien aisé à trouver; et le Roi, quelque grand, éclairé et rompu dans le Gouvernement comme il est, ne sait que trop que la réussite heureuse ou malheureuse dans ses affaires, vient quasi toujours de l'humeur et du tempérarament de celui qu'il emploie à telle chose : tout le meilleur n'est pas trop bon.

Pendant ce temps là, il faudroit savoir si les Vénitiens voudront tout de bon entrer dans ce traité avec S. S.; que s'ils y entroient, il est démonstratif que les Impériaux seroient, pour ainsi dire, trop heureux d'obtenir un passeport pour rentrer en Allemagne. Il n'y a qu'un trou pour venir d'Allemagne en Italie, et ce trou du Tirol, que l'on a toujours fait la faute de ne pas boucher, se trouve absolument fermé toutes les fois que la République le voudra. Je dis donc, que si l'on peut unir la République avec le Pape, les Génois et le Parme, il est aussi aisé de délivrer S. S. et l'Italie du joug des Impériaux, et empêcher l'agrandissement de M. le duc de Savoie, et faire même trouver dans tout cela, aux Vénitiens, leur profit et leur compte ; je dis, dis-je, que cela est aussi aisé, qu'il est impossible à la France de porter la guerre en Italie, sans le secours du duc de Savoie.

Or, comme on ne peut retourner ce Prince de notre côté, je ne vois d'expédient pour sauver Rome, l'Eglise et l'Italie, que de travailler à l'union desdites puissances, réveiller leur léthargie, et par leur propre intérêt, les animer à la seule chose qui peut, à leurs dépens, les sauver.

Que si ce projet de ligue ne réussit pas, le Pape deviendra curé de Rome, les princes lombards trop heureux de rester tributaires et mourir domestiques de l'Empereur; la République de Venise y perdra sa souveraineté, et la paix générale deviendra plus difficile.

Ce Mémoire ne parle ni des conditions, ni des plus ni des moins qu'il faudra suivre, en cas que l'on entame une véritable négociation; ce n'est qu'un crayon et une foible esquisse d'un ouvrage qui peut devenir grand, et qui ne sera rien si l'on ne commence par quelque chose.

Il y a même présentement une circonstance qui doit déterminer les Vénitiens. Le duc de Mantoue vient de mourir, le duc de Guastalla est naturellement héritier du Mantouan, l'Empereur fait difficulté de lui remettre Mantoue. Feu M. le Prince (1) disoit, étant jeune, que s'il étoit né souverain de Mantoue, et qu'il eût eu un allié qui lui eût fourni les moyens d'entretenir dix mille hommes,

---

(1) Le Grand-Condé.

il auroit bientôt été le maître de l'Italie : il disoit vrai. Celui qui fait ce Mémoire, n'est point du tout admirateur de tout ce que M. de Vendôme (1) prétend lui avoir acquis une gloire immortelle en Italie ; et sans rappeler le passé, il démontreroit aisément, et sans prévention, que ce héros a perdu Mantoue et l'Italie. Après cet épisode, je dis, que si quelque chose au monde peut déterminer les Vénitiens à entrer en guerre contre l'Empereur, c'est son établissement dans Mantoue, par le refus d'y établir le prince Vincent (2). Telle chose est d'avoir à jamais en paix ou en guerre un voisin tel que l'Empereur, ou d'avoir un simple duc de Mantoue. Profitons donc des conjonctures et de la colère raisonnable dans laquelle il paroît que le Pape veut entrer, de la crainte des Vénitiens, de l'appréhension des Génois, de l'oppression du duc de Parme, de la grandeur révoltante du duc de Savoie, et unissons, si nous pouvons, et pour ainsi dire nos propres ennemis, pour nous en servir contre eux-mêmes, et se porter

---

(1) Le duc de Vendôme, par sa mésintelligence avec le duc de Bourgogne pendant la campagne de 1708 en Flandre, étoit tombé dans le discrédit.

(2) Le duc de Guastalla dont on vient de parler.

chez eux une guerre qui diminuera la pesanteur de la nôtre.

(*Le maréchal de Tessé a ajouté ce qui suit.*)

Le Roi me dit, en me rendant mon Mémoire, qu'il l'avoit lu avec plaisir, qu'il l'avoit approuvé, et que je le remisse à M. le marquis de Torci, pour qu'après l'avoir fait lire dans son conseil, il pût voir le parti qu'il prendroit. *Au nom de Dieu, Sire, lui dis-je, permettez-moi de ne me point fourrer dans les divisions de vos ministres; car si je le remets, quoique par vos ordres, au marquis de Torci, M. de Chamillart trouvera fort étrange, qu'un autre que lui lise dans votre conseil un projet dont la partie principale doit rouler sur la guerre, et que ce Mémoire ou projet ait été fait sans sa participation.* Le Roi se mit à rire, et continua de m'ordonner de le remettre au marquis de Torci.

Le Mémoire de M. de Tessé fut approuvé dans le conseil du Roi, qui résolut de tenter l'exécution du projet, et d'y faire concourir le Maréchal lui-même, en le nommant ambassadeur extraordinaire à Rome et auprès des puissances d'Italie : mais avant de parler de ses démarches pour faire entrer le Pape dans les vues de Louis XIV, il est à propos de jeter un coup-d'œil sur la situation où se trouvoit alors cette contrée. Après que les armées françaises et espagnoles l'eurent évacuée, en vertu de la capitulation du 13 mars 1707, l'Empereur Joseph Ier s'y trouva le maître. Le pape Clément XI, timide, indécis, plus favorable à la maison de Bourbon qu'à celle d'Autriche, mais flottant au gré de la fortune, avoit accordé le passage aux Allemands pour aller conquérir le royaume de Naples : il est vrai qu'il n'auroit pu le leur refuser impunément ; mais Philippe V ne s'en plaignit pas moins. Le duc d'Uzeda, son ambassadeur à Rome, reprochoit encore à cette Cour, où sa hauteur le faisoit peu aimer, plusieurs griefs particuliers, lorsqu'il s'éleva une nouvelle contestation très-vive relativement aux immunités ecclésiastiques en Espagne, où quelques bénéficiers mauvais citoyens, se voyant assurés d'être soutenus par le Pape, refusèrent de concourir à une levée extraordinaire d'argent, indispensable à l'Etat. La Cour leur laissa alors la faculté de donner volontairement, selon leur zèle et leurs moyens. Clément XI prétendit que l'on attentoit encore aux droits de l'Eglise ; et que les ecclésiastiques espagnols ne pouvoient donner au Roi aucun secours pécuniaire, sans la permission papale. Cette contestation pouvoit occasionner un différend très-grave, que la prudence de Louis XIV prévint, en engageant le Pontife à écrire à son nonce à Madrid, qu'il permettoit le don des ecclésiastiques; expédient qu'on jugea préférable à un éclat dont les suites auroient pu devenir très-embarrassantes, sur-tout dans un royaume comme l'Espagne, rempli alors de mécontens, dont le Souverain étoit mal affermi, et où les esprits, généralement peu éclairés, étoient en proie à la superstition et aux préjugés.

L'Empereur, devenu maître du royaume de Naples, commençoit à faire sentir à la cour de Rome les inconvéniens de l'augmentation de la puissance autrichienne en Italie. Le comte de Thaun, vice-roi de Naples, vexoit les sujets du Pape sous les prétextes les plus frivoles : il fit même des exécutions militaires dans l'Etat de l'Eglise, et encouragea le duc de Modène à réveiller d'anciennes prétentions désagréables au Saint-Siége. Les Impériaux répandirent en même temps à Rome et dans le reste de l'Italie, un mémoire composé avec art, et qui contenoit l'exposé des motifs qui autorisoient à dépouiller les papes du droit qu'ils se sont arrogé, de regarder les Deux-Siciles comme fiefs de l'Eglise. Le gouvernement autrichien menaçoit encore de supprimer le tribunal de la Nonciature à Naples, et d'en rendre l'autorité aux évêques sur lesquels elle avoit été usurpée. Mais ce qui inquiétoit le plus le Pontife, étoient les mesures des Allemands pour donner à leurs troupes des quartiers dans ses Etats. Irrité de ce procédé, voyant qu'ils ne ménageoient rien, et que non contens de s'emparer des biens ecclésiastiques dans les pays nouvellement conquis, ils vouloient même étendre leurs entreprises jusque sur les Etats du Saint-Siége, il se montra décidé à prendre les armes, et assura qu'il se feroit moine plutôt que de plier, et sur-tout de reconnoître l'archiduc Charles comme roi de Naples, ainsi que la cour de Vienne le desiroit. Ces démonstrations, jointes au mécontentement des Napolitains, donnèrent de fausses espérances à Louis XIV et à Philippe V: ils crurent qu'il ne s'agissoit que d'animer le Pape, tandis qu'il étoit facile de juger que le seul moyen de prévaloir auprès de lui, étoit de dominer en Italie, où ils ne pouvoient envoyer d'armées. Cependant le Pontife résolut de se mettre en défense, de fortifier ses frontières du côté de Naples, et de rassembler quinze mille hommes qui furent effectivement levés et mis sous les ordres du comte de Marsigli, auquel Clément XI donna une patente de général. Ces préparatifs guerriers devinrent pour les généraux de l'Empereur, la matière d'une foule de plaisanteries très-amères pour le Pape. Le cardinal de la Trémouille, ministre de France, et le duc d'Uzeda, ambassadeur d'Espagne, travailloient à rassurer le Saint-Père, et lui promettoient quinze mille hommes s'il vouloit faire une ligue offensive et défensive avec Louis XIV et Philippe V. Le Pape jugea sans doute qu'il seroit difficile qu'on lui tînt parole ; mais en le flattant d'espérances, les agens de la maison de Bourbon cherchoient à faire diversion aux armes autrichiennes ; et dans l'objet d'entraîner Clément, le roi de France fit partir le maréchal de Tessé, pour encourager le Pontife à défendre vigoureusement ses droits. Isidore Cazada, marquis de Montéléon, envoyé d'Espagne à Gênes, se rendit en même temps à Rome, sans caractère public, avec ordre de seconder le duc d'Uzeda, que sa mauvaise santé rendoit incapable d'une grande application aux affaires. Les divers expédiens qu'on proposa au Pape firent peu d'impression sur lui : il avoit plus besoin d'une bonne armée que de raisonnemens ou de conseils. Gouverné par son frère et ses neveux, à qui la guerre ne convenoit pas, parce qu'elle épuisoit à-la-fois le trésor de la chambre apostolique et celui de Clément, l'ardeur martiale de celui-ci commençoit à se refroidir, en voyant l'armée pontificale se replier devant les Allemands jusqu'à Pesaro, avec une précipitation qui pouvoit passer pour une fuite. D'ailleurs, les soldats de l'Empereur commettoient journellement de nouveaux excès, et quand le Nonce à Vienne lui en portoit des plaintes, il répondoit ironiquement, qu'il ne faisoit pas la guerre au Saint-Siége, et que les crimes dont on lui parloit n'étoient que le résultat d'une licence militaire, dont on châtieroit sévèrement les auteurs, quand on pourroit les découvrir.

Cependant la cour de Vienne exigeoit impérieusement, que Clément fournît des quartiers à quinze mille hommes de troupes impériales, qu'il payât cent mille écus romains pour se rédimer de toutes vexations, et sur-tout qu'il reconnût l'Archiduc en qualité de roi Catholique et de toute la monarchie d'Espagne. Le pas étoit glissant, et le Pontife apporta à se décider toutes les ruses, les remises et les chicanes ci-devant employées par ses devanciers et par lui-même, dans les conjonctures embarrassantes. L'Empereur, mécontent de ces longueurs, ordonna au marquis de Prié, son ambassadeur auprès du Saint-Siége, de lui déclarer que s'il ne se décidoit, le comte de Thaun avoit ordre de marcher à Rome, à la tête de vingt mille hommes.

Clément XI ainsi pressé, menacé de toutes les rigueurs de la guerre, céda d'autant plus vîte à la force, que son caractère étoit foible. Il se détermina à accorder le traitement de roi en général à l'Archiduc, rival de Philippe V; mais prévoyant que les Autrichiens ne se contenteroient pas de cette vaine formalité, foncièrement insignifiante à leurs yeux, puisqu'ils vouloient qu'il reconnût sans restriction, Charles, roi d'Espagne et de Naples, le Pontife employa des finesses pour colorer les démarches ultérieures auxquelles il pourroit être forcé. Zondodari, son nonce en Espagne, s'efforça de persuader, que le titre de *roi Catholique* pouvoit se donner à l'Archiduc sans tirer à conséquence, puisque ce prince étoit catholique, et possédoit d'ailleurs quelques parties de la monarchie d'Espagne. Le Nonce voulut même étendre son raisonnement au titre de roi Très-Chrétien, qu'on pouvoit, disoit-il, accorder à tout roi chrétien. Ces sophismes étoient faciles à réfuter, et le furent en effet;

mais Philippe, indigné de l'injure que lui faisoit le Pape, adopta l'avis de ses ministres, qui parurent d'abord décidés aux partis les plus vigoureux; et on forma une junte ou conseil, pour examiner ceux qu'il conviendroit de prendre, si le Pape passoit outre. On décida qu'il falloit alors chasser d'Espagne le Nonce, fermer le tribunal de la Nonciature, ne plus envoyer d'argent à Rome pour l'expédition des bénéfices; enfin, publier un manifeste, afin de détruire les impressions qu'une rupture aussi éclatante avec le chef de l'Eglise, pourroit produire sur les ames superstitieuses.

Louis XIV, consulté sur cette affaire difficile, trouve les conclusions de la junte trop sévères; mais comme sa modération est taxée de foiblesse à Madrid, il finit par conseiller d'exécuter ce qui avoit été résolu, mais sans prendre lui-même aucune part à la rupture, voulant conserver assez de relations avec le Pape, pour s'ériger en médiateur, quand l'intérêt de Philippe demanderoit une réconciliation.

On avoit senti en Espagne, combien le tribunal de la Nonciature étoit contraire à la juridiction royale, aux droits primitifs de la nation, et onéreux aux particuliers, par une foule d'entraves et de taxes excessives pour l'expédition des moindres choses ; abus établis dans les siècles d'ignorance, aux dépens de l'autorité épiscopale, et respectés depuis par des ménagemens poussés trop loin. Cependant on jugea à propos d'en garder quelques-uns envers le Pape, jusqu'à ce que sa dernière résolution fût connue. Harcelé sans cesse par l'ambassadeur autrichien, celui-ci lui présenta, le 9 février 1709, un *ultimatum* auquel il fallut céder, malgré les représentations des ministres français et espagnols, qui n'avoient que des mémoires et des argumens à opposer à l'armée du comte de Thaun, qui effrayoit sur-tout Clément ; néanmoins il leur cacha soigneusement ses déterminations, en affectant encore de l'indécision. Cependant on assure que son parti étoit déjà pris, le jour qu'il ordonna des prières publiques pour implorer les lumières du Saint-Esprit. Si le fait est vrai, le Pape est inexcusable d'un procédé aussi dérisoire à l'égard de la troisième personne de la Sainte-Trinité; car c'est une grande impiété, sur-tout dans un vicaire de J.C., que de demander à Dieu ce qu'il a accordé d'avance, ou ce dont on croit n'avoir pas besoin. Ce fut dans cette conjoncture, que le maréchal de Tessé, qui avoit pénétré la politique du Pape, lui écrivit les deux lettres suivantes, et qui firent alors tant de bruit.

PREMIÈRE LETTRE.

Très-Saint-Père, je ne saurois assez marquer à Votre Sainteté la sensible reconnoissance que je conserverai toujours dans le fond de mon cœur, des bontés dont elle m'a honoré pendant ma dernière maladie, qui ne me permet pas encore d'aller aux piés de Votre Sainteté, pour la supplier de m'accorder la très-respectueuse liberté que je lui demande, de lui écrire sur les bruits étonnans qui courent, et dont la surprenante singularité exige que je m'adresse à sa personne sacrée, pour être informé de la vérité.

La religion, l'honneur, la justice et la crainte, sont pour ainsi dire quatre pivots, sur lesquels roulent toutes les affaires du monde entier. Les trois premiers sont immuables; et Dieu n'a déposé entre vos mains les clés de sa sainte Eglise, que pour fermer la porte à ce dernier, afin qu'il ne prévale jamais sur les trois autres.

Votre Sainteté est prête, selon ce qu'on en connoît de plus vraisemblable, non-seulement à désarmer ses troupes, mais aussi à reconnoître l'archiduc Charles pour roi d'Espagne, avec l'extraordinaire et offensante circonstance, qu'aucun Français ni Espagnol bien intentionné pour le roi Philippe, ne restera à votre service.

Je me sens obligé, comme Français et ambassadeur du roi de France, de supplier Votre Sainteté, non-seulement de faire quelques réflexions à cette singularité honteuse pour ma nation, et contraire à votre service, tant présentement qu'à l'avenir, mais aussi de me mettre en état de répondre à Sa Majesté très-Chrétienne sur ces articles.

Pour celui du désarmement de vos troupes, je n'en parle pas à Votre Sainteté qui, comme prince et souverain, doit savoir et faire ce qui convient à la sûreté de son peuple. A l'égard de la reconnoissance du roi Charles, si Votre Sainteté croit que la religion, l'honneur et la justice le permettent, comme je ne prétends point mettre la main à l'encensoir, et que je ne suis qu'un médiocre et militaire théologien, je ne me mêlerai pas de représenter à Votre Sainteté, la conséquence d'une paix qui ouvre le chemin dangereux d'établir la crainte au lieu de la religion, de l'honneur et de la justice. Si c'est le plus fort qui décide de ces trois choses, nous pourrons tous en sûreté de conscience devenir turcs et hérétiques, si ces puissances entrent les plus fortes en Italie. Il ne me reste, Très-Saint-Père, qu'une très-humble prière à faire à Votre Sainteté, laquelle est même relative aux ordres que j'ai du Roi mon maître. Sa Majesté m'ordonne que, supposé que Votre Sainteté fît sa paix particulière avec l'Empereur, dont la reconnoissance du roi Charles fût un article, j'aie à sortir de Rome avant la conclusion de ce traité. J'attendrai donc sur cela les avis de Votre Sainteté; et pour ne l'embarrasser plus de discours et de réflexions qui ne sont agréables ni à écrire, ni peut-être à lire, je finis par les vœux sincères que je fais pour le long et glorieux règne de votre Pontificat, et par la triste réflexion qu'il nous arrive souvent, comme hommes, de satisfaire fort peu nos ennemis, en leur accordant ce que nous ne pouvons légitimement donner, et de perdre en même temps, et par cela même nos amis. Je suis, &c.

SECONDE LETTRE.

Très-Saint-Père, enfin Votre Sainteté a voulu faire cette magnifique procession si desirée des gens de bien, et ouvrir en même temps les trésors de la sainte Eglise, par un jubilé et des cérémonies qui n'avoient point eu d'exemple dans les derniers siècles. L'image miraculeuse de Jésus-Christ est descendue du haut de son trône, pour s'humilier à la vue du peuple. Je ne saurois assez dire à Votre Sainteté, la mortification que j'ai ressentie de n'avoir pu la suivre dans cette action, dont le fruit qu'elle en attend doit être l'ouvrage de Dieu par l'inspiration du Saint-Esprit. Cependant, très-Saint-Père, l'esprit de satan, qui pour nos crimes, est plus souvent écouté par les hommes que celui du Seigneur Jésus, a commencé de se faire entendre : il a publié que l'auguste appareil de cette cérémonie si pieusement ordonnée, conduisoit une victime humaine à l'autel ; vos ennemis ont publié que c'étoit le roi d'Espagne. Quoique Votre Sainteté déclare par sa bulle, qu'elle n'a point d'autre motif que celui de demander à Dieu la grace de prendre un bon parti, dans la conjoncture des affaires qui troublent présentement les puissances de l'Europe, ils ont interprété cette bulle, en disant qu'ils ne doutent pas que si Votre Sainteté donne à l'Archiduc le titre de Roi, ce sera l'esprit de Dieu qui l'aura déterminée à cette action. Cependant Votre Sainteté a reconnu elle-même et déclaré plusieurs fois, qu'elle ne pouvoit la faire en honneur et en conscience. Je ne doute pas que Votre Sainteté ne soit informée que les émissaires de l'Envoyé de l'Empereur ont répandu assez publiquement, tant parmi les nationaux Français et les Espagnols, que parmi les originaires de cette ville de Rome, que moyennant le titre de Roi en faveur de l'Archiduc, ledit Envoyé et Plénipotentiaire se relâchera sur les dix-neuf articles qu'il a proposés à Votre Sainteté. Il y a quelque chose de faussement spécieux dans tout cela : car oserois-je demander où sont les garans qui promettent que ces articles, et peut-être encore d'autres nouveaux très-préjudiciables au Saint-Siége, ne lui seront pas redemandés aussitôt que le premier sera accordé? Est-il bien certain que les choses dont l'on sera convenu à Rome, seront ratifiées par l'Empereur? Les généraux de ses armées n'ont-ils pas des ordres particuliers, et indépendans de l'Envoyé qui agit auprès de vous? N'y voit-on pas souvent exécuter par le cardinal Grimani des commissions différentes de celles de ce Plénipotentiaire?

Je suis fâché, très-Saint-Père, de me trouver obligé d'écrire aujourd'hui à Votre Sainteté, que vos ennemis veulent frapper le grand Pasteur, vicaire de Jésus-Christ, pour disperser les brebis dont il est parlé dans l'Evangile.

Ils ont commencé de souiller ce sanctuaire patrimonial de Votre Sainteté, par les exercices du culte des hérétiques dans vos Etats.

La plus grande et la meilleure de vos bergeries, c'est l'Espagne; vos ennemis veulent faire tomber ses ouailles dans un précipice, et elles y seroient indubitablement après que l'Archiduc seroit reconnu pour Roi, de quelque manière que ce fût. Rome, cette souveraine et maîtresse du monde, où les nations abordoient, et vivoient dans la sainte liberté que donne la même communion, ne jouiroit plus de son indépendance; les suffrages n'y seroient plus libres; l'Espagne se trouveroit alors dans la nécessité de s'écrier : « Qu'est donc devenue l'Arche de la sainte alliance du Très-Haut? Mettons-nous en oraison, et faisons à notre tour de pieuses processions pour la recouvrer. Le Fils de Dieu a promis que les portes de l'enfer ne prévaudroient jamais contre son Eglise; mais cette Eglise n'est plus à Rome, pendant que tout y est réduit en esclavage : le souverain Pontife n'y peut plus être reconnu de nous; cherchons donc la sûreté de conscience dans les anciennes règles, puisque Rome n'en peut plus donner, en attendant qu'il plaise au roi des rois de nous rendre le saint Pontife libre, et Rome indépendante ».

Je demande pardon à Votre Sainteté, si je conduis ses idées sur des objets si désagréables. Je ne parle que de l'Espagne ; car étant trop éloigné de mon maître pour savoir ses sentimens sur ce qui se passe ici, je me garderai bien de dire aucune chose qui puisse regarder le Fils aîné de l'Eglise, dont je connois le respect et l'attachement inviolable pour le Saint-Siége. Mais je crains que si Rome perd sa souveraineté, sa liberté et son indépendance, ce ne seroit plus cette sainte cité où les rois des contrées les plus éloignées apportent l'or, l'encens et la myrrhe. Pour moi, très-Saint-Père, j'attends du retour de ma santé la possibilité de me rendre aux piés de Votre Sainteté, et de lui demander une audience qui sera vraisemblablement celle de mon congé ; mais en attendant ce moment, j'ajouterai encore ici quelques réflexions.

Le titre d'Empereur chrétien signifie, comme Votre Sainteté le sait, avocat de l'Eglise ; et les premiers qui ont été honorés de ce nom, l'ont porté, parce que rien ne leur paroissoit plus grand que d'être celui qui soutient les droits de la religion chrétienne. Mais lorsque cet avocat en devient le fléau, que vos ecclésiastiques sont assassinés (1), que vos sujets

---

(1) Des soldats autrichiens avoient massacré un prêtre

sont forcés de subir le joug d'un prince étranger, que ses ministres ordonnent et décident eux-mêmes selon ses intérêts, dans un lieu où Votre Sainteté a le droit naturel et divin de commander absolument, l'ambassadeur d'un maître tel que le mien, n'a plus rien à faire que des vœux pour votre conservation, et pour le rétablissement de votre souveraineté, afin que si je m'éloigne de vos Etats, des conjonctures plus favorables y rétablissent la liberté, et donnent lieu au Roi Très-Chrétien d'y envoyer un autre ministre. Cependant je supplie Votre Sainteté d'être persuadée du très-profond respect avec lequel je suis, &c.

Ces deux lettres parfaitement écrites, remarquables par le ton d'ironie qui les caractérise, et très-analogues aux circonstances, furent jugées diversement. Le duc de Saint-Simon assure (1) : *que l'ambassade de Tessé à Rome, ne le releva pas du discrédit qu'il éprouvoit, non plus que ses lettres ridicules*

---

au moment où il célébroit la messe, et mis dans ses plaies les hosties trouvées dans le ciboire, en disant : *Voyons si elles feront un miracle et le ressusciteront.*

(1) Tome v, page 71 de ses Mémoires.

au Pape, qu'il n'eut pas honte de publier partout. On ignore si le Maréchal étoit tombé en discrédit dans le public, mais il paroît certain qu'il n'en éprouva aucun à la cour. Le marquis de Saint-Philippe, dans ses Mémoires pour servir à l'Histoire d'Espagne, sous le règne de Philippe v (1), va encore plus loin que le duc de Saint-Simon. « Ces deux lettres, dit-il, étoient si éloignées du respect dû au chef de l'Eglise, qu'on n'a pas voulu en joindre une copie à ces mémoires, pour ne pas laisser à la postérité l'exemple condamnable de parler avec tant d'irrévérence et de liberté au vicaire de Jésus-Christ ; car la dignité du souverain Pontife est inséparable de celle de prince temporel, et quoiqu'il puisse errer dans la politique, il n'est jamais permis de violer le respect que mérite une si haute représentation. Ces lettres ne furent approuvées que des hérétiques et de quelques personnes peu religieuses. La piété de Louis et de Philippe en fut offensée. Le Pape souffrit cet outrage avec une patience véritablement chrétienne ». On ne voit pas qu'il pût faire autrement. Au surplus, si cette tirade prouve que le marquis de Saint-Philippe croyoit croire à l'infailli-

---

(1) Tome II, page 289.

bilité du Pape, elle ne démontre pas que la piété de Louis et de Philippe fût aussi offensée qu'il le prétend ; du moins ni l'un ni l'autre ne le témoigna.

Louis XIV devenu dévot, n'en étoit pas moins fortement attaché aux droits imprescriptibles de la souveraineté ; il regardoit les prétentions de la cour de Rome, comme de vaines chimères, auxquelles une superstition aveugle avoit pu seule donner quelque force dans des temps d'ignorance ; mais il ne se dissimuloit pas en même temps, ce que pouvoit encore un Pape par l'influence de l'opinion ; c'est pourquoi il ne jugea pas à propos de se porter à une rupture ouverte, qui présentoit des inconvéniens sans utilité réelle ; il paroissoit effectivement d'autant plus sage de dissimuler, que comme il se trouvoit dans l'impossibilité de se faire craindre, il étoit inutile de manifester un ressentiment qui ne pouvoit être suivi d'aucun effet. Dans cet ordre de choses, il est vraisemblable qu'il ne désapprouva pas que son ambassadeur eût persiflé et humilié le Pape, par deux lettres particulières, qui ne pouvoient tirer à conséquence, par la facilité d'un désaveu ; et on ne voit pas que ni lui ni Philippe v eussent témoigné du mécontentement au maréchal de Tessé, ni que la faveur de celui-ci eût souffert; au reste il ne tarda pas à quitter Rome. L'énergie avec laquelle il avoit rappelé à ses devoirs le chef de l'Eglise, père commun des Chrétiens, fut en pure perte, puisque le Pontife se crut obligé de céder aux volontés de l'Empereur. Alors le projet de ligue des princes d'Italie contre l'Autriche, ne pouvant plus se réaliser, le séjour de M. de Tessé à Rome, devenoit inutile : il prit congé du Pape le 18 février, et partit le 20, pour retourner en France, où il éprouva en arrivant, un sujet d'affliction : sa femme mourut dans son château d'Aunai en Normandie, le 30 mars 1709. Mais revenons aux affaires d'Espagne et de Clément xi, pour achever le récit commencé plus haut.

Le Pape proposa divers tempéramens qui furent rejetés par le ministère Autrichien, et tout ce qu'il put en obtenir fut un léger adoucissement à l'article de la reconnoissance de l'Archiduc, qui fut bornée au titre de *roi Catholique*, pour la partie de la monarchie Espagnole dont il étoit en possession, sans préjudice du droit et du titre dont Philippe v jouissoit, depuis qu'il avoit recueilli la succession de Charles ii.

Clément ne négligea rien pour adoucir le monarque Espagnol. Il lui fit insinuer : que les Allemands avoient fait violence au Saint-Siége, ce qui annulloit de droit la reconnoissance de l'Archiduc; que d'ailleurs cet acte ne portoit aucune atteinte aux droits de Philippe, auquel on donneroit toujours les mêmes titres qui lui avoient été accordés jusqu'alors, et que l'expédition des bulles pour les bénéfices vacans dans ses Etats, se continueroit en son nom; que ce n'étoit pas la première fois que la cour de Rome, sans forces réelles, avoit été contrainte de reconnoître deux rois de Naples et de ployer sous la tyrannie; mais qu'un Pape ne devoit point exposer les Etats de l'Eglise, pour un point chimérique de politique et une simple question de nom et de titres; que les Espagnols et leur roi étoient trop zélés catholiques, pour vouloir se séparer à ce sujet de l'obéissance due au Saint-Siége, et que si ce malheur arrivoit, on ne pourroit l'imputer à un Pontife courbé sous l'oppression, et qui ne pouvoit se soustraire aux plus odieuses vexations, qu'en souscrivant à la plupart des choses que les Autrichiens exigeoient. Philippe v n'ignoroit pas l'état de contrainte où le Pontife étoit réduit, mais il ne pouvoit se dispenser de faire justice à sa propre dignité, et sans manquer au respect dû catholiquement au Saint-Siége, d'en exiger les satisfactions que les théologiens jugeroient légitimes. Il en consulta un grand nombre qui pensèrent tous uniformément, qu'il étoit permis de renvoyer le Nonce, et de supprimer son tribunal. En ne considérant Zondodari que comme ambassadeur du Pape, on lui avoit déjà signifié de ne plus user de ce caractère, de cesser de paroître au palais, et on ôta son siége de la chapelle royale. Quant au tribunal de la nonciature, on jugea que Philippe pouvoit le supprimer, d'autant qu'il n'avoit été établi qu'à la sollicitation ou avec la permission des rois ses prédécesseurs, pour des motifs qui n'existoient plus ou dont on avoit abusé. En conséquence le monarque écrivit une lettre circulaire à tous les évêques d'Espagne, pour leur ordonner d'user de la même juridiction, dont ils jouissoient avant l'érection de la nonciature, dont tous les ministres reçurent ordre de sortir des Etats du Roi Catholique, ainsi que le Nonce qui fut conduit sous escorte, mais avec tous les égards possibles et aux frais du monarque, jusqu'à la frontière. Zondodari se retira à Avignon, d'où il prétendit exercer la nonciature d'Espagne : entreprise propre à faire connoître l'esprit qui anime les prêtres ultramontains ; au surplus cette démarche n'eut aucune suite, Philippe rendit un décret pour défendre qu'on s'adressât à lui de même qu'à la cour de Rome, et qu'on en reçût aucun bref, excepté ceux que le Roi pourroit demander, et qui devoient être expédiés gratis. Tandis qu'on expulsoit Zondodari, on manda au duc d'Uzeda et au marquis de Montéléon, de se retirer d'auprès du Pape ; exemple qui fut imité par le cardinal del Giudice, à qui l'on n'avoit rien prescrit, et qui donna par-là une preuve éclatante de son attachement à la cause de Philippe v.

CHAPITRE XIII.

La mort de la duchesse et du duc de Bourgogne, prive le maréchal de Tessé de sa charge de premier écuyer et d'une grande partie de sa faveur. Le Roi le nomme général des galères à la mort du duc de Vendôme. Louis XIV meurt. Le Régent emploie M. de Tessé au conseil de marine, et lui achète la charge de général des galères pour le chevalier d'Orléans, son fils naturel. Le Maréchal est chargé d'accompagner le czar Pierre 1er, alors à Paris, et de traiter avec ses ministres. Pièces curieuses sur cette négociation qui n'aboutit à rien.

Après son retour d'Italie en 1709, le maréchal de Tessé resta dans l'inaction pendant plusieurs années, se bornant à remplir les fonctions de premier écuyer de la duchesse de Bourgogne, qui devint dauphine le 14 avril 1711, à la mort du dauphin père de son mari. Elle mourut elle-même très-inopinément le 12 février 1712, et le dauphin la suivit le 18. Ces deux pertes affligèrent doublement le Maréchal, qu'elles privoient en même temps de la haute faveur dont le Prince et la Princesse l'honoroient, et d'une des charges les plus agréables de la Cour. Le Roi le dédommagea à quelques égards, en le nommant le 7 décembre, à celle de général des galères vacante par la mort du duc de Vendôme. Celle de Louis xiv arrivée le premier septembre 1715, nuisit encore au crédit du maréchal de Tessé; il avoit eu des rapports assez intimes avec madame de Maintenon pendant la vie du Monarque ; mais il n'en conserva aucun, quand elle fut retirée à Saint-Cyr ; et on n'a retrouvé qu'une seule lettre qu'il écrivit alors à cette femme célèbre. Quoique cette pièce ne porte que sur un fort mince intérêt, on la place ici, parce qu'elle offre un exemple de la grace et de l'adresse, avec lesquelles un vieux courtisan sait solliciter une faveur même très-légère, mais à laquelle il attache de l'importance.

Paris, le 16 septembre 1715.

Votre souvenir, Madame, est un bien que j'ai recherché, et dont je rapprocherois les moyens, si ce n'étoit pas une sorte de vanité de se l'attirer. Votre détachement du monde et votre vertu ne vous laissent peut-être pas connoître ce raffinement de l'amour-propre, qu'il me semble que je trouverois en moi, si j'osois vous donner de temps en temps quelque témoignage de mon respect. Je me trouve, Madame, bien des défauts, mais je n'aurai jamais celui d'être ingrat : voici même un nouveau moyen de vous avoir une nouvelle obli-

ANNÉE 1715.

gation. J'avois une sœur abbesse dans le diocèse de Seez : j'ai eu le malheur de la perdre, et bien que cette maison soit d'une indigence qui n'ait pas excité le desir de beaucoup de prétendantes, une de mes filles (1) élevée dans cette maison a semblé la desirer, et monseigneur le Régent a bien voulu me l'accorder. Le premier soin de l'évêque diocésain a été de m'informer, que non-seulement une des demoiselles de Saint-Cyr y seroit fort mal à son aise, mais que cette maison ne se trouvoit pas en état de la recevoir. J'ignorois, Madame, que ce fût à vous qu'il convînt de s'adresser, pour demander la grace d'être oublié pour cette place de régale. J'en parlai à monseigneur le Régent qui me redressa et me dit, qu'il consentoit de tout son cœur à n'en point nommer, mais qu'il falloit pour cela concerter sa bonne volonté avec vous, Madame, et avec M. le Chancelier. J'en ai parlé au dernier, qui m'a dit, qu'il étoit nécessaire de voir, si madame la Supérieure de Saint-Cyr s'abstiendroit de demander cette place. Je n'ai point l'honneur d'en être connu, mais je me flatte de l'être encore de vous, Madame. Il s'agit donc d'oublier pour cette fois, la très-nécessiteuse abbaye

(1) Françoise-Gabrielle, quatrième fille du Maréchal : en 1720, elle obtint l'abbaye de la Trinité de Caen.

de Vignats, et je vous demande la grace de cet oubli, dans lequel je serois au désespoir que le souvenir de mon profond respect fût enseveli.

La mort de Louis XIV rendit maître du royaume le duc d'Orléans, à qui la régence appartenoit de droit pendant la minorité de Louis XV. Il ne paroît pas que M. de Tessé ait été ni favorisé ni distingué par ce prince, qui se borna à le nommer conseiller au conseil de marine, lorsque par une déclaration du 15 septembre 1715, il supprima les différens ministères et substitua à chacun d'eux un conseil d'administration. Cet ordre de choses subsista jusqu'au 15 octobre 1718, que les ministères ou départemens furent remis chacun sous la direction d'un secrétaire d'état.

Le Régent voulant donner une existence au chevalier d'Orléans, son fils naturel, qu'il avoit eu de madame Séri, dame d'honneur de la duchesse Douairière, sa mère, proposa à M. de Tessé de lui vendre la charge de général des galères. Le marché fut conclu en août 1716, et le Maréchal en retira une somme considérable, d'autant plus utile à l'arrangement de ses affaires, qu'il avoit un grand nombre d'enfans.

Pierre Ier, czar ou empereur de Russie, que

le desir de s'instruire faisoit voyager, étoit arrivé le 7 mai 1717 à Paris, où il séjourna jusqu'au 21 juin. Le maréchal de Tessé avoit été envoyé au devant de lui de la part du Roi, et fut chargé en même temps de l'accompagner dans ses courses à Paris et aux environs ; mais comme le monarque russe n'avoit pas été attiré en France par un simple motif de curiosité, il manifesta sans délai le desir de contracter des liaisons politiques avec cette puissance. On confia alors au Maréchal le soin d'écouter les demandes des ministres du Czar et de les discuter avec eux, sous la direction du maréchal d'Huxelles, président du conseil des affaires étrangères. Les pièces suivantes contiennent l'objet et le détail de cette négociation qui n'eut aucun résultat.

Mémoire adressé par le maréchal de Tessé au maréchal d'Huxelles, le 19 mai 1717.

PROPOSITIONS DES MINISTRES DU CZAR.

Une amitié réciproque entre les nations, et une alliance. Il sera fait un traité de défensive, par lequel le Czar et le roi de Prusse garantiront à la France les traités de Baden et d'Utrecht, et la France, de son côté, garantira les conquêtes que le Czar a faites sur la Suède, laquelle

Suède ne sera point assistée d'argent ni de troupes directement ni indirectement.

RÉPONSE DU MARÉCHAL DE TESSÉ.

A cela nous répondons, que volontiers l'on fera un traité d'alliance et d'amitié ; mais que nous ne pouvons ni ne voulons déroger aux traités faits avec nos alliés ; qu'en ayant un avec la Suède, tout ce que nous pouvons faire, c'est de donner notre parole de n'en point faire un nouveau ; qu'au surplus, il est impossible de garantir des conquêtes, et que tout ce qui est sujet à la variation du succès des armes, ne peut jamais être garanti ; que même, dans les dernières propositions faites par le canal de M. de Châteauneuf, l'on s'est désisté de cette demande d'une garantie impossible.

RÉPLIQUE DES MINISTRES DU CZAR.

A cela, l'on me répond : Cela est vrai ; mais quand le Czar s'offre et veut par traité présent, garantir ceux d'Utrecht et de Baden, et en vous faisant ce plaisir, déplaire certainement à l'Empereur, en quoi la France lui paye-t-elle ce plaisir d'entrer dans un engagement qui consolide vos traités, et puisqu'en effet vous ne pouvez pas garantir les conquêtes que le Czar a faites sur la Suède ? Hé bien ! laissez le Czar agir comme il l'entendra sur la Suède, sans garantir ses conquêtes, mais mettez le Czar au lieu et place de la Suède. Le système de l'Europe a changé, la base de tous vos traités c'est celui de Westphalie; pourquoi la France s'est-elle unie avec la Suède? c'est que le roi de Suède avoit alors des Etats en Allemagne, et qu'au moyen de la puissance de la Suède et des alliés que vous aviez en Allemagne, cette alliance balançoit la puissance de l'Empereur. Cette situation de l'Europe a changé, la France a perdu ses alliés en Allemagne; la Suède, quasi anéantie, ne peut plus vous être d'aucun secours, la puissance de l'Empereur s'est infiniment augmentée, et moi, Czar, je viens m'offrir à la France pour lui tenir lieu de la Suède; je lui offre non-seulement mon alliance, mais ma puissance, et au même temps celle de la Prusse, sans laquelle je ne pourrois pas agir; la Pologne ne demandera pas mieux que d'y entrer, et quand la France, la Prusse, la Pologne et moi, Czar, seront unis, non-seulement, par moi Czar, la balance que l'alliance de Suède vous devoit faire sera rétablie, mais le grain que j'y mets l'emporte; et bien que vous ayez fait un traité très-à-propos avec l'Angleterre et la Hollande, ce que moi Czar vous propose n'y est point contraire; la Hollande y trouvera son compte : c'est son intérêt que l'Empereur ne soit pas si puissant, et l'Angleterre est une puissance entr'elle si déchirée et si variable dans ses projets (1), que si à l'avenir elle vous manquoit, lorsque vous aurez mis dans votre alliance le Czar au lieu et place de la Suède, ledit Czar vous tiendra lieu de tout ce que vous pouviez espérer de la Suède et de l'Angleterre; de sorte que puisque vous ne pouvez ni ne voulez garantir les conquêtes que le Czar a faites sur la Suède, il consent que vous ne les garantissiez pas; mais il vous demande d'entrer avec vous au lieu et place de la Suède, et vous demande par conséquent le même traitement que vous faites à la Suède, puisque je vous tiendrai lieu non-seulement de la Suède, mais que je vous amène la Prusse.

Ce n'est point à moi, monsieur le Maréchal, à raisonner sur cela, ni à vous rendre compte de toutes les répliques et contre-répliques que

---

(1) La Grande-Bretagne étoit alors fort agitée par le parti jacobite, qui voulant replacer la maison de Stuart sur le trône, cherchoit à en chasser celle de Hanovre, qui y étoit encore mal affermie.

j'ai faites et que l'on m'a faites. Vous devez croire que j'ai éloigné tout projet de subsides, et que j'ai répliqué négativement que je n'avois ni ordre ni instruction pour cette proposition ; que si nous avons fait inutilement un traité avec la Suède, et que par ce traité nous lui ayons donné de l'argent, nous attendons le terme de ce traité avec impatience, pour nous corriger de lui en avoir donné. Qu'il est juste, qu'alors que le Czar nous servira, nous lui en donnions, mais que jusques-là il ne sauroit raisonnablement nous en demander.

A cela, à la représentation de l'éloignement des Etats, et à mille autres choses qui n'échappent pas dans la vivacité de telles conversations, l'on me met au pié du mur en me répétant : « Je veux, moi Czar, vous tenir lieu de la Suède, je veux vous garantir vos traités, je vous offre mon alliance avec celle de Prusse et de Pologne ; je ne vous demande nulle garantie de mes conquêtes ; je vois dans l'avenir que la puissance formidable de la maison d'Autriche vous doit alarmer ; mettez-moi au lieu et place de la Suède, et je vous tiens lieu, par ce traité, de tout ce que vous pouviez espérer de la Suède, contre les justes inquiétudes que vous devez avoir de la puissance de l'Empereur.

Voilà, Monsieur, où nous en sommes ; car pour les autres choses, comme traité de commerce, comme alliance avec la Prusse, comme ménagement avec le roi d'Angleterre, en qualité d'électeur d'Hanovre, et autres points à traiter, il me paroît que nous pourrons convenir.

Ayez la bonté d'ordonner que l'on m'envoie la date du traité de Suède, afin que l'on puisse établir le temps qu'il finira.

J'entrevois, sans pouvoir sur cela rien mander de positif, qu'en cas de traité, l'on ne vous demandera de subsides qu'alors que le temps du traité de Suède sera fini ; en un mot, ces gens-ci veulent vous tenir lieu de la Suède, se mettre en son lieu et place, et vous coûter ou ce que vous coûte présentement la Suède, ou ce qu'ils croient qu'elle vous coûte.

Je me garderai bien de donner mon avis sur telle chose : je ne fais que rapporter les faits.

Vous aurez la bonté d'en rendre compte à S. A. R. (1), et si vous me fournissez matière ou pour rompre, ou pour agir, j'essaierai de la mettre en œuvre.

J'ajoute, que comme sadite A. R. donne à dîner demain à Saint-Cloud, il me paroît que

---

(1) Le duc d'Orléans, régent.

vous pourrez vous y trouver, au moins après midi, et détourner le Kourakin (1) et les deux autres ministres, et leur dire peut-être d'autres meilleures raisons que les miennes. Je suis, &c.

(2) Le maréchal d'Huxelles fit à cette lettre la réponse ci-après, qu'il accompagna enfin de l'instruction tant attendue. L'on voit par la lettre, que ce maréchal renvoyant tout à monseigneur le Régent, et évitant de lui rendre compte lui-même de ce que lui mandoit le maréchal de Tessé, n'entroit dans la négociation commencée et les vues du Czar de s'unir à nous, que d'une certaine sorte, à ne devoir pas faire espérer qu'il se prêtât à lever les difficultés qui se présentoient, et l'on voit par la manière dont l'instruction est conçue, que le nouveau gouvernement n'avoit d'autre intention, que de voltiger et amuser le Czar jusqu'au temps de son départ, sans rien conclure avec lui.

---

(1) C'étoit l'ambassadeur de Pierre 1er en France.
(2) Cette observation est du maréchal de Tessé.

Réponse du maréchal d'Huxelles.

19 mai 1717.

J'ai lu avec beaucoup d'attention, Monsieur, la lettre que vous m'avez fait l'honneur de m'écrire ce matin, et comme ce qu'elle contient ne change rien à ce qui est contenu dans le mémoire que je vous promis hier, je m'acquitte, en vous l'envoyant, de la parole que je vous ai donnée, et il sera bon, je crois, qu'après que vous l'aurez vu, nous ayons une conférence ensemble.

Vous pourriez, Monsieur, profiter demain à Saint-Cloud, de quelque moment favorable pour rendre compte à S. A. R., de ce que vous avez déjà fait suivant ses ordres, ou au moins pour lui demander une heure où vous puissiez l'avoir à son retour à Paris; et si vous vouliez bien m'en informer, je m'y rendrois avec vous.

Il s'en faut beaucoup que j'aie mauvaise opinion de votre négociation sur la première conférence; mais c'est une matière qu'il est bon de traiter avec S. A. R., afin qu'elle puisse prendre ses résolutions et vous donner ses ordres. Je vous supplie de croire que je suis, &c.

ANNÉE 1717.

Mémoire secret pour M. le maréchal de Tessé, servant d'instruction pour la négociation entamée.

S. A. R., ayant pris la résolution de charger M. le maréchal de Tessé de conférer secrètement avec les ministres du Czar, sur les ouvertures que ce prince a faites en plusieurs occasions, et qui ont été renouvelées depuis son arrivée à Paris, et de convenir avec ses ministres des conditions d'un traité de bonne correspondance, d'amitié et de commerce entre S. M. et ce Prince, il a paru nécessaire de l'instruire de plusieurs circonstances des engagemens du Roi avec les autres puissances du Nord, et du progrès des insinuations qui ont été faites par rapport aux liaisons que S. M. veut bien former, soit avec le Czar seul, soit avec lui et le roi de Prusse conjointement.

M. le maréchal de Tessé n'ignore pas, sur quel fondement sont établies les liaisons qui subsistent toujours entre la couronne de S. M. et celle de Suède; il sait que ces liaisons formées pendant les guerres d'Allemagne, furent confirmées par les traités de Westphalie, où la France et la Suède, garantes des conditions de ces traités, se sont aussi mutuellement garanti les acquisitions qu'elles avoient faites dans l'empire.

Les événemens qui ont quelquefois depuis suspendu l'intelligence étroite qui devoit subsister entr'elles, n'ont jamais altéré la force de ces traités, et ils ont aussi toujours servi de base aux conventions faites en différens temps, entre le feu Roi et les rois de Suède, pendant le cours des dernières guerres. Ce fut pour en remplir les engagemens, que S. M., après avoir consenti par le traité de Nimègue, à la restitution de plusieurs places des Pays-Bas, pour faire rendre au roi de Suède les Etats de sa couronne en Allemagne, dont il avoit été dépouillé, fit encore entrer pour le même effet ses armées dans l'Empire (1).

Quoique la conduite de cette couronne n'ait pas répondu depuis à ce que l'on avoit lieu d'attendre, et que le roi de Suède, aujourd'hui régnant (2), ait fait connoître, dans le temps de ses prospérités, qu'il étoit bien moins touché de la gloire de tirer ses anciens alliés

---

(1) En 1679, où l'armée de Louis XIV, commandée par le maréchal de Créqui, battit les troupes de l'électeur de Brandebourg, menaça d'assiéger Magdebourg, et força ainsi ce prince à rendre ce qu'il avoit pris à la Suède, et qu'il vouloit garder.

(2) Charles XII.

ANNÉE 1717.

de l'oppression, par l'interposition de ses offices, pour rendre la paix à l'Europe, que du desir de marquer sa complaisance pour les ennemis de la France, le feu Roi ne fut cependant pas insensible à ses disgraces; il lui fit offrir à Bender, les moyens de le ramener incessamment dans ses Etats, où sa présence paroissoit nécessaire, pour en prévenir la perte, et S. M. fit même alors remettre, sans aucune obligation, une somme assez considérable au général Stenbock, pour soutenir l'armée qu'il avoit rassemblée en Poméranie, et qui défit peu de temps après celle du roi de Danemarck à Gadebusch (1).

S. M. employa ses offices pour le réconcilier au moins avec quelques-uns de ses ennemis, et pour empêcher le roi de Prusse de se joindre à eux; mais quoique le roi de Suède, occupé du desir de se venger, eût pu déférer aux sages conseils qu'elle lui fit donner, elle crut qu'après son retour de Turquie à Stralsund, où il arriva à la fin de l'année 1714, la connoissance qu'il avoit par lui-même de l'état de ses affaires, le porteroit à prendre des résolu-

---

(1) Petite ville dans le Mecklbourg, à quatre milles de Wismar. Le comte de Stenbock gagna sur les Danois la bataille de Gadebusch, le 20 décembre 1712.

tions plus conformes à ses véritables intérêts, et elle jugea en même temps que pour ne point le laisser accabler, et pour lui donner le temps et les moyens de disposer aussi ses ennemis à la paix, elle devoit renouveler avec lui les anciens engagemens qui avoient long-temps subsisté entre sa couronne et celle de Suède. Le traité en fut signé à Versailles le 3 avril 1715, et l'on y convint :

1°. D'une amitié fidèle et d'une correspondance étroite.

2°. D'une alliance défensive pour tous les Etats de part et d'autre, et spécialement pour ceux que l'une ou l'autre couronne ont acquis par les traités de Westphalie, sous l'obligation que l'une d'entre elles étant attaquée contre la disposition de ces traités, l'autre la secourroit jusqu'à ce que le trouble fût cessé.

3°. Que l'on se garantiroit réciproquement les traités de Westphalie, de Nimègue, de Riswick, de Baden, et tous ceux du Nord dont S. M. est garante.

4°. Qu'elle emploieroit ses offices pour faire rendre au roi de Suède les places et pays de sa couronne en Allemagne, dont il étoit déjà dépouillé, et que cependant elle lui donneroit des secours.

5°. La distance des lieux ne permettant pas

d'envoyer des troupes au secours du roi de Suède, le Roi promit de lui faire payer cent cinquante mille écus tous les trois mois, pendant la durée de l'alliance.

6°. Ce subside devoit être réduit à la moitié, en cas de paix avant l'expiration du traité.

7°. Que l'on paieroit d'avance une somme de trois cent mille écus pour les six premiers mois du subside.

8°. Que les propositions de paix seroient réciproquement communiquées.

9°. Que le Roi appuieroit les intérêts du duc de Holstein Gottorp et de sa maison, conformément aux traités du Nord, dont S. M. est garante.

10°. Que si la France étoit attaquée, le roi de Suède la secourroit par une diversion ou par des secours effectifs.

11°. Que ces secours seroient de cinq mille hommes d'infanterie, et de deux mille sept cents chevaux, ou de huit navires de guerre armés, et que l'on feroit un nouveau traité pour l'avantage réciproque du commerce.

12°. Cette alliance est limitée à trois ans, du jour de l'échange des ratifications, et après son expiration, les traités de Westphalie, de Nimègue, de Riswick, de Baden et tous ceux du Nord, dont le Roi est garant, doivent toujours demeurer dans leur force et vigueur.

POLOGNE.

Les engagemens que le roi a pris avec le roi de Pologne, consistent dans un simple traité de bonne correspondance et d'amitié, conclu à Rizzina le 20 août 1714, et S. M. y promet seulement ses offices pour sa réconciliation avec la Suède. Voici ce traité :

Art. I. Il y aura entre les deux Rois, leur couronne et leurs sujets, une amitié sincère et durable.

II. Ils promettent l'un et l'autre d'employer leurs offices pour procurer le rétablissement de la paix dans toute l'Europe.

III. Ainsi le roi de Pologne s'engage d'interposer ses offices, pour accélérer la conclusion de la paix entre le Roi et l'Empereur; il se réserve cependant la liberté de fournir son contingent comme membre de l'Empire (1).

IV. Le Roi promet de même d'agir, non-seulement à la Porte pour assurer le maintien de la paix entre les Turcs et la Pologne, mais aussi auprès du roi de Suède, pour sa récon-

---

(1) Il étoit électeur de Saxe.

ciliation avec ses ennemis, et pour le rétablissement de la paix dans le Nord.

V. Ce traité sera confirmé et ratifié par les deux Rois dans le terme de deux mois, ou plutôt s'il est possible.

VI. En foi de quoi ont signé JEAN ZEMBECK, grand-chancelier de Pologne. LE COMTE DE FLEMING (1); *et sur un autre exemplaire pareil*, LE BARON DE BESENVAL (2).

PRUSSE.

La situation où se trouvoient les affaires du royaume après la mort du feu Roi, l'armement que l'Empereur préparoit dès-lors, ce que l'on savoit des desseins de ce prince, les défiances et la jalousie que la puissance du feu Roi avoit excitées de toutes parts, et l'orage qui s'étoit élevé en Angleterre contre les ministres qui avoient eu part à la paix conclue à Utrecht, faisant connoître la nécessité dont il étoit de prendre de solides mesures pour ne pas demeurer sans alliés, exposé à des entreprises étrangères, et l'opiniâtreté du roi de Suède lui ayant attiré de nouveaux ennemis et de nouvelles disgraces, qui lui ôtoient les

---

(1) C'étoit le ministre saxon du roi Auguste.
(2) Ambassadeur de France.

moyens de secourir la France si elle étoit attaquée, S. A. R., qui avoit inutilement fait pres-
sentir le roi d'Angleterre sur la vue de former
avec lui et avec la république de Hollande,
l'alliance défensive qui a été depuis conclue,
jugea qu'il étoit de sa prudence de s'assurer de
celle du roi de Prusse, et le traité en fut conclu à Berlin, le 14 septembre 1716, aux conditions suivantes :

I. Sa Majesté promet de n'agir que comme
médiateur dans les affaires du Nord.

II. L'on se propose de dresser un projet
pour la paix avec le roi de Suède. Le roi de
Prusse s'engage à cesser toute hostilité contre
cette couronne, au moyen de la cession de
Stettin et de ses dépendances; et en cas de
refus de cette cession, Sa Majesté promet de
ne donner aucune assistance au roi de Suède.

III. Elle garantit au roi de Prusse la possession de Stettin et de ses dépendances; et en
cas de trouble, elle promet de lui donner un
subside de six cent mille écus.

IV. Le roi de Prusse stipule l'équivalent
qu'il pourroit prétendre au lieu de Stettin et
de ses dépendances, et le Roi promet seulement ses offices à cet égard.

V. Le Roi promet de s'opposer à ce que
Stettin soit remis en séquestre par l'Empereur,

et de fournir au roi de Prusse le même subside de six cent mille écus pour l'empêcher.

VI. S. M. garantit à ce Prince tous ses états, conformément aux traités de Westphalie, et le roi de Prusse garantit aussi les états acquis à la couronne par les mêmes traités.

VII. Le Roi promet de ne point attaquer l'Empire.

VIII. L'on stipule réciproquement la garantie des traités d'Utrecht et de Baden. Le roi de Prusse s'engage à faire ses efforts pour empêcher que l'Empire ne se déclare en aucun temps contre la France, et il se réserve seulement ses devoirs de Prince de l'Empire, en cas de déclaration.

IX, X et XI. L'on se promet réciproquement des secours en cas de troubles; l'on réserve chacun ses alliances en ce qui n'est pas contraire au traité, et le roi promet ses offices pour la satisfaction du roi de Prusse dans la paix du Nord, et l'on convient de garder un secret inviolable.

XII. L'alliance est limitée à dix années.

ANGLETERRE ET HOLLANDE.

Le traité d'alliance signé le 4 janvier dernier, ne contient aucune stipulation secrète, et comme il a été imprimé en entier, l'on se remet à la lecture de ce traité, et l'on observera seulement, qu'il n'a pour objet que le maintien de la paix sur le fondement des traités conclus à Utrecht, et la limitation des secours que l'on doit réciproquement se donner en cas de trouble.

Après avoir expliqué à M. le maréchal de Tessé les engagemens que le roi a pris avec quelques-unes des puissances intéressées dans la guerre du Nord, il reste à l'instruire de ce qui s'est passé jusqu'à présent par rapport au Czar.

Comme les offices que le feu Roi s'étoit efforcé de rendre au roi de Suède, avoient principalement pour objet la vue de séparer ses ennemis, et que S. M. s'en étoit ouverte au roi de Prusse, ce Prince, qui n'avoit aucun engagement avec elle, et qui étoit déjà étroitement lié avec le Czar, lui en révéla le secret; en sorte que le Czar, qui avoit, pendant le cours de la dernière guerre, pris des préjugés peu favorables à la France sur les relations de nos ennemis, marquoit en toutes occasions sa défiance.

Tel étoit l'état des choses à cet égard, lors de l'avènement du Roi à la couronne, et S. A. R., persuadée de l'importance dont il étoit d'effacer ces préjugés, pour lever au moins les obstacles qu'ils pouvoient apporter à l'admission de la médiation de S. M. dans les affaires du Nord, a profité de toutes les occasions de faire assurer le Czar, que le Roi ne voulant agir que par des offices, il ne seroit rien fait de sa part qui pût s'écarter des loix de la simple médiation. Elle lui fit insinuer en même temps, que ses grandes qualités ne l'ayant pas rendu moins recommandable que sa puissance, S. M. seroit toujours disposée à former et à entretenir avec lui des liaisons d'amitié, et à les fortifier encore par un traité de commerce entre ses sujets et ceux de ce Prince.

Ces assurances avoient déjà produit leur effet, lorsque le Czar eut, l'année dernière, une entrevue à Havelberg avec le roi de Prusse. Comme le dernier de ces deux Princes avoit été instruit, pendant le cours de la négociation pour l'alliance conclue avec lui, des dispositions de S. M. et de celles de S. A. R. par rapport au Czar, il crut sans doute que, resserrant les nœuds de ses liaisons avec lui, il devoit prendre des mesures pour les fortifier encore, en les rendant communes avec S. M., et il le lui fit proposer.

Son intention n'étoit pas de prendre avec le Czar des engagemens aussi forts, et elle étoit d'ailleurs entrée dans des liaisons étroites avec l'Angleterre et la Hollande, par le traité d'alliance signé à la Haye au mois de janvier dernier, qui n'auroient pu s'accorder avec les vues du Czar; ainsi elle ordonna à M. le comte de Rottembourg d'en faire connoître les conséquences au roi de Prusse, et de lui représenter, qu'il lui importoit à lui-même, de ne pas prendre des engagemens qui pussent le priver de l'avantage d'être admis dans l'alliance de la Haye, où il trouveroit une sûreté entière, et beaucoup plus de solidité que dans ses liaisons trop étroites avec le Czar, dont il étoit aisé de prévoir les inconvéniens.

Cette représentation parut faire quelque impression sur le roi de Prusse, et M. de Kniphausen, chargé des affaires de ce Prince auprès du Czar pendant son dernier séjour en Hollande, après avoir fait à M. de Châteauneuf des premières ouvertures, qui tendoient à rendre tous les intérêts de ce Prince communs avec S. M., il se réduisit, vers la fin du mois de mars dernier, à des propositions plus simples, dont l'ambassadeur de S. M. en Hollande rendit compte par sa lettre du 30 du même mois, et qui se réduisirent à ce qui suit :

1°. Que le Czar garantiroit les traités d'Utrecht et de Baden, sans exiger aucune garantie, ni par rapport à ses états, ni par rapport à ses conquêtes, connoissant qu'il ne peut demander la garantie de ses conquêtes jusqu'à ce qu'elles lui aient été cédées.

2°. Que S. M. ne donneroit aucun subside au roi de Suède, pendant la durée de la guerre entre ce Prince et le Czar.

3°. Qu'elle emploieroit ses offices pour la paix du Nord, sans partialité pour le roi de Suède.

4°. Qu'elle donneroit au Czar un subside de vingt-cinq mille écus par mois, pendant le reste de la guerre du Nord.

Les choses étoient dans cette situation, lorsque le Czar est parti de Hollande pour venir ici, et M. le maréchal de Tessé est instruit par lui-même, des ouvertures que les ministres de ce Prince ont faites pour reprendre cette négociation; ainsi il reste seulement à l'informer des vues que S. A. R. se propose, dans les liaisons qu'elle croit que le Roi pourroit former avec le Czar.

Le premier objet qu'elle a eu jusqu'à présent, est de mettre S. M. en état d'avoir une part principale dans la médiation de la paix du Nord, en telle sorte que la cour de Vienne ne puisse pas, en se mettant seule en possession de cette médiation, se ménager de nouveaux moyens d'exécuter ses projets ambitieux ; et comme il est certain que les secours qu'elle pourroit tirer du Czar, pourroient beaucoup contribuer à rassurer cette cour, contre ce qu'elle auroit à craindre de la part des principales puissances du Nord et de l'Empire, S. A. R. regarde comme un point important de pouvoir engager ce Prince, de manière qu'il perde désormais toute idée de former des liaisons avec la cour de Vienne, et que celles que S. M. aura formées avec lui, puissent servir de fondement à des engagemens plus étroits, selon que les événemens pourroient l'exiger dans la suite, et selon les facilités que le Czar pourra conserver, pour demeurer à portée de rendre son alliance solide et convenable aux intérêts du Roi.

Les vues du Czar peuvent à la vérité être bien plus étendues et peut-être plus prochaines. L'on a eu lieu de croire, en plusieurs occasions, qu'il desireroit extrêmement d'avoir une part principale dans les affaires de l'Europe, et particulièrement dans celles de l'Empire, et l'on peut croire aussi, avec quelque vraisemblance, que le roi de Prusse fortifiera encore cette disposition, pour conserver, autant qu'il le pourra, un aussi puissant appui.

Il sera de l'habileté de M. le maréchal de Tessé, de laisser expliquer les ministres du Czar, de manière que l'on puisse connoître quels peuvent être les véritables desseins de ce Prince dans la conjoncture présente, sans rejeter absolument leurs ouvertures; mais aussi sans prendre de sa part aucun engagement qui puisse excéder ce que S. A. R. lui fait expliquer de ses intentions.

Il peut seulement, s'il le juge absolument nécessaire, pour ne pas laisser tomber la négociation, et pour écarter les défiances qu'une trop grande réserve pourroit faire naître, laisser entendre comme de lui-même que, dans les dispositions où l'on est de part et d'autre, de s'unir plus étroitement, à mesure que les convenances se découvriront davantage, l'on pourroit peut-être en même temps que l'on feroit un traité de bonne correspondance et d'amitié, faire une convention particulière et qui demeureroit secrète, pour régler d'avance les assistances que l'on donneroit au Czar, s'il employoit ses forces en faveur du Roi ou de ses alliés, et particulièrement pour le secours du roi de Prusse, et faire connoître qu'il faudroit avoir attention, si l'on formoit cette convention, de n'y rien insérer qui puisse être contraire aux engagemens que le Roi a pris par le traité d'alliance conclu à la Haie entre S. M., le roi d'Angleterre et la Hollande, dont tous les articles ont été rendus publics.

Entre les raisons dont M. le maréchal de Tessé peut se servir, pour combattre et pour éluder des engagemens précis et plus forts que ce qui convient à la bonne correspondance et à l'amitié, il peut faire connoître que tout ce qui excéderoit ces termes dans la conjoncture présente, ne serviroit qu'à exciter des défiances; que celles que le Roi de Suède pourroit prendre, excluroient inutilement la médiation de S. M. dans la paix du Nord, où elle peut être très-utile aux intérêts du Czar et du roi de Prusse; et quoiqu'elle ne veuille, en effet, aider le roi de Suède que de ses offices, dans toute la suite de la guerre du Nord et dans la négociation pour la paix, de même qu'elle veut en user avec les autres puissances qui y sont intéressées, c'est-à-dire avec une parfaite impartialité, il seroit contre toutes les règles de la bienséance, qu'ayant avec ce Prince un traité qui doit subsister encore pendant dix mois, elle prît des engagemens qui y fussent formellement contraires; qu'après son expiration, elle pourroit entrer dans d'autres mesures, et qu'en attendant, un traité d'amitié et une convention pour l'utilité réciproque du commerce des sujets de part et d'autre, fera un premier fondement qui servira comme de base à des liaisons plus étroites, qu'il sera bien plus aisé de terminer lorsque les affaires du Nord auront pris une forme fixe qui puisse permettre d'assurer plus solidement ces liaisons, ou lorsque les engagemens de S. M. avec la Suède seront finis.

L'on peut encore, selon les circonstances, faire remarquer, que S. M. n'est pas seulement retenue par la considération des engagemens qu'elle a pris par le traité d'alliance qu'elle vient de faire avec l'Angleterre et avec la Hollande, et dont elle ne peut s'écarter en aucune manière; mais que dans les affaires qui ont rapport à l'Empire et aux Etats du Nord, elle a aussi des engagemens connus de toute l'Europe, par la garantie des traités de Westphalie, de celui d'Oliva et de plusieurs autres. Quoiqu'elle ne se propose pas d'en demander ni d'en soutenir l'exécution, soit pendant le cours de la guerre, soit dans la négociation de la paix, elle ne pourroit cependant statuer présentement avec honneur, des conditions qui y fussent formellement contraires, sans le consentement et le concours des parties intéressées, et que c'est une raison qui ne subsistera que jusqu'à la paix du Nord, puisqu'alors les garanties de ces traités n'obligeront plus S. M., qu'en ce à quoi il n'aura pas été dérogé; qu'au contraire, elle sera en droit de garantir les nouvelles conditions et la nouvelle forme qui seront établies par le traité de la paix du Nord, et de s'unir avec le Czar, de manière et sur des fondemens qui pourront encore augmenter la considération que ce Prince s'est déjà acquise dans l'Europe; que comme S. M. et le Czar ne peuvent jamais avoir d'intérêts à démêler ensemble, les liaisons établies sur ces fondemens, ne peuvent être qu'utiles à l'une et à l'autre puissance, sans qu'il puisse en naître des inconvéniens capables d'en altérer la force, ni d'en diminuer les avantages.

Comme il pourroit arriver que M. le baron de Kniphausen, qui a paru, dans les derniers temps, touché du desir d'unir le Czar et le Roi son maître avec le Roi, continueroit d'agir sur ces mêmes principes, et qu'indépendamment des ordres qu'il auroit reçu de Berlin sur ce sujet, son affection particulière le portât encore à insister sur des engagemens plus étendus que ceux que S. A. R. croit que le Roi peut prendre en cette occasion, il est nécessaire d'être mesuré dans les confidences que l'on pourroit lui faire pour ralentir son ardeur, si elle paroissoit trop grande ; mais cependant il sera bon de lui faire observer, que les intérêts du Roi son maître ont une part principale à la résolution que S. A. R. a prise, de réduire présentement les engagemens du Roi avec le Czar aux termes de la bonne correspondance et de l'amitié; que des liaisons plus particulières avec ce prince conjointement avec le Roi son maître, alarmeroient l'Empire, et pourroient exciter la défiance et la jalousie des princes voisins et du roi de Prusse; que ce seroit encore un obstacle de plus à son admission dans l'alliance de la Haie, que S. A. R. a toujours en vue, et à laquelle elle travaille avec application, et que par conséquent l'on s'exposeroit à le priver des avantages et de la sûreté qu'il y trouveroit, contre quelqu'événement qui puisse arriver dans les autres Etats de l'Europe; qu'il est bon et même très-conforme aux intentions de S. A. R., de jeter en cette occasion les fondemens d'une liaison étroite entre le Roi, le roi de Prusse et le Czar; mais qu'avant que d'en étendre les engagemens, il est de la prudence de voir quel sera le dénouement des affaires du Nord, et quels seront les moyens que le Czar conservera pour les secours de ses alliés; qu'il est aisé de juger que l'éloignement de ses Etats, et le défaut d'une communication directe, y apportera toujours de grands obstacles ; et qu'ainsi il est d'une extrême importance pour le roi de Prusse, qu'en s'assurant de l'amitié de ce prince, il ne se prive pas des appuis solides qu'il peut se ménager d'ailleurs.

M. le maréchal de Tessé aura remarqué dans ce qui a déjà été expliqué, que S. A. R. ne veut absolument prendre avec le Czar aucune liaison qui puisse être contraire, en quelque manière que ce soit, à celles qui ont été prises par le traité d'alliance avec l'Angleterre et avec la Hollande, ni donner aucun juste sujet d'ombrage à ces deux puissances ; elle veut donc, que ce qui pourra être négocié avec le Czar soit toujours subordonné à cette vue, et que M. le maréchal de Tessé se renferme dans ses conférences avec les ministres de ce prince, dans les expressions d'un simple traité d'amitié et de bonne correspondance, fortifié d'un traité de commerce qui doit avoir pour fondement, de faire jouir les sujets du Roi des mêmes avantages et des mêmes priviléges dans les ports du Czar, dont les sujets de ce prince jouiront dans les ports du royaume, en sorte que l'égalité soit entière.

A l'égard de la demande que feront les

ministres du Czar, que le Roi ne puisse aider directement ni indirectement le roi de Suède, M. le maréchal de Tessé leur représentera, que le traité que le feu Roi avoit conclu avec ce prince, et par lequel il avoit promis un subside de six cent mille écus, ne devant expirer que dans dix mois, S. M. ne doit faire aucune stipulation qui puisse être formellement contraire à cet engagement; mais il les assurera que le Czar aura lieu d'être content de la manière dont il en sera usé à cet égard, aussi bien que dans tout ce qui aura rapport aux intérêts de ce prince dans la négociation de la paix du Nord.

Il ne faut aussi donner aucune espérance aux ministres du Czar, que S. M. puisse être portée à lui donner présentement le subside de trois cent mille écus qu'il avoit fait demander. Il y a lieu de croire qu'ils n'insisteront pas sur cette prétention; mais s'ils le faisoient, M. le maréchal de Tessé peut laisser entendre, sans s'en expliquer formellement, que si le Czar se trouvoit engagé par l'effet du traité que l'on se propose de faire avec lui, à agir en faveur de la France ou pour les amis de S. M., ce seroit un cas différent, et dans lequel on pourroit accorder ce subside, et il sera bon, si l'on est obligé de laisser entrevoir cette espérance, de faire remarquer en même temps à M. de Kniphausen, mais en particulier, que ce seroit une nouvelle marque de l'attention de S. A. R. aux avantages et à la sûreté du roi de Prusse, puisque les cas que l'on peut prévoir présentement, ne peuvent regarder que lui, et qu'en ce cas S. A. R. accorderoit ce subside à ses instances.

Comme les ministres du Czar paroissent disposés à demander, qu'il soit inséré dans le traité que ce prince propose, quelques conditions en faveur du roi de Prusse, et qu'il y a lieu de croire que n'étant point instruit des liaisons que ce prince a prises avec le Roi, ils regarderoient comme un point capital d'obtenir présentement pour lui la garantie de Stettin et de ses dépendances, il sera nécessaire que M. le maréchal de Tessé se concerte avec M. de Kniphausen sur ce sujet, et qu'après lui avoir fait connoître, combien il importe au Roi son maître de se renfermer, dans la conjoncture présente, dans des engagemens généraux avec le Czar, il lui fasse observer, qu'en continuant de garder le secret sur ceux qui ont été formés entre le Roi et le Roi son maître, il seroit bon que, pour marquer plus de considération pour le Czar, il parût que la garantie de Stettin que S. M.

renouvelleroit en cette occasion, fût accordée aux instances de ce prince, puisque ce seroit un moyen de le rendre plus facile sur les autres conditions du traité.

A l'égard des garanties dont les Ministres du Czar pourroient renouveler la demande, pour les Etats conquis par ce prince sur la Suède, M. le maréchal de Tessé saura bien faire usage des raisons expliquées dans ce mémoire, et qui font connoître clairement que S. M. ne pourroit les accorder, sans s'exposer au reproche d'être contrevenu aux engagemens formels de sa Couronne ; mais à toute extrémité, et s'il ne pouvoit éviter de laisser entrevoir quelque condescendance à cet égard, sans s'exposer à rompre toutes mesures, il pourroit faire entendre, qu'il croit que le Roi pourroit accorder cette garantie conditionnellement, pour avoir son effet seulement après que le Czar auroit obtenu par un traité de paix, la cession de la partie de ses conquêtes qu'il pourra garder, et seulement dans l'étendue de ces mêmes occasions.

Les conditions qui regardent le commerce sont, jusqu'à présent, assez obscures. L'on n'est point instruit des qualités des marchandises qui peuvent convenir dans les ports du Czar, et qui pourroient y être portées d'ici.

L'on ne sait pas assez exactement aussi, quelles seroient celles que les vaisseaux français pourroient y trouver pour leur retour dans le royaume, et l'on ignore absolument quelles sont les lois et la police de ces ports, quels droits se perçoivent sur les marchandises que l'on y porteroit et sur celles que l'on en pourroit tirer, s'il y a des priviléges pour les marchands étrangers, et s'il y a des nations favorisées, en telle sorte qu'elles puissent faire leur commerce plus avantageusement, que les sujets du roi ne pourroient faire le leur ; ainsi il est bien difficile de pouvoir rien statuer de solide à cet égard, au lieu que les loix des ports et de la navigation du royaume, et les tarifs des droits qui s'y lèvent étant publics, les ministres du Czar peuvent en avoir une entière connoissance, et il paroît qu'étant eux-mêmes touchés de cette difficulté, ils regardent comme un moyen de la lever, la proposition de faire jouir les sujets du Roi dans les ports du Czar, des mêmes avantages dont les sujets de ce prince jouiront dans ceux du royaume.

Cet expédient ne paroît pas mauvais jusqu'à présent, quoiqu'il soit vrai qu'il ne suffiroit pas pour assurer les avantages des sujets du Roi, si quelqu'autre nation avoit dans les ports du Czar, des priviléges ou des exemptions plus favorables, que ne seroit l'égalité de traitement que l'on se propose; mais quand même l'on seroit assuré sur ce point, il est bon que M. le maréchal de Tessé demande tous les éclaircissemens, que l'on vient de remarquer qui seroient nécessaires pour agir avec une entière connoissance, afin de pouvoir se servir de ce prétexte pour entretenir les conférences sur cette difficulté, aussi long-temps qu'on le jugera nécessaire, pour aplanir celles qui pourroient se trouver d'ailleurs dans les points essentiels de l'alliance que l'on se propose de faire, sans être obligé de s'expliquer sur les dernières résolutions de S. A. R., et sans s'exposer à voir rompre les conférences; et comme le séjour du Czar dans le royaume, ne peut pas être d'une longue durée, l'on peut croire avec fondement, que lorsque le temps de son départ approchera, ses Ministres s'expliqueront eux-mêmes, de manière que l'on pourra juger avec certitude des intentions de ce prince, et prendre aussi les dernières résolutions.

Il paroîtroit de quelque importance d'engager les Ministres du Czar, à communiquer le traité fait entre ce prince et le roi d'Angleterre, comme électeur d'Hanover, et le projet formé depuis, écrit de la main de M. Townsend et qui fut remis à M. le prince Kurakin, dans son dernier voyage en Angleterre, pour confirmer ce même traité en qualité de roi de la Grande-Bretagne ; non-seulement parce qu'il peut y avoir dans ces deux pièces plusieurs circonstances qui donneroient des lumières, par rapport à ce que l'on peut stipuler pour le traité de bonne correspondance, et pour celui de commerce que l'on se propose de faire, mais encore parce que le roi d'Angleterre témoignant présentement de l'éloignement pour le Czar, et ses ministres supposant que l'on ne peut prendre aucune liaison solide avec ce prince, il ne seroit pas indifférent de pouvoir leur faire connoître, qu'ils en ont eux-mêmes formées avec lui qui ont donné lieu à l'entrée des Moscovites dans l'Empire ; et il seroit bon par cette raison, que l'on pût avoir des copies de ce traité et du projet de confirmation qui en avoit été dressé.

M. le maréchal de Tessé pourroit peut-être porter ces Ministres à lui donner ces deux traités, en leur faisant remarquer, que le Roi ne voulant rien faire dont le roi d'Angleterre puisse avoir lieu de se plaindre, la connoissance que l'on auroit des engagemens que ce prince a pris avec le Czar leur maître, pourroit peut-être aplanir les difficultés qui naîtroient à cette occasion ; et s'il remarquoit qu'ils eussent quelque défiance que le traité d'alliance de la Haie, tel qu'il est imprimé, ne fût pas fidèle, il peut leur offrir de leur en faire voir l'original, en même temps qu'il les assureroit qu'il n'y a aucun article secret. Il pourroit aussi leur faire voir quelques articles de celui de Suède, dont on lui remet une copie entière ; mais en ce cas le mieux seroit d'en former un, qui ne contiendroit que les conditions qu'on voudroit bien leur communiquer et qui paroîtroit entier.

M. le maréchal de Tessé ne doit faire aucune mention dans ses conférences avec les ministres du Czar, du traité avec la Prusse, dont ils n'ont point eu de connoissance jusqu'à présent, le roi de Prusse l'ayant ainsi desiré.

Il paroît inutile d'entrer présentement dans un plus grand détail sur tout ce qui peut faire la matière de cette négociation, M. le maréchal de Tessé étant à portée de rendre compte à S. A. R. de ce qui se passera à cet égard et de recevoir ses ordres ; et la seule chose que l'on croit devoir lui répéter encore, est que S. A. R. ne veut s'écarter en quoi que ce puisse être, des engagemens qu'elle a pris par le traité de la Haie, ni donner le moindre sujet d'ombrage au roi de la Grande-Bretagne ; et que, comme elle croit en effet ne devoir pas porter les liaisons du Roi avec le Czar au-dela des simples termes d'amitié et de bonne correspondance, il ne peut trop peser ses expressions dans ses conférences, en sorte que les ministres du Czar se portent par eux-mêmes, s'il est possible, à ne rien exiger de plus.

ANNÉE 1722.

CHAPITRE XIV.

Le maréchal de Tessé porte la main de justice au sacre de Louis xv. Il quitte la cour et se retire aux Camaldules. On veut l'envoyer ambassadeur extraordinaire en Espagne, à l'époque de l'abdication de Philippe v. Il répugne à cette mission. On lui assure, de même qu'à son fils aîné, la charge de premier écuyer de la future reine de France, et il part. Détails intéressans sur la situation et les intrigues de la cour de Madrid, et anecdotes singulières sur Philippe v, la Reine sa femme et le jésuite Bermudez, confesseur du Monarque. Torts qu'un Espagnol instruit trouve à M. de Tessé. Il contribue à engager Philippe à remonter sur le trône, à la mort de Louis 1er, son fils. Le Roi lui donne la Toison-d'or et le comble, de même que la Reine, de magnifiques présens. Il revient en France et meurt.

Le maréchal de Tessé porta la main de justice au sacre de Louis xv, le 25 octobre 1722. Depuis, il quitta les affaires et se retira aux Camaldules (1), dans une petite maison qu'il s'y étoit procurée, pour ne plus s'occuper que de l'autre monde.

A la fin de 1723, le ministère français, informé

---

(1) Dans le bois de la Grange près du bourg d'Ières, sur la rive droite de la rivière de ce nom. Ce monastère a été supprimé comme tous les autres depuis la révolution.

que Philippe v, tombé dans la plus haute dévotion, se proposoit de résigner la couronne à Louis, son fils aîné, prince des Asturies, âgé seulement de seize ans (1), et s'appercevant depuis quelque temps que les ministres espagnols entraînés par corruption ou par de fausses vues, témoignoient à l'Angleterre, sinon un dévouement total, du moins une déférence également nuisible aux vrais intérêts de la France et de l'Espagne, sentirent la nécessité d'envoyer à Madrid un négociateur assez clairvoyant, pour bien observer la situation de cette cour, et tâcher en même temps de la ramener à un système politique plus raisonnable : objet d'une extrême importance pour les deux nations, sur-tout au début d'un nouveau règne. Le maréchal de Tessé fut choisi pour se rendre à Madrid, en qualité d'ambassadeur extraordinaire. On eut de la peine à le tirer de sa retraite, et on n'y auroit peut-être pas réussi, si on ne lui avoit proposé un grand avantage, avec la facilité de le faire tourner au profit de sa famille. Le mariage de Louis xv avec l'infante d'Espagne Marie-Anne-Victoire, fille du roi Philippe v, avoit été arrêté en septembre 1721. Il fut convenu qu'en attendant

---

(1) Il étoit né le 25 août 1707.

que la princesse devînt nubile, elle seroit amenée et élevée en France. On la reçut sur les frontières le 9 janvier 1722, et pour décider le maréchal de Tessé à accepter la mission qu'on lui destinoit, on lui offrit auprès de la future reine, la même charge qu'il avoit remplie auprès de la duchesse de Bourgogne; c'est-à-dire, celle de grand et de premier écuyer. Les provisions lui en furent expédiées le 2 janvier 1724, et il obtint le 20 octobre suivant, que la charge passât au comte de Tessé son fils aîné.

Le Maréchal s'étoit hâté de partir pour l'Espagne le 26 janvier, sur la nouvelle que Philippe v avoit réalisé son projet d'abdication, par un décret daté du 10 janvier, qu'il avoit fait proclamer roi son fils le 17, et s'étoit retiré aussitôt avec la reine sa femme, Elisabeth Farnèse (1), qui ne partageoit pas son goût pour la solitude, au château de Saint-Ildefonse, (miniature du palais de Versailles, et bâti à grands frais,) pour s'y livrer sans distraction à des exercices de piété, et ne vaquer désormais qu'aux moyens d'assurer son salut éternel, dont il se flattoit que le jésuite Bermudez, son

---

(1) Il l'avoit épousée le 16 septembre 1714, après la mort de la princesse de Savoie, sa première femme, décédée le 14 février précédent.

confesseur, seroit le principal instrument; aussi n'avoit-il pas oublié de l'emmener à Saint-Ildefonse, où le maréchal de Tessé s'arrêta avant de se rendre à Madrid. Il fut très-bien reçu, et exhorta, selon ses instructions, Philippe à conserver un grand empire sur son fils; ce que la Reine appuya fortement, de même que le ministre, marquis de Grimaldo, qui dit: *Le roi Philippe n'est pas mort, ni nous non plus.* Le maréchal de Villars nous apprend dans ses Mémoires (1), que madame de Grimaldo étoit encore plus vivante que son mari, et avoit la réputation d'aimer les présens. Le marquis de Saint-Philippe assure (2), qu'à l'exception d'un bon accueil, M. de Tessé n'obtint rien de la cour de Saint-Ildefonse, qui le renvoya pour tout le reste au roi Louis, et que celui-ci nomma pour traiter avec lui, le marquis de Mirabal, président de Castille, peu favorable à la France. Le même écrivain ajoute, qu'on publia, que la principale commission du Maréchal étoit d'engager la cour de Madrid, à consentir que l'on mariât l'infante d'Espagne au prince du Brésil (3), et que

---

(1) Tome III, page 122.

(2) *Voyez* les Mémoires du marquis de Saint-Philippe, tome IV, pages 170 et 171.

(3) Elle épousa effectivement depuis, le 19 janvier

le roi Très-Chrétien en épousât une autre, pour accélérer, s'il étoit possible, la naissance d'un héritier, l'Infante ne pouvant avoir des enfans de neuf à dix ans; et que le prince du Brésil épousant cette princesse, le roi de France offroit de prendre en mariage l'infante Marie-Magdelaine de Portugal, sa sœur, qui avoit treize ans, âge presque égal à celui du monarque. L'âge de l'infante d'Espagne approchoit de celui du prince du Brésil, qui n'avoit que dix ans, et la France se chargeoit, dit-on, de négocier et de conclure ces alliances. On croit que le marquis de Saint-Philippe fut mal informé, et il paroît que M. de Tessé ne fit aucune ouverture sur ce projet de mariages, d'autant que la cour de France étoit alors fort mécontente de celle de Lisbonne, d'où elle ne tarda même pas à retirer son ambassadeur.

La lettre qui suit dispense de s'appesantir sur l'état de la cour d'Espagne, et sur les négociations du maréchal de Tessé. On ignore de qui est cette lettre, mais on doit la supposer écrite par un homme marquant, (peut-être le duc de Noailles), qui l'adressa vraisemblablement au comte de Morville, ministre des affaires étran-

---

1729, Joseph, prince du Brésil, roi de Portugal, le 31 juillet 1750, à la mort de Jean v, son père.

gères ; et celui-ci en remit copie au duc de Bourbon, premier ministre, dans les papiers duquel elle a été trouvée.

A Paris, le 2 juin 1724.

Un négociant des plus considérables d'Espagne, que je connois de longue main pour homme de tête et d'expérience, est arrivé depuis deux jours en cette ville. Vous ne serez peut-être pas fâché d'apprendre comme il pense sur les affaires de son pays.

Je lui ai demandé si l'on s'appercevoit de quelque changement avantageux depuis le changement des rois. Il m'a répliqué, qu'il n'en paroissoit point d'autre, hormis que l'on baisoit la main de Louis, au lieu de celle de Philippe ; que les mêmes maximes y gouvernoient toujours le timon, que le jeune roi avoit de bonnes inclinations, avec beaucoup de docilité, qui le rendoit fort soumis aux leçons émanantes de Saint-Ildefonse; que le marquis de Grimaldo étant le dépositaire des secrets de l'ancienne Reine et des vues particulières que cette princesse peut avoir, étoit l'organe de tout ce qui se fait en Espagne, par le moyen de ses créatures, dont il avoit rempli les places de confiance et même les bureaux ; que le marquis de Mirabal, président de Castille, Castelar, ministre de la guerre, Patigno, de la marine, et Inachosa, trésorier-général, étoient les seuls qui osassent heurter contre son autorité.

Je lui demandai s'il étoit vrai que l'on taxât Grimaldo d'être pensionnaire de la Grande-Bretagne. Il m'a répondu, que ce soupçon étoit fondé, sur ce que le Marquis avoit paru se prêter de bonne grace à tous les desirs des Anglais et du cardinal Dubois, depuis la sortie du cardinal Alberoni, et les favorisoit en tout, par préférence, aux Français et aux autres nations; que ce ministre avoit été fort avant dans la cabale formée peu avant l'abdication du roi Philippe, dont le but a paru être de réduire les affaires à l'état où elles étoient sous le règne de Charles II, de désarmer l'Espagne, et de la soumettre à la garantie des Anglais, au moyen de laquelle ceux-ci devoient avoir tout le commerce des Indes, dont ils ont déjà la meilleure portion; que Grimaldo étoit censé aussi susceptible du desir de s'enrichir, que les Anglais sont disposés à répandre, pour gagner les personnes qui leur peuvent être utiles, et que sûrement le Marquis en avoit reçu des présens (1).

---

(1) On lit dans les Mémoires du maréchal de Villars,

Je le questionnai sur ce que l'on pensoit en Espagne de M. le maréchal de Tessé. Il me dit, que tous les bons Espagnols s'étoient attendus que le Maréchal auroit fait faire maison neuve, par l'élévation d'un premier ministre du calibre d'Alberoni, lequel auroit pu décrasser le gouvernement.

Ils jugent à présent que la fermeté du Maréchal n'étoit pas suffisante, pour surmonter les préventions du roi Philippe envers un favori (1) soutenu par la Reine ; que l'amitié personnelle du Maréchal pour le Roi, a contribué à le faire échouer par un excès de complaisance ; que Grimaldo a su gagner des adversaires dont le Maréchal avoit ordre de prendre les lumières, et que, par cette voie, on en étoit venu à un accommodement qui a été rendu facile par la maladie de Castelar, lequel se portoit contre ; que par cet accommodement les affaires demeuroient dans la même langueur ; que M. Orendain (2), qui travaille seul avec le jeune Roi et M. le Maréchal, est un élève de Grimaldo et

---

tome III, pages 145 et 150, que Grimaldo fut convaincu, par un aveu qu'il fut obligé de faire lui-même au Roi, d'avoir reçu de l'argent de l'Angleterre, et que ce fait fut encore avéré d'une autre manière.

(1) Le marquis de Grimaldo,
(2) Secrétaire des dépêches d'Etat.

a sa fortune à faire; qu'à la vérité l'on ne manqueroit pas d'entretenir le Maréchal de promesses flatteuses pour le commerce et l'augmentation de la marine; mais que les Anglais trouveroient moyen d'éluder la première, et que la seconde s'anéantiroit par les délais et par le manquement de fonds; prétexte ordinaire mis en usage depuis que Grimaldo est parvenu au ministère, pendant que le trésorier Inachosa, homme droit et accrédité, s'offre de fournir des fonds suffisans, pourvu qu'on veuille lui confier la régie; ce qui lui attire bien des traverses de la part de la clique opposée.

Je priai mon ami de vouloir bien me dire son sentiment, sur les mesures que l'on pourroit prendre pour réparer le dérangement des choses. Il me répondit que comme le maréchal de Tessé avoit molli une fois sur la première tentative d'un changement général, il ne croyoit pas que l'on dût s'en servir pour la seconde, en cas que l'on ait intention d'y revenir; qu'il faudroit, pour cette commission, une personne, non-seulement d'un caractère fort brillant par une réputation imposante, mais qui sût joindre une grande souplesse d'esprit à beaucoup de fermeté; une personne enfin, agréable au roi Philippe, dans les préventions duquel la principale difficulté consistoit ; que si l'on ne jugeoit pas à propos d'en venir à ce point-là, et qu'on veuille seulement mettre à profit la présente situation des affaires, ses avis seroient que l'on choisît une personne de distinction, parmi ceux qui sont propres pour les grands et menus détails du ministère, qui eût l'esprit enjoué et insinuant, pour entrer dans les inclinations et les divertissemens du jeune Roi, qui fût capable de travailler avec Orendain, et qui soit le maître de répandre de l'argent à propos parmi des gens en place, que le ministère anglais a façonnés à cet usage. Il m'a cité M. Amelot, dont la mémoire étoit toujours respectée en Espagne. Cette citation m'a fait venir la pensée de M. d'Angervilliers (1), intendant de Paris, en la personne duquel il me semble que les talens posés par mon ami se trouvent réunis, laquelle pensée je ne puis m'empêcher de vous communiquer, pour la soumettre à votre meilleur jugement. Mon ami a insisté sur la nécessité de commettre une telle personne pour l'ambassade d'Espagne, sans délai, pour réconcilier, comme média-

---

(1) M. Bauyn d'Angervilliers devint ministre de la guerre le 22 mai 1728. C'étoit effectivement un homme d'esprit et très-capable.

teur, les esprits désunis du ministère, en travaillant avec les uns et les autres ; à quoi le maréchal de Tessé ne pouvoit pas suffire. Il m'a assuré que cette personne trouveroit toutes les dispositions convenables chez le président de Castille, le marquis de Castelar, Patigno et Inachosa, tous quatre très-éclairés dans leurs départemens, dans la vue de secouer le joug de Grimaldo, et qu'Orendain même, qui est homme entendu, pourroit être facilement induit à se détacher des maximes de Grimaldo.

Mon ami a ajouté que pour mettre les affaires d'Espagne sur un bon pié, il ne falloit pas que la France se plaignît de débourser une somme d'argent, qu'elle retireroit au centuple, quand elle auroit gagné le dessus sur la cabale anglaise.

Après cela, me dit-il, comment l'entend-on en France? L'on veut que nous nous détachions des Anglais pour avantager le commerce de la France, pendant qu'elle-même garde tous les ménagemens imaginables avec l'Angleterre, comme si on avoit peur de lui déplaire ou de lui refuser la moindre chose, et comme si le système du cardinal Dubois étoit encore dans toute sa force (1). Vous devez savoir de quelle

---

(1) On sait qu'il étoit pensionnaire de l'Angleterre.

manière nous pensons sur leur compte, et vous assurer que quand on témoignera de la vigueur ici, nous ne manquerons pas de suivre cet exemple. C'est à la France à nous le donner, puisqu'il s'agit de son intérêt, car nous nous sommes fort bien accommodés du commerce des Anglais, avec lesquels il ne seroit pas prudent à nous de nous brouiller, pendant que ni la France ni nous, ne sommes pas en état de mettre nos Indes à couvert de leurs insultes. Lorsque la France sera renforcée d'une bonne flotte et d'alliances maritimes capables de mettre les Anglais à la raison, la préférence que nous reconnoissons devoir à la France retrouvera sa place. Voilà comme pensent les Espagnols les plus sensés. Les argumens de timidité sont assez forts à Saint-Ildefonse, sans qu'on donne occasion de les augmenter.

Je ne dois pas omettre de vous communiquer une remarque de cet Espagnol, sur le projet d'augmenter la marine d'Espagne. Il ne faut pas, me dit-il, que votre ambassadeur se laisse amuser par l'attente de faire construire des vaisseaux de guerre en Espagne; l'on est depuis deux ans à bâtir deux vaisseaux à Saint-Andero, qui ne sont pas encore achevés. Il sera nécessaire qu'il fasse déposer les fonds entre les mains de Patigno, pour convenir de l'achat ou construction du nombre des vaisseaux que l'on voudra avoir en Suède ou en Moscovie, où ils coûteront la moitié moins qu'en tout autre endroit. Sans cette précaution, le projet s'évanouira.

Cet ami vient de me faire une autre remarque, sur les nouvelles difficultés que l'on dit avoir été suscitées dernièrement à Cambrai (1) de la part de l'Empereur, qui me paroît mériter ici sa place. Les Anglais, me dit-il, sont d'accord avec l'Empereur pour faire perpétuer les oppositions; il est de la politique anglaise d'en user ainsi, parce que plus elles dureront, plus on aura besoin d'eux, et plus ils auront de temps pour s'enrichir et se fortifier au-dedans et au-dehors, pendant que la France et l'Espagne, qui se font un capital du succès de ce congrès, ne songeront à rien qui puisse les traverser.

Le roi Louis avoit épousé, le 21 janvier 1722, Louise-Elisabeth d'Orléans, née le 11 décembre 1709. Il éclata entre eux, en juillet 1724, une espèce de brouillerie, à la suite de laquelle

---

(1) Il y avoit alors à Cambrai un congrès très-occupé à prévenir la guerre, entre l'Empereur et ses alliés, et les contractans du traité d'Hanover, au nombre desquels on comptoit la France, l'Angleterre, &c.

ce Prince, de l'avis de son père et de quelques-uns de ses ministres, renvoya la princesse du Buen-Retiro au palais de Madrid, avec défense de l'en laisser sortir, non plus que de son appartement, et de permettre qu'elle parlât à d'autres qu'à la comtesse douairière d'Altamira, sa camarera-mayor, et au marquis de Valero, son majordome; elle ne fut accompagnée d'aucunes dames, mais seulement de quelques camaristes choisies entre celles qui lui étoient le moins agréables. Cette reclusion ne préjudicia pas à l'honneur de la Reine, qui n'avoit pas seize ans: mais ce qui parut extraordinaire, c'est qu'on publia alors, que plusieurs officiers du palais assuroient, que le mariage n'avoit pas été consommé, quoique la Reine eût partagé le lit du Roi depuis plus de huit mois; au reste, les fautes de la dernière ne consistoient qu'en quelques légèretés enfantines, et en ce qu'elle avoit cru pouvoir se dispenser de la gravité prescrite par l'étiquette espagnole. Ces vivacités ingénues, quoiqu'innocentes en elles-mêmes, et si analogues au caractère français, dégradoient la majesté royale aux yeux d'une nation sérieuse et flegmatique. Le maréchal de Tessé, fâché d'un si grand éclat pour un motif aussi léger, tâcha d'en atténuer les effets, en représentant que la Reine étoit d'autant plus excusable, qu'à son âge elle n'avoit pu sentir la conséquence de déroger momentanément à la dignité, toujours convenable à ceux qui occupent le trône ; mais il ne put rien obtenir, et la reclusion de la Princesse dura depuis le 4 jusqu'au 10 juillet, qu'on la reconduisit au Buen-Retiro, après avoir chassé quelques camaristes qui, pour faire leur cour, avoient cru pouvoir engager la Reine à violer l'étiquette ; au reste, le Roi vint la recevoir sur le chemin, la combla de caresses, et continua de vivre avec elle dans une grande union.

A la fin d'août le jeune monarque fut attaqué d'une petite-vérole maligne, que les médecins traitèrent mal, et dont il mourut le 31 dans la matinée, avec une résignation peu ordinaire. Il fit un testament, par lequel il rendoit au Roi son père ce qu'il en avoit reçu, et lui recommandoit fortement la Reine sa veuve, qui fut attaquée de la même maladie que son mari, et qu'elle avoit gagnée en lui prodiguant ses soins. Le roi Louis fut regretté, à cause des bonnes qualités qu'il annonçoit, et sur-tout de son affabilité, qui contrastoit avec le maintien morne et sec de Philippe v, sur-tout envers les grands, que Louis avoit traités, du moins extérieurement, avec beaucoup plus de bonté et d'égards que son père. Il avoit d'ailleurs une conception facile, s'appliquoit aux affaires, et montroit le desir de s'instruire.

On pressa Philippe v de reprendre les rênes du Gouvernement, et le maréchal de Tessé se rendit à Saint-Ildefonse pour l'y engager, en quoi il fut puissamment secondé par la Reine, que la retraite et les exercices de piété ennuyoient; par le marquis de Grimaldo, entièrement dévoué à cette Princesse, et par beaucoup d'Espagnols zélés pour le bien de leur patrie, qu'ils craignoient de voir tomber entre les mains d'un souverain tel que l'infant Ferdinand, encore dans l'enfance (1), et qui les exposoit à tous les inconvéniens d'une minorité. Cependant le Roi, excité par son confesseur Bermudez, qui lui rappeloit qu'il avoit fait vœu de ne jamais reprendre la couronne, témoignoit beaucoup de répugnance pour revenir à Madrid.

La Reine étoit trop ambitieuse et trop avide d'autorité, pour n'avoir pas été au désespoir de l'abdication de Philippe, et pour ne pas faire les plus grands efforts pour l'engager à reprendre l'exercice de la royauté, dont elle le soulageoit avec la plus vive satisfaction. Ses

---

(1) Né le 23 septembre 1713.

diverses tentatives pour inspirer à son mari des sentimens analogues aux siens, produisirent des scènes très-singulières, dont le maréchal de Tessé rendoit compte dans ses dépêches que nous n'avons pas, mais dont le maréchal de Villars, devant qui on les lisoit au conseil d'Etat, a conservé le détail (1). Dès que le ministère français fut informé que le roi Louis étoit à la dernière extrémité, il manda à M. de Tessé d'engager Philippe à reprendre la couronne, avec un peu plus de fermeté qu'il n'en avoit montré, et sur-tout à ne se point rendre esclave d'un confesseur, soupçonné de vouloir détruire l'autorité royale, en rendant les grands aussi indépendans que sous le foible Charles II. La Reine, qui détestoit le père Bermudez, lui dit en présence du Roi, qu'il étoit un traître, un Judas; que si elle se trouvoit en péril de mort, elle aimeroit mieux mourir sans sacremens, que de les recevoir par le ministère d'un aussi méchant homme. Elisabeth Farnèse étoit une maîtresse femme. Dans une autre circonstance où elle se trouvoit seule avec sa nourrice Louisia, auprès du Roi, cette dernière, non moins hardie que

---

(1) *Voyez* les Mémoires de Villars, tome III, depuis la page 141 jusqu'à 157.

la Reine, dit à Philippe qu'il étoit honteux de se laisser gouverner par un fripon de moine, et d'abandonner son fils en bas âge, à une régence ou junte, qui profiteroit de sa minorité pour anéantir totalement l'autorité royale. Cette femme s'exprimant avec une violence qui fit pâlir Philippe, la Reine dit : *Nourrice, taisez-vous, vous ferez mourir le Roi de chagrin*. Louisia répondit : « Qu'il meure, ce n'est qu'un homme de moins ; au lieu que s'il abandonne le Gouvernement, ses peuples, son royaume, ses enfans sont perdus ».

On réussit enfin à ramener Philippe à Madrid ; il avoit d'abord paru décidé à remonter sur le trône, mais il déclara ensuite qu'il vouloit en être sollicité par ses principaux sujets. On lui fit alors espérer une supplique du conseil de Castille, et Bermudez, allant toujours à son but, lui persuada que pour le repos de sa conscience, il falloit consulter des docteurs en théologie, tant sur son abdication que sur le vœu d'y persister. Le président de Castille, qui présidoit la junte ou conseil du Gouvernement, et desiroit de continuer à en être chargé sous un roi mineur, (quoique cette forme d'administration eût fini par perdre la monarchie,) fit languir pendant plusieurs jours la rédaction de la supplique promise au

Roi; d'un autre côté, les théologiens assemblés dans la maison des jésuites, ne s'accordèrent pas. Les uns trouvèrent que l'abdication tomboit d'elle-même, et que le vœu d'y persévérer étoit nul; les autres, soit par fausseté de jugement ou par les intrigues de Bermudez, déclarèrent qu'en conscience Philippe devoit retourner sans délai dans sa solitude. La division de ces misérables ergoteurs, renouvela tous les scrupules du Roi, qui parla de reprendre le chemin de Saint-Ildefonse. Vainement on lui représenta l'intérêt de son royaume et de ses enfans; il se contenta de répondre : *Dieu en prendra soin.* La Reine, au désespoir, se donna tant de mouvemens, qu'elle obtint la requête ou supplique dont on a parlé plus haut; d'un autre côté, on fit parler quelques ecclésiastiques mieux intentionnés que les adhérens de Bermudez, en même temps qu'Elisabeth, le maréchal de Tessé, le marquis de Grimaldo, Aldobrandini, nonce du Pape, et le marquis Scoti, Envoyé de Parme, se réunirent pour faire un dernier effort; il ne fut pas infructueux, le 5 septembre le Roi se rendit à leurs raisons, et le lendemain il déclara, par un décret, qu'il reprenoit la couronne. Il fit ensuite reconnoître, le 25 novembre, l'infant don Ferdinand, prince des Asturies et héritier de tous ses Etats (1).

Les grands virent avec regret le retour du Roi, qui, fidèle à un système adopté dès le commencement de son règne, les traitoit avec rigueur, et leur ôtoit toute influence dans les affaires. On congédia les ministres qui s'étoient montrés mal intentionnés, et le gouvernement retomba entre les mains de la Reine et de Grimaldo, entièrement dévoué à ses volontés, et d'ailleurs très-agréable à Philippe, dont il avoit parfaitement saisi le foible, et à qui il savoit rendre le travail facile, pour ne pas dire nul. Quoiqu'il fût assez généralement haï, il reprit les secrétaireries d'Etat et des Indes, réunissant ainsi en sa personne les deux principaux ministères. Le maréchal de Tessé, qui ne pouvoit le souffrir, eut assez de caractère pour lui témoigner du mépris, en évitant tout rapport avec lui, le regardant

---

(1) La manie d'abdiquer attaqua et quitta encore plusieurs fois Philippe v. On lit dans les Mémoires du maréchal de Villars, (tome III, pages 395 et 397,) qu'en 1728, il voulut de nouveau descendre du trône; que la Reine fut au moment d'écrire au Pape, pour en obtenir une bulle qui défendit à son mari, sous peine d'excommunication, d'exécuter son projet; qu'enfin on l'obligea à s'engager par serment qu'il n'abdiqueroit plus.

comme un ennemi de la France, un fripon et un traître vendu à l'Angleterre.

On croira sans peine que la Reine ne négligea rien pour faire chasser le père Bermudez : elle se procure et administre au Roi en sa présence la preuve évidente d'une de ses fourberies. Le Monarque reproche alors au jésuite de l'avoir trompé, et celui-ci prend un crucifix sur lequel il veut jurer qu'il est innocent; mais Philippe le lui ôte des mains, en disant : *Je respecte trop l'image de Jésus-Christ pour vous permettre ce parjure.* On s'attendoit que ce confesseur ainsi démasqué, le Roi en prendroit un autre, mais sa foiblesse l'emportant sur sa raison, il le garda. Le maréchal de Tessé ne revenoit pas de cette inconséquence, et dans ses conversations à Madrid, comme dans toutes les dépêches qu'il adressoit en France, il ne cessoit de déclamer contre Bermudez et le père Roncas, autre jésuite, qu'il accusoit d'avoir volé plus de neuf cent mille livres.

La jeune Reine douairière se rétablissoit de sa maladie. Soit que le maréchal de Tessé s'intéressât simplement à son sort, soit qu'il voulût plaire au duc d'Orléans, son frère, il chercha à lui procurer un autre établissement en Espagne. Le marquis de Saint-Philippe assure dans ses Mémoires (1), que le maréchal proposa même à *demi-bas*, de la marier au prince des Asturies, puisqu'elle n'avoit que quatre ans plus que lui ; que cette circonstance, jointe à la répugnance des Espagnols pour cette nouvelle alliance, en rendoit la proposition déplacée, et qu'aussi ceux qui avoient le plus de part au gouvernement, songeoient déjà à reléguer la douairière à Tolède ou à Valladolid ; mais cette Princesse les délivra de cette sollicitude, en écrivant à sa famille, pour l'engager à obtenir de la cour de Madrid qu'elle pût retourner en France, d'autant que les mœurs d'Espagne lui étoient devenues insupportables : cet arrangement eut lieu au commencement de l'année suivante (2).

Philippe v étoit à peine remonté sur le trône, qu'il s'éleva entre la France et l'Espagne une fâcheuse dissention. C'étoit le duc d'Orléans qui, pendant sa régence, avoit projeté le mariage de Louis xv avec l'Infante, arrangement qui fut blâmé avec raison, parce que l'âge de la Princesse n'étoit nullement proportionné à

---

(1) Tome iv, pages 202 et 205.
(2) Elle mourut au palais du Luxembourg le 14 juin 1742.

celui du Roi. D'ailleurs on supposa que le Duc, en prenant une semblable mesure, se proposoit le double objet de faire accepter sa fille pour le prince des Asturies, et d'empêcher Louis xv d'avoir des enfans, afin de prolonger la chance qui pouvoit mettre la couronne de France dans la maison d'Orléans. On ne peut affirmer si le Régent fit ou non ces calculs; il est beaucoup plus certain qu'il mourut entre les bras de la duchesse de Falaris, l'une de ses maîtresses, le 2 décembre 1723, et que le duc de Bourbon, qui monta sur-le-champ chez le Roi pour lui annoncer cette nouvelle, demanda et se fit donner à l'instant même, l'emploi de premier ministre, que le duc d'Orléans avoit pris à la mort du cardinal Dubois. Le duc de Bourbon, ainsi que beaucoup d'autres, ne partageoit pas la manière de voir de son prédécesseur sur le mariage de Louis xv. Il jugea que la tranquillité d'une monarchie ne peut exister, qu'autant que la succession au trône est bien assurée, et qu'il se passeroit encore sept ou huit ans avant que l'Infante fût en âge de donner des enfans, tandis que le Roi, par la force de sa constitution, étoit en état d'en avoir depuis plus d'un an. Ces considérations, qui s'accordoient avec la bonne politique et le vœu de la nation, firent penser le duc de

Bourbon à renvoyer l'Infante, et à chercher une autre Princesse pour Louis xv, et d'un âge plus analogue au sien. Quelque secrète que fût d'abord cette résolution, le maréchal de Tessé en apprit quelque chose à Madrid à la fin de 1724, et bientôt cette cour en fut instruite comme lui; mais elle supposa d'abord cette nouvelle sans fondement. Le Maréchal, qui avoit déjà demandé et obtenu son rappel, en voyant que les circonstances n'étoient pas favorables pour remplir le but de son ambassade, écrivit au duc de Bourbon sur les bruits qui se répandoient, ajoutant que s'ils étoient fondés, et qu'on lui envoyât des ordres, il sauroit les exécuter de manière à calmer le mécontentement du roi et de la reine d'Espagne, et même à les faire entrer dans les raisons du ministère français. Le Duc répondit, qu'il n'y avoit rien de plus faux et de plus mal fondé, que l'intention qu'on lui supposoit de renvoyer l'Infante (1). Ainsi il trompoit le Maréchal sur un parti pris, et au moment même où il étoit le plus occupé de son exécution. Les dégoûts qui devoient en résulter étoient destinés à l'abbé de Livri, qui eut

---

(1) *Voyez* les Mémoires du duc de Saint-Simon, t. xii, p. 337 et 338.

ordre, en quittant la cour de Lisbonne, de venir remplacer M. de Tessé à Madrid. Il y arriva à la fin de février 1725, au moment du départ de celui-ci.

Vers la même époque, le roi d'Espagne reçut des avis assez circonstanciés, pour ne pouvoir plus révoquer en doute la résolution de rompre le mariage de sa fille avec Louis XV. A cette nouvelle, la Reine ne garda aucune mesure sur le compte du duc de Bourbon. *Ce vilain borgne*, disoit-elle, *renvoie l'Infante, pour se venger de ce que le Roi n'a pas jugé convenable d'accorder la grandesse à sa P....n.* Elisabeth désignoit par cette épithète grossière la marquise de Prie, maîtresse du Duc, qui avoit effectivement perdu un œil et sollicité en vain la faveur dont il s'agit. Il y avoit encore moyen de prévenir le ressentiment de la cour de Madrid; mais soit que le duc de Bourbon eût été instruit des propos de la Reine et qu'il voulût s'en venger, soit par d'autres raisons, il mit les formes les plus désobligeantes au renvoi de l'Infante, qu'on fit partir brusquement le 5 avril 1725, de Paris pour l'Espagne, sans aucune négociation préalable sur cette mesure plus que rigoureuse, et même sans avoir concerté, selon l'usage, avec la cour de Madrid, les arrangemens relatifs au voyage de la Princesse, à qui l'on fit rendre néanmoins dans tous les lieux de la domination française où elle passa, les honneurs dus aux Reines. Ces procédés, à la vérité étranges, parurent à Philippe v et à Elisabeth, la marque du dernier degré d'inconsidération et de mépris. Cet événement excita leur indignation, et devint le principe d'une longue et fâcheuse division entre les deux Cours, à la veille d'une paix dont la France étoit médiatrice, et rompit toutes les mesures prises pour y parvenir, tant parce que le mécontentement du roi d'Espagne ne lui permettoit plus d'accepter cette médiation, que parce que l'Empereur et les autres ennemis de la maison de Bourbon, voyant ses deux principales branches divisées, n'omirent aucuns efforts pour fomenter la discorde. Le roi d'Espagne fit ordonner à l'abbé de Livri de sortir promptement de ses états, et chassa en même temps tous les consuls français, quoique le commerce restât permis entre les sujets des deux nations. La conduite du duc de Bourbon fut assez généralement blâmée, quant aux formes.

Louis xv, né le 15 février 1710, eut, en fait de mariage, une destinée bizarre. Le duc d'Orléans, régent, voulut lui donner une femme qui avoit six ans de moins que lui, et qui, dans les circonstances, se trouvoit trop jeune (1). Le duc de Bourbon, premier ministre, lui fit épouser, le 15 août 1725, Marie Leczinska, fille de Stanislas, roi détrôné de Pologne, née le 23 juin 1703, et qui étoit trop âgée, ayant sept ans de plus que lui : c'étoit aller d'une extrémité à l'autre.

Le maréchal de Tessé ne vit que le commencement de ces événemens. Le roi et la reine d'Espagne ne cessèrent, tandis qu'il resta à leur Cour, de lui témoigner la plus grande considération. Philippe v, qui l'avoit nommé chevalier de la Toison d'or, fit lui-même la cérémonie de lui donner le collier de cet ordre le 27 février 1725, et ajouta au présent qu'il est d'usage de remettre aux ambassadeurs, à leur départ, quand on est content de leur mission et de leur conduite; car lorsque M. de Tessé vint prendre congé de lui, il lui donna l'épée du feu roi don Louis, enrichie de diamans et estimée plus de vingt mille écus, en disant: *J'espère que vous ne vous en servirez jamais contre moi.* Ces paroles étoient un reproche indirect au maréchal de Berwick qui, comblé des graces de Philippe v, avoit cependant accepté le commandement de l'armée envoyée

---

(1) Elle étoit née le 31 mars 1716.

contre lui en 1719, par le duc d'Orléans, régent, pour le forcer à renvoyer le cardinal Albéroni, son premier ministre. Au moment où M. de Tessé se baissa pour saluer la reine d'Espagne, elle lui mit au cou la Toison de don Louis, montée en diamans et valant cinquante mille écus. Le maréchal de Tessé partit de Madrid le 7 mars, pour revenir en France; il arriva à Marli, où étoit la Cour, le 3 avril; rendit compte de son ambassade, se retira dans sa maison des Camaldules, et y mourut très-peu de temps après, le 30 mai, âgé de soixante-quatorze ans.

FIN.

TABLE DES CHAPITRES

CONTENUS DANS CE VOLUME.

CHAPITRE VII.

Les pronostics du maréchal de Tessé sur le duc de Savoie qui trahissoit la France et l'Espagne se vérifient tous. Le Roi fait arrêter et désarmer les troupes du Duc. Ce prince s'assure à son tour de la personne de M. de Phélippeaux, ambassadeur de France, et le traite avec une dureté barbare. Lettre ou relation curieuse que celui-ci adresse à Louis XIV au moment de sa délivrance. *page* 1

CHAPITRE VIII.

Le Roi envoie successivement le maréchal de Tessé pour commander en Savoie et en Lombardie, sous les ordres du duc de Vendôme. M. de Tessé, lié avec le prince de Condé, imagine de marier la fille de celui-ci, et qui épousa depuis M. de Vendôme, au duc de Mantoue. Singulière correspondance du prince de Condé et du Maréchal relativement à ce Duc, qui avoit d'étranges fantaisies à l'égard des femmes, et un sérail ou plutôt un harem gardé par des eunuques, à l'imitation des Turcs. Découverte bizarre faite par M. d'Argenson, lieutenant de police, d'une cargaison de femmes, que des eunuques conduisoient par Paris au duc de Mantoue. Il vient en France, y épouse mademoiselle d'Elbeuf, qu'il rend fort malheureuse, et meurt. Dureté de madame de Maintenon envers cette princesse à son retour en France, où elle meurt elle-même. *page* 99

CHAPITRE IX.

Le Roi envoie en Espagne le maréchal de Tessé pour y commander ses armées et celles de Philippe v. Il prend, pour plaire à la Reine, le parti de la princesse des Ursins contre le duc de Grammont, ambassadeur de France. Le Maréchal adresse des nouvelles du siége de Gibraltar au prince de Condé, et lui écrit des lettres plaisantes sur sa situation et les opérations militaires. Philippe v l'envoie en personne devant Gibraltar et le fait Grand d'Espagne. Lettres et mémoires intéressans sur les affaires, les intrigues et la cour de Madrid, adressés par M. de Tessé à M. de Chamillart, à Louis xiv, à Philippe v et au prince de Condé. Il lève le siége de Gibraltar, pour aller défendre l'Estramadure contre les Portugais et leurs alliés. Il arrête leurs progrès et remporte sur eux divers avantages. Son opinion et détails sur la conspiration du marquis de Leganès contre Philippe v. Nouveaux succès du Maréchal contre les Portugais. Le soulèvement de la Catalogne et du royaume de Valence fait rappeler M. de Tessé à Madrid. *page* 136

CHAPITRE X.

Le maréchal de Tessé se rend en Aragon pour contenir cette province et se préparer au siége de Barcelone, que Philippe v vient faire en personne. On est obligé de le lever. M. de Tessé ramène l'armée en France. Dégoûts que cette campagne lui occasionne, et cruelles satires auxquelles elle l'expose. *page* 207

CHAPITRE XI.

Le duc de Savoie vient assiéger Toulon. Le maréchal de

TABLE. 379

Tessé, commandant de l'armée française en Provence, fait échouer l'entreprise, et oblige le Duc de se retirer avec perte. Diverses anecdotes et couplets satiriques. Le comte de Médavi traite M. de Tessé comme il avoit traité lui-même M. de Catinat. Le Maréchal laisse prendre Suse par les ennemis et ne sert plus à la guerre. *page* 234

CHAPITRE XII.

Le maréchal de Tessé remet un mémoire sur les affaires d'Italie à Louis XIV, qui l'envoie en qualité d'ambassadeur extraordinaire, pour former dans cette contrée une ligue contre l'Empereur. Le Pape, intimidé par ce Monarque, cède à ses prétentions et cherche à tromper les ambassadeurs de France et d'Espagne. Le Maréchal découvre les artifices du pontife et les lui reproche dans deux lettres aussi fortes que singulières, et dans l'une desquelles il l'accuse de suivre moins les inspirations du Saint-Esprit que celles de Satan. M. de Tessé revient en France et perd sa femme. *page* 276

CHAPITRE XIII.

La mort de la duchesse et du duc de Bourgogne, prive le maréchal de Tessé de sa charge de premier écuyer et d'une grande partie de sa faveur. Le Roi le nomme général des galères à la mort du duc de Vendôme. Louis XIV meurt. Le Régent emploie M. de Tessé au conseil de marine, et lui achète la charge de général des galères pour le chevalier d'Orléans, son fils naturel. Le Maréchal est chargé d'accompagner le czar Pierre 1er, alors à Paris, et de traiter avec ses ministres. Pièces curieuses sur cette négociation qui n'aboutit à rien. *page* 309

CHAPITRE XIV.

Le maréchal de Tessé porte la main de justice au sacre de Louis xv. Il quitte la cour et se retire aux Camaldules. On veut l'envoyer ambassadeur extraordinaire en Espagne, à l'époque de l'abdication de Philippe v. Il répugne à cette mission. On lui assure, de même qu'à son fils aîné, la charge de premier écuyer de la future reine de France, et il part. Détails intéressans sur la situation et les intrigues de la cour de Madrid, et anecdotes singulières sur Philippe v, la Reine sa femme et le jésuite Bermudez, confesseur du Monarque. Torts qu'un Espagnol instruit trouve à M. de Tessé. Il contribue à engager Philippe à remonter sur le trône, à la mort de Louis 1er, son fils. Le Roi lui donne la Toison-d'or et le comble, de même que la Reine, de magnifiques présens. Il revient en France et meurt. *page* 349

FIN DE LA TABLE.

www.ingramcontent.com/pod-product-compliance
Lightning Source LLC
Chambersburg PA
CBHW070439170426
43201CB00010B/1150